至乐莫如读书

南官人文大讲堂

2021-2022 卷

罗玲君 主编

中国文史出版社
CHINA CULTURAL AND HISTORICAL PRESS

图书在版编目（ＣＩＰ）数据

南官人文大讲堂 . 2021—2022卷：至乐莫如读书 /
罗玲君主编 . —— 北京：中国文史出版社，2023.9
　　ISBN 978-7-5205-4484-9

Ⅰ . ①南… Ⅱ . ①罗… Ⅲ . ①人文科学 – 普及读物
Ⅳ . ① C49

中国国家版本馆 CIP 数据核字 (2023) 第 227671 号

责任编辑：卜伟欣

出版发行：中国文史出版社
网　　址：www.chinawenshi.net
社　　址：北京市海淀区西八里庄 69 号院　邮编：100142
电　　话：010-81136606　81136602　81136603（发行部）
传　　真：010-81136655
印　　装：廊坊市海涛印刷有限公司
经　　销：全国新华书店
开　　本：16 开
印　　张：16.25
字　　数：426 千字
版　　次：2024 年 3 月北京第 1 版
印　　次：2024 年 3 月第 1 次印刷
定　　价：68.00 元

LUQIAO LIBRARY

序

　　林语堂说他是一个智能非常优异的人，但心灵却像一个天真的小孩。他说自己"上可以陪玉皇大帝，下可以陪悲田院乞儿"，还说"眼前见天下无一个不好人"。他是谁，又多有趣呢？

　　某大文豪少时，祖父对他规定了读诗的顺序：先读白居易，再读陆游，继读苏轼，最后读李白，并反对读两位先贤的文章——一是杜甫，二是韩愈。为何如此这般？

　　鲁迅在上海生活 9 年多，看了 151 场电影，平均一年要看十六七场。这 140 部电影里 9 部是苏联电影，1 部是日本电影，其余大部分是好莱坞电影。各位看官，你看了多少好莱坞大片？

　　"所谓父女母子一场，只不过意味着你和他的缘分就是今生今世，不断地在目送他的背影渐行渐远。你站立在小路的这一端，看着他逐渐消失在小路转弯的地方，而且他用背影告诉你不必追。"这是一位台湾作家经典篇目中的一段话，为父母的你看到时会不会不经意触动一下？

　　孔子认为，人要为自己生命的充实和美好而学习，所以他不重具体的知识技能的获得，更看重一个人的德行。儒家学习的目的不是学什么技能，而是追求道。孔子的弟子子夏也说"君子学以致其道"。道究竟是什么？

　　有一天，太阳神通过祭司降下神谕："雅典最智慧的人是苏格拉底"，但苏格拉底从来不认为自己拥有智慧，他只是热爱智慧。哲学的智慧在于他不宣称拥有智慧，而是承认自己无知和有局限。究竟哲学何谓，哲学何为？

　　……

　　以上，是从《南官人文大讲堂 2021-2022 卷：至乐莫如读书》一书中信手拈来的几处，如果你有兴趣追寻它们的答案，可以继续翻阅这本书。

　　南官河，商都路桥的母亲河。"南官人文大讲堂"诞生于 2007 年 4 月 14 日，由路桥区委宣传部、区文化和广电旅游体育局举办，路桥区图书馆承办，这项一直坚持的公益活动，一个小小的讲堂，如今已成为台州的一所远近闻名的"社会大学"。截至2022年底，讲座已开办606期，除现场外，还通过在当地报纸开辟固定的访谈专栏、在网站发布讲座录像的形式，传播每期讲座的精彩内容。讲者有来自国内乃至国外（境外）的作家、诗人、艺术家、学者，以及各行业的专家，内容以人文为底色，包罗万象，既有理论探讨上的形而上学，也更关注具体务实的大众日常。

本卷内容，我们从两年来的讲座中遴选18位来自五湖四海的专家学者的精彩讲演，辑为"阅读之趣""亲子乐园""历史履痕""语言秘境""艺术之旅"五个板块，内容包括读书、历史、亲子关系、传统文化、文学、艺术、翻译、非遗等，视域宽广，却又紧密结合本土与当下，且趣味盎然，呈现出路桥区图书馆这一品牌活动又一束异彩纷呈的文化风景和艺术之美。

在本书的编辑过程中，为了保持讲座的原汁原味，我们将讲座的完整视频交专业速记公司，现场讲话悉数转录成文字，经阅读整理后发给讲者本人进行校正和适当删节，再经编辑出版部门标准三校，最后再发回讲者本人审读确认，确保质量。对于文稿的风格，我们的宗旨是：选题代表性，注重可读性，保持现场感，保留口语化。

作为"浙江省优秀讲座品牌"、全国社会科学普及教育基地，"南官人文大讲堂"举办的每一场讲座都是向这个多元、纷繁的世界打开的一扇小小的窗，以期让更多的读者（听众）感受到文化艺术的馨香和自由新知的暖风，我们也期望获得更多读者（听众）的反馈，让我们的工作迈向一个新的台阶。

至乐莫如在窗前读一本书，至乐莫如在每个周日的上午9：30到路桥区腾达路1300号的路桥区图书馆"南官人文大讲堂"，来听一次讲座！

2023年6月

目录 CONTENTS

第三辑 | 历史履痕

第四辑 | 语言秘境

第五辑 | 艺术之旅

第一辑　阅读之趣

王宏芹

安徽亳州人。四川大学中国古代文学博士，台州学院人文学院讲师。研究方向为唐宋文学。台州市第二届"三台新秀"社科学者、2023年台州学院"三育人"先进个人。

也无风雨也无晴

——苏轼的旷达人生

  林语堂大家都非常熟悉，他写过一本苏轼的传记——《苏东坡传》，他在传记当中，对苏轼有非常全面的概括："一个无可救药的乐天派、一个伟大的人道主义者、一个百姓的朋友、一个大文豪、大书法家、创新的画家、造酒试验家、一个工程师、一个憎恨清教徒主义的人、一位瑜伽修行者、佛教徒、巨儒政治家、一个皇帝的秘书、酒仙、厚道的法官、一位在政治上专唱反调的人，一个月夜徘徊者、一个诗人、一个小丑。但是这还不足以道出苏东坡的全部……苏东坡比中国其他的诗人更具有多面性天才的丰富感、变化感和幽默感，智能优异，心灵却像天真的小孩。"

  我们来看一看，为什么林语堂说苏轼是一个智能非常优异的人，但是他的心灵却像是一个天真的小孩。苏轼说自己"上可以陪玉皇大帝，下可以陪悲田院乞儿"。他还说过："眼前见天下无一个不好人。"人的一生肯定会遇到好人，也会遇到坏人，但苏轼说他自己一辈子没有遇到一个坏人。从苏轼的这几句话，我们就可以很清楚地看到为什么林语堂先生说他的智能非常优异，非常聪明，是一个天才，但是他的心灵却像是一个天真的小孩。

  苏轼，字子瞻，一字和仲，号东坡居士。他是眉州眉山人，祖籍是河北栾城，建中靖国元年（1101）病逝于常州，他的谥号为"文忠"。他的谥号是去世之后朝廷赐予的，这个号是对他一生的概括。我们可以看到"文忠"有两方面的含义，首先是"文"，他是文学家，还有一个方面是"忠"，指政治层面，他是一位政治家。

苏轼出生之后有一个传说，说蜀地有一个山叫彭老山，苏轼出生以后，这个山就变得枯黄了，"东坡生则童，坡死复青"，等到苏东坡去世之后，这个山又变青了，为什么会出现这样的情况呢？因为苏轼把天、地、山的灵气都吸收到自己身上了。还有一句话，"眉山出三苏，草木尽皆枯"，苏轼一家三父子来到世间之后"草木尽皆枯"，他们吸收了天地的精华，富有文采。

我们梳理一下苏轼的生平，然后看一看他思想的历程。他生于宋仁宗的景祐三年腊月十九，但这时已经是阳历的1037年的1月8日。苏轼的名和字，都是在他10岁左右时父亲特意取的。苏洵有一篇文章叫《名二子说》，给两个孩子取名字，解释一下为什么这么取。他说"轮辐盖轸，皆有职乎车"，车轮、车轴、车盖这些部件，都是非常重要的，但是这个"轼"好像对车子没什么用处，就是充作扶手的横木，所以他说"独若无所为者"，意为好像没有什么作用，但是"去轼则吾未见其为完车也"，如果把这横木去掉的话，它对于整个车的构造来说是不完整的。那么苏洵为什么给苏轼起了这个名字呢？他说"吾惧汝之不外饰也"，我很怕你不能够隐藏自己的锋芒。苏轼10岁的时候，父亲希望他能够隐藏自己的锋芒，因为"木秀于林，风必摧之"。苏轼在这个时候应该已经展现出他的性格特点，他就是一个有话直说的人，敢提出批评的人。

苏轼有一篇文章叫《思堂记》，他说"言发于心而冲于口"，心中有想说的话，冲之于口，好像是这个话自己想要说出来，他不能够控制。"吐之则逆人"，如果我把它说出来的话，可能别人听了不高兴；"茹之则逆余"，这个话不说的话，我自己心里不舒服。苏轼怎么办呢？苏轼说"以为宁逆人也"，我宁愿让别人不高兴，也不要让自己不高兴，所以说"故卒吐之"。林语堂说苏轼是一个政治上总是提出反对意见的人，后来他遭遇那么多的贬谪，遭受那么多的苦难，也跟他的性格有关系。他的父亲在他10岁左右的时候就告诫他，说你一定不要太锋芒毕露，也是这个原因。但是这种性格苏轼没有改，而正因为他这种性格，他才成为一个更加可贵的人。他在去世之后，他的弟弟苏辙给他写的墓志铭中有一句话，说苏轼是一个"见义勇于敢为，而不顾其害"的人。

我们再来看一下苏轼的家庭教育。62岁被贬到海南岛的时候，苏轼写了一首诗叫《夜梦》，他做梦梦到什么呢？"夜梦嬉游童子如"，梦到自己还是一个小孩子的时候，"父师检责惊走书"，父亲寄信来，问《春秋》看到哪里了，本来应该把《春秋》这本书看完的，但是他才看到三分之一，梦到这个地方就"怛然悸寤心不舒"，很害怕，觉得自己就像一只被鱼钩钓到的鱼一样，"起坐有如挂钩鱼"。他已经62岁，做梦梦到小时候父亲检查他学习，还是"起坐有如挂钩鱼"，所以我们可以想象父亲对他的教育是非常严格的。

母亲对他的影响也非常大，《宋史》中记载，苏轼10岁的时候，父亲去游学，母亲"程氏亲授以书"，"闻古今成败，辄能语其要"。他的母亲有一天给他读《范滂传》，范滂是东汉时期的一位名士，被杀前和母亲诀别，他对母亲说，弟弟非常孝敬，足以供养您，我被杀之后，就到黄泉与父亲相见，"存亡各得其所"。"惟大人割不可忍之恩，勿增感戚。"现在他的母亲白发人送黑发人，他说这个时候害您处于这样的境地，希望母亲不要太过于悲伤。他的母亲说"汝今得与李、杜齐名，死亦何恨！既有令名，复求寿考，可兼得乎"。李、杜是李膺和杜密，母亲说你现在跟李膺和杜密齐名，死又有什么可遗憾的呢？你有好的名声，还想要长寿，哪里能够兼得呢？然后范滂就"跪而受教，再拜而辞"。这是苏轼10岁的时候读的《范滂传》，他问他的母亲，如果我做范滂的话，母亲你能够允许吗？他的母亲说"汝能为滂，吾顾不能为滂母邪？"你能做范滂，做一个英勇就义的人，为大义牺牲自己的人，难道我还不能做范滂的母亲吗？我们可以看出苏轼的母亲，是一位非常深明大义的女性。

苏轼20岁的时候就已经"博通经史，属文日数千言"。21岁的时候，就到开封去，先参加举人考试，次年参加礼部试。礼部试主考官是欧阳修，他读到苏轼的文章《刑赏忠厚之至论》之后，非常惊喜，想要把苏轼放到第一名，但是欧阳修以为这篇文章写得这么好，肯定是他的弟子曾巩写的，为了避嫌，就把苏轼放在了第二名。

我们来看一段当时欧阳修写给梅尧臣的信，梅尧臣也是考官。他说："读轼书，不觉汗出。快哉快哉！老夫当避路，放他出一头之地也，可喜可喜！"他用了"快哉快哉""可喜可喜"来形容，可见他读了苏轼的文章之后是多么惊喜，他甚至觉得苏轼能够接续他，成为文坛的盟主，苏轼当然后来也没有辜负老师的期望，成为文坛的领袖。

就在苏轼兄弟二人登第之后，传来了母亲在家乡去世的消息，他们马上离开了京城，回到家乡安葬母亲，并为母亲守孝。24 岁的时候，也就是在为他的母亲守了 27 个月的孝之后，苏轼在嘉祐五年重新回到了开封，26 岁制科入三等，弟弟苏辙在第四等。从宋初开国到苏轼这个时间段，制科能够入第三等的人，除了吴育，只有苏轼。整个宋代，300 多年开考制科有 22 次，入等者只有 41 人。仁宗皇帝读了苏轼和苏辙制科考试文章之后，"退而喜曰"，说"朕今日为子孙得两宰相矣"，对兄弟二人的期待非常高。

苏轼第一任官职是到陕西凤翔府做判官。这个时候他的父亲在京城修史书，弟弟苏辙没有马上任官，与父亲同在京城。临别之前，他写了一首诗《和子由渑池怀旧》，他说"人生到处知何似"，人生这样来回地奔忙，到底像什么呢？是不是像飞鸿踏雪，飞鸿偶然在雪地上留下它的爪印，但哪里会计较它的爪印留在哪个地方，它会继续往前飞，对吧？"老僧已死成新塔，坏壁无由见旧题。"苏轼第一次离开家乡去京城赶考的时候，经过渑池这个地方，再来的时候，当时接待他们的僧人奉闲已经去世，留下来的只有他的骨灰塔。我们当时在墙壁上写的诗，现在也看不到了。然后他问弟弟苏辙，你还记得我们第一次离开家乡去往京城赶考的时候走过的崎岖山路吗？当时路又长，人又困顿。我们看前面两联的时候，会觉得苏轼写得非常悲观。他说人生这样奔忙，到底像什么呢？人在这样的一个巨大的空间与不断流逝的时间当中，是一个非常渺小的存在，人能够决定自己的命运吗？有时候可能是难以决定自己的命运的，人生充满非常多的偶然性跟不确定性。但是苏轼想要表达的意思不止于此，他认为，因为我们有了共同的回忆，即便人生是非常无常的，在世上的行踪也是偶然不定的，像"雪泥鸿爪"一样，甚至留下来的痕迹也是不能够永远保存的，但是只要我们拥有往日共同的回忆，那我们就拥有了人世间的温馨，我们能够用回忆去抵抗时间的流逝。

30 岁的时候，他在凤翔府判官任满之后回到了开封，在史馆任职。在这一年的 5 月，他的第一任妻子王弗去世，时年 27 岁。苏轼 19 岁时和 16 岁的王弗结婚，他们有一个儿子苏迈。《江城子·乙卯正月二十日夜记梦》，就是纪念王弗的。31 岁的时候，父亲苏洵去世，时年 58 岁。这一年，苏轼护柩回乡安葬父亲跟妻子。守孝期满之后，他娶了王弗的堂妹王闰之。33 岁这一年的 12 月，他第三次离开家乡，第一次离开家乡，是 22 岁赴开封应举，第二次离开家乡是为他母亲守孝满，回开封考制科，第三次离开家乡就是他为他父亲守孝满回开封，从此以后他再也没有回到家乡。

他回到开封的时候，王安石开始推行变法。《宋史·王安石传》记载王安石曾经说过"天变不足畏，祖宗不足法，人言不足恤"。他说天变是不足以畏惧的，祖宗的成法是不足以效仿的，人言是不足以为忧虑的，他有非常强大的意志去推行改革变法。苏轼是比较反对变法的，但是我们要说明的是，苏轼跟王安石之间的争论并不是私人的恩怨。我们看这一段记载，"元丰年间，王文公在金陵"，王文公就是王安石，他住在现在南京这个地方，"东坡自黄北迁"，苏轼从黄州北迁去看望王安石，其间"日与公游"，"尽论古昔文字"，两个人讨论文章，"闲即俱味禅说"，两个人还谈禅。然后王安石"叹息谓人曰：'不知更几百年，方有如此人物。'"不知道还要几百年才能出现像苏轼这样的人物。所以我们可以看到王安石对苏轼是非常欣赏的，并不是说我支持新法，你反对新法，我们两个人就是老死不相往来，他们只是政见上的不合，而不是进行相互的人格上的攻击。

36 岁的时候，苏轼到任杭州，任杭州通判，同年 7 月，赴任之前先到陈州（河南淮阳）去看他的弟弟苏辙，然后 9 月又到颍州（安徽阜阳），去拜见他们的老师欧阳修，11 月才去杭州赴任。在颍州和苏辙分别的时候，苏轼写了《颍州初别子由》。他在诗中说"近别不改容，远别涕沾胸"，例如从路桥到椒江的话，我们可能觉得很快就能够相见，所以不会觉得太伤心，但是如果从路桥到北京去，大家觉得很远，就会伤心，这两句诗就是写这样的常情。但是苏轼不认为这是对的，他说"咫尺不相见，实与千里同"，你在路桥，我在椒江，我们两个人不见面，那跟你在路桥，我在北京有什么区别？没什么区别。"人生无别离，谁知恩爱重"，人生如果没有离别的话，谁知道我们的感情会是这么深呢？"始我来宛丘，牵衣舞儿童"，苏辙家的孩子很欢迎伯伯的到来，但"便知有此恨，留我过秋风"，刚来的时候，因为他还是要去杭州赴任的，所以说"便知有此恨"，因为我来的时候就知道肯定要走的，所以你留我多过一段时间，过了秋天再走。现在秋天来了，我必须要去杭州赴任了，"别恨终无穷"，离别的遗憾还是到来了，还是非常难以让人接受的。然后问我什么时候能够再归来呢？我说"岁在东"，就是三年之后。"离合既循环，忧喜迭相攻"，他说你看我现在跟你分别了，但是三年之后我们不是还会再见面吗？离别跟相见是循环的，悲哀跟欢喜不也是循环的吗？有现在离别的悲伤，但是我们还会有相见的喜悦，不要对现在的离别太过于伤感了。"悟此长太息，我生如飞蓬"，想到这里就长长地叹了一口气，又感叹自己像飘飞的蓬草一样，"人生到处知何似，应似飞鸿踏雪泥"，人生充满偶然性跟不确定性，但是我们不要太过于悲伤，我们刚刚去拜见了我们的老师欧阳修，你没有看到他的头发都白了吗？所以更不应忧愁。苏轼站在一个更长远的角度和更阔大的时间当中看待离别，离别好像慢慢变得可以接受了。

苏轼39岁的时候到了密州，也就是现在的山东诸城当知州，42岁到徐州，44岁的时候到湖州，任湖州知州。就是在他到职湖州的这一年，8月18日，他因为"乌台诗案"被抓到京城的御史台去审判，然后到这一年的12月28日，才被释放，在监狱里被关了130天，之后他被贬到黄州，做团练副使，这是他第一次被贬。

我们来看一看他被抓的时候是什么样子。宋代的孔平仲记载，说皇甫遵去抓苏轼，"二狱卒就直之。即时出城登舟，郡人送者雨泣"。两个狱卒架着苏轼就走了，但是湖州本地的人送别苏轼的时候都哭了，非常舍不得。"顷刻之间，拉一太守如驱犬鸡"，就像赶犬鸡一样把苏轼拉走了，苏轼被抓的时候是非常没有尊严的。但是在这样危急的时刻，苏轼还能够跟他的妻子开玩笑。《东坡志林》中，苏轼说他往年经过洛阳的时候见到过李公简，李公简就讲到宋真宗东封泰山之后寻访天下的隐逸之人，就访到了一个杞县人杨朴，听说杨朴能为诗，是一个隐士，然后就把杨朴召到京城当中，问他能不能作诗？杨朴说他不会作诗。然后真宗又问他临走的时候，有人给你写诗送行吗？杨朴说没有，只有他的妻子写了一首绝句给他说："更休落魄耽杯酒，且莫猖狂爱咏诗。今日捉将官里去，这回断送老头皮。"真宗听到杨朴妻子的诗歌之后大笑，然后就让杨朴回家了。然后苏轼回忆他自己在湖州被抓的时候，他说"坐作诗追赴诏狱"，因为写诗被抓到了监狱，他的妻子儿女送他出门的时候都非常悲痛。这个时候苏轼对他的妻子说，"子独不能如杨处士妻作一诗送我乎？"你难道不能够像杨朴的妻子一样，写一首诗送给我吗？他这个时候还在跟妻子开玩笑。他的妻子听到之后不觉失笑，苏轼就跟着这几个狱卒走了。在面临生死的时候，他非常豁达。经过审判之后，苏轼被贬为黄州团练副使。其实苏轼乌台诗案，把他抓过去也不完全是没有原因，他的确写了很多诗讽刺新法，但是很重要的一个问题是，我们可以因为他批评执政就杀了他吗？

45 岁的正月初一，他跟他的大儿子苏迈两个人先到了黄州，在黄州的时候，他修了一个草堂，命名为雪堂。他到黄州的时候过得非常穷困，然后有人给他申请了一块城东的坡地，就在这个地方种一些粮食吃，苏轼也因此在这个时候给自己取了一个号，叫东坡。东坡居士也来自于此。

《定风波》是他在黄州时期写的，他说是"三月七日，沙湖道中遇雨。雨具先去，同行皆狼狈，余独不觉。已而遂晴，故作此"。三月七日途中遇雨，但是他身上没有挡雨的东西，同行的人都觉得非常狼狈，但苏轼说"余独不觉"，不一会儿天晴了，所以他写的这一首词。"莫听穿林打叶声，何妨吟啸且徐行"，"吟啸"不是像我们现在吹口哨，而是抒发自己情志那样的吟啸，不要听穿林打叶的雨声，"何妨吟啸且徐行"，他可以慢慢地走，下雨了，我们都会跑起来，想要快点找个地方躲雨，但是苏轼是慢慢地走，大家都觉得非常狼狈，但是苏轼却觉得拄着拐杖、穿着草鞋，雨中漫步非常好。"竹杖芒鞋轻胜马，谁怕？一蓑烟雨任平生。""一蓑烟雨"的"蓑"，不是说他的蓑衣被打湿了，而是说这个雨量不是非常大，是一件蓑衣足以抵挡的雨量。"料峭春风吹酒醒，微冷，山头斜照却相迎。"这个雨下得不是特别大，而且下的时间也不是特别长，一会儿太阳出来了。然后他说："回首向来萧瑟处，归去，也无风雨也无晴。"什么叫"也无风雨也无晴"呢？刚刚下过雨，现在出了太阳，明明是也有风雨也有晴，为什么苏轼要说"也无风雨也无晴"呢？当然他这里说的风雨和晴，都不仅仅指大自然当中的风雨跟晴天，而是指他生命当中所遭遇的快乐跟痛苦，在回首往事的时候，他可以超脱悲喜，善处于悲忧之间的这样一个状态，叫"也无风雨也无晴"。

49 岁的时候他离开了黄州，来到了现在河南汝州，担任团练副使，也是一个非常小的官职。他的转机出现在 50 岁的时候，这一年的三月宋神宗驾崩，宋神宗的儿子赵煦继位，是为宋哲宗，但是这时候宋哲宗年仅九岁，不能够亲自理政，所以高太皇太后，也就是宋神宗的母亲高滔滔掌权，这时新法全部被废除，开始实行所谓的旧法。苏轼得以回到朝廷，升任礼部郎中，后升起居舍人，到 51 岁的时候，当了翰林学士知制诰，三品。也是在这一年，新法的主要领导人王安石以及旧法的主要领袖司马光相继去世。但是苏轼这个时候看似非常风光，其实心里并不好过，他在 54 岁的时候，自请外调，去了杭州。为什么要自请外调呢？因为高太后掌权之后，把新法一刀切全部给废除了，但是苏轼并不赞成这样的做法，他认为新法当中有好的地方，现在全部一刀切都废除，并不是适当的做法。所以他在京城也过得非常不开心，自请外调，又来到了他自己非常喜欢的杭州，这个时候他就疏浚了西湖。

我们来看一个小故事，明代的陶宗仪《说郛》当中记载了一个故事，说苏东坡有一天下朝了之后，吃罢饭，然后就自己摸着肚子在那里慢慢地走路消食，他就问身旁的这些人，你们都猜一猜我这个肚子里到底是什么？

然后有一个婢女马上就说都是文章，苏轼是一个文学家，当然说都是文章，苏轼听了之后不以为然，说不对。有一个人说满腹都是见识，但苏轼"亦未以为当"，觉得说得也不对。到了他的侍妾王朝云，就说他一肚皮的不合时宜，苏轼听到朝云说他一肚皮不合时宜之后，他才捧腹笑，觉得这个才说对了，我这一肚皮都是不合时宜。什么叫"一肚皮不合时宜"？就是新法实行的时候，他觉得你太激进了，太快了，不对，批评，等到新法完全被废除，开始实行所谓的旧法之后，苏轼又说你这个也不对，你不能一刀切完全给它废除了，总是要指出问题所在。前面我们说苏轼的个性是什么？就要"吐之则逆人，宁吐之也"，因为"茹之则逆余"，"一肚皮不合时宜"就体现在这些地方。朝云在十几岁的时候就到东坡家了，然后她一直跟随苏轼，后来到了惠州，苏轼被贬到广东惠州的时候，朝云去世。

58岁，他的第二任妻子王闰之去世。也是在这一年，高太皇太后去世，宋哲宗亲政，又开始全面推行新法。这个时候苏轼又接连面临被贬的命运。绍圣元年，也就是他59岁的时候，章惇做宰相，4月苏轼就被贬到英州（广东英德），6月再贬到广东惠州。有一首诗大家应该非常熟悉，是他在惠州写的，他说"日啖荔枝三百颗，不辞长作岭南人"，把我贬到这个地方，本来想置我于死地，但是我觉得这个地方好得很，我在这里常做岭南人也不错，他甚至还打算在惠州盖房子。但是命运再一次对他伸出了无情的手，他被贬到了海南岛。

62岁，他被贬到海南的儋州。对宋代人来说，被贬到海南岛是一个非常大的惩罚。但是我们看苏轼刚到海南岛的时候，他是怎么样的一个想法。他说他自己刚到南海的时候，"环视天水无际"，看到水天茫茫，一望无际，"凄然伤之曰：'何时得出此岛耶？'"非常伤心，我什么时候才能离开这个海岛？但是想了一会儿之后，又说"天地在积水中"，我们的天地不是在积水当中吗？"九州在大瀛海中"，这个九州是大九州的概念，中国只是其中的一州，叫赤县神州，中国不是在大海当中吗？一个小的中国的概念不也在"少海"当中吗？"有生孰不在岛者？"人的一生哪有不在岛上的时候呢？然后他举了一个例子，倒一盆水在地上，放一根草在水上，一只蚂蚁在草上浮，在一盆水的水面上，"茫然不知所济"，它就觉得非常茫然，不知道怎么离开这一片水域了，一盆水可能对一个蚂蚁来说，就像海南岛的大海对于苏轼，但是水流干了、晒干了，蚂蚁就爬走了，它见到它的同类，甚至流下眼泪，说"几不复与子相见"，这个蚂蚁就说我刚刚差点被淹死，永远见不到你们了。"岂知俯仰之间，有方轨八达之路乎？"这只蚂蚁哪里知道不一会儿水干了之后，它就可以离开这个地方，有四通八达的路可以走呢？苏轼想到这个地方，说"念此可为一笑"。一根草上的蚂蚁，苏轼比喻成当时在海南岛、在大海当中的自己，他说俯仰之间就会有"方轨八达之路"，他说在海南岛是在海上、在岛上，但人生有哪一个时刻不是在岛上呢？来到海南岛也不要因此而悲伤，因为人生都是在岛上度过的。由此可见，苏轼是非常达观超脱的，人毕竟要勇敢地活下去。

在他 65 岁的时候，宋哲宗去世，哲宗的弟弟赵佶继位，就是我们非常熟悉的宋徽宗，因为换了一个皇帝，徽宗还没有决定是否推行新法，所以这个时候苏轼也得到一个机会，就开始北迁，离开海南岛。

这有一首诗，也是苏轼比较重要的一首诗，叫《六月二十日夜渡海》，是苏轼离开海南岛的那个晚上写的一首诗。他说："参横斗转欲三更，苦雨终风也解晴。"六月二十日夜渡海，快要到三更了，处于深夜的时候，但是深夜过后马上就要黎明了。下了很久的雨，终日刮的大风，这时候也停了。"云散月明谁点缀？天容海色本澄清。"云散月明，就是不下雨了，风也停了，天空非常晴朗，海天相映的这样一个情形是不需要任何点缀的，因为"天容海色本澄清"。这里的"苦雨终风"，久下不停的雨、终日刮的大风，不仅仅是指自然界的风雨，还指苏轼在政治生涯当中不断遭受的迫害，这个时候他获准北归，苏轼觉得这个时候可以还我一个清白了，本来就澄清无瑕的天容海色，象征的也是苏轼高洁的品格。"空余鲁叟乘桴意，粗识轩辕奏乐声"，"鲁叟"用的是孔子的典故，因为孔子是鲁国人，孔子在《论语》当中有一句话，叫"道不行，乘桴浮于海"，他说如果我的政治主张在中原地区不能实行的话，那我就要乘船到海外去。苏轼说"空余鲁叟乘桴意"，有一点想要隐居避世的想法，也就是说他已经认识到了政治的种种险恶，有了避世的念头。"粗识轩辕奏乐声"，轩辕指的是皇帝，"奏乐"在这首诗中指的是涛声，他来到了海南，听到了非常多的海浪的声音。最后两句说"九死南荒吾不恨，兹游奇绝冠平生"，来到海南岛难道不是九死一生吗？但是苏轼说我没有什么可怨恨的，我眼前见到的人都是好人，这一趟游历是平生中最奇绝的一程。

在他 66 岁的时候，正月过了大庾岭，于这一年的 7 月病逝于常州，被安葬在现在河南郏县的小峨眉山。我们来看一首苏轼的绝笔诗，叫《自题金山画像》，这首诗非常短，他说："心似已灰之木，身如不系之舟。问汝平生功业，黄州惠州儋州。""心似已灰之木，身如不系之舟"，这两句诗都是化用《庄子》当中的典故，这两句诗描述的都是物我两忘、天真自由的状态，苏轼认为他达到了这样的人生状态。然后他说，你如果问我一生的功业是什么的话，我要告诉你我这一辈子的功业都在黄州、惠州和儋州。

我们刚刚讲了苏轼的生平经历，知道黄州、惠州、儋州都是他被贬的地方，他一辈子的功业都在被贬的地方是什么意思？苏轼不仅仅是一个文学家，还是一个政治家，一个政治家说自己的功业都在被贬谪的地方，当然是一种反讽和一种自嘲，而如果用文学家的眼光来看，甚至在苏轼思想发展这个角度来看的话，他在这三个地方有巨大的收获。他的思想为什么能够达到这种自然天真的状态，也是因为他经历了如此多的磨难，如果他是一帆风顺的，他可能并不容易达到这样一种天真自然的状态，正是因为他的人生经历了如此多的磨难，所以他才能超越苦难，达到这种自然天真的状态。这也是苏轼跟普通人很不同的地方，我们会觉得被贬是一件非常难过的事情，但是苏轼却认为这是他一辈子最重要的地方。《自题金山画像》是苏轼在建中靖国元年这一年作的，他在北归的过程中，曾经到江苏仪征这个地方，他在金山的龙游寺里看到一幅自己的画像，然后他就给自己的画像题了这首诗，我们可以把这首诗看作苏轼的绝笔诗，是对他一生的事业或者一生的经历的一个概括，他把自己一生最重要的三个地方给了黄州、惠州、儋州，没有给他在开封的时候、风光的时候，这也是他可贵的地方。

最后给大家推荐一本书，复旦大学朱刚教授的《苏轼十讲》，他在这本书里说每一个中国人如果认真审视自己的精神境界的话，都会发现有不少甚为根本的东西是直接或间接地来自苏轼，所以他把苏轼称为中国人灵魂的工程师。我们今天当然说的是一个非常浅显的、关于苏轼基本情况的介绍，如果大家对苏轼感兴趣的话，可以去读一读这本书。

南官人文大讲堂

谢文侃

浙江台州人。台州科技职业学院教师。1999年毕业于浙江大学，获学士学位；2010年毕业于华东师范大学，获硕士学位。从事旅游管理专业教学20余年，主讲中国旅游地理、目的地国家概况课程，专注历史人文地理研究。

走近鲁迅

各位，我们在中学时都读过鲁迅先生的文章，鲁迅对我们中国人来讲，是个无人不知、无人不晓的人物。

新中国成立后，在文学家中有个排名，鲁、郭、茅、巴、老、曹，鲁迅是排第一位的，也是独一档的存在。毛主席评价鲁迅先生是"伟大的文学家、伟大的思想家、伟大的革命家"，是"最正确、最勇敢、最坚决、最忠实、最热忱的民族英雄，鲁迅的方向就是中华民族新文化的方向"。从此，鲁迅先生被捧上神坛。随着时代变迁，鲁迅先生又逐渐走下神坛。但不管怎样，鲁迅先生是一位有血有肉的人。

这堂讲座的脉络是依据许寿裳先生编写的《鲁迅年谱》。鲁迅逝世三个月后，要编一部纪念鲁迅的文集，大家觉得有必要先把鲁迅的年谱编一下。在鲁迅的亲朋好友里最有资格编写鲁迅年谱的人当数许寿裳，鲁迅在日本留学时结识他，一直到鲁迅生命的最后一刻，他都是鲁迅的挚友。许寿裳会同鲁迅弟弟周作人和鲁迅夫人许广平一起写了这份年谱，执笔人是许寿裳。接下来我就根据这份年谱进行讲述。

1881年，鲁迅先生出生于浙江绍兴城内东昌坊口。姓周，名樟寿，字豫才。他最早的原名或者说他在族谱里的名字叫作周樟寿，这个名字是他祖父起的，希望他能够像樟树一样长命百岁。樟树别称"豫樟"，在以前，取名取字要互为表里，豫和樟相表里，豫才的意思就是栋梁之材，寄托了祖父的期望。18岁到南京求学时改名周树人，38岁用鲁迅作为笔名，鲁迅一生用了100多个笔名，最著名的就是鲁迅。

绍兴府城是非常独特的城市，府城里竟有两个县治，西首为山阴县治，东首为会稽县治。东昌坊口在会稽县，它不是绍兴府最繁华的地方，从街巷布局就可以看出来这边的巷子明显稀疏一些，可以这么说，东昌坊口是绍兴府次繁华的地方。

周家在东昌坊口有三个台门，一开始只有老台门。八世祖叫周熊占，有田产3000多亩，两间当铺。周熊占80岁过世，在世时四代同堂，老台门已然住不下偌大的家族，于是他在附近购置宅地两处，修建了新台门和过桥台门。鲁迅祖上分到新台门，也就是现在被称为鲁迅故居的地方。新台门后来被分成6个房份，鲁迅家在新台门仅占1/6。过桥台门已经不存在了，老台门现在被称为鲁迅祖居。

在东昌坊口及其附近有鲁迅笔下的多处地名或店名。三味书屋是鲁迅读私塾的地方。戴家台门是鲁迅曾祖母的娘家，她是戴家台门的富家千金，嫁到周家新台门，后来儿子中了进士，加之辈分又高，所以她在周家的地位显赫。咸亨酒店当时位于鲁迅家对门，现迁至原址附近。街坊的西北角是土谷祠，曾是一位名叫阿桂的栖身之所，鲁迅以他为原型，写了《阿Q正传》。鲁迅家族败落后，把新台门卖给了朱姓邻居，孙姓邻居和王姓邻居也把房子卖给了这位朱财主。

鲁迅家族第一代叫周逸斋，于明正德年间迁入绍兴城内，正德元年是1506年，一直到1919年鲁迅家搬离绍兴，鲁迅祖上已在绍兴生活了400多年。如果按照其族谱的说法，周逸斋的祖上是写了《爱莲说》的周敦颐，周敦颐的祖上来自河南汝南，周家的灯笼上写着"汝南周"三个字，表明祖上的显赫。不过，根据周作人的说法，这些都是子虚乌有之事。周逸斋名字里有个"逸"字，这个"逸"字是后人取的，说明他的名字早已失传。关于周逸斋生于哪一年，他的名字叫什么，具体做什么营生，其实都不得而知。后人所知道的就是他带着两个儿子，从绍兴城外来到绍兴城内定居下来。

到了周家七世祖，有田产30多亩，还有五六千两银子。从他开始，周家在东昌坊口置办房产，老台门就是七世祖所买，七世祖又置办了两家典当，七世祖只有一个儿子，也就是八世祖，父子俩各掌一家，事业做得风生水起。

八世祖时，周家的田产达 3000 多亩。我们刚才讲了，八世祖在世时，建了新台门和过桥台门，七世祖、八世祖，包括后来的九世祖、十世祖，这个阶段是周家在经济上最辉煌的时候。到了十一世祖鲁迅的曾祖父，十二世祖鲁迅的祖父，这时太平军打了进来，把周家两间当铺洗劫一空。加之几代传下来人丁兴旺，到了鲁迅祖父这一代，鲁迅家的田产只有 70 余亩。其实，这在当时还算是比较富裕的家庭。

周家出过三位举人，一个是购买老台门七世祖的父亲六世祖，还有一位是鲁迅祖父的族叔，也是他祖父的授业恩师，还有一位是他祖父的族弟。但鲁迅祖父，则是中了进士的人，点了翰林，是周家功名路上最光耀的人物，所以在周家新台门、老台门、过桥台门的门楣上都挂有"翰林"匾额。

鲁迅是周家第十四辈，他有两个弟弟。周作人生于 1885 年，周建人生于 1888 年。周作人是北大教授，最后投靠了日本，成了汉奸，但是我们从文学的角度来讲，他的散文写得非常细腻，文笔不亚于鲁迅。周建人后来当过浙江省省长，官至全国人大常委会副委员长和全国政协副主席。

1886 年，鲁迅 6 岁，师从一位叫周玉田的叔祖，开始读《鉴略》，为什么读《鉴略》呢？这是他祖父的意思。《鉴略》是概述中国通史的一本书，每句话五个字，每句都是一段史实，通俗易懂，小朋友对读历史也会比较有兴趣。这就是鲁迅祖父的教育理念，不能一开始读四书五经此类深奥的书籍，而要读比较简单的读物，像《鉴略》就属于比较简单的。祖父也允许鲁迅兄弟们看《西游记》等小说，大了以后让他们读唐诗宋词。祖父还规定读诗的顺序，先读白居易，再读陆游，继读苏轼，最后读李白。祖父反对读这两位先贤的文章，一位是杜甫，觉得很艰深，一位是韩愈，非常奇绝。他俩的文章在小时候不能学亦不必学。由此可见，鲁迅祖父在教育方面有独到的见解。

鲁迅五六岁时，宗党皆呼之为"胡羊尾巴"，誉其小而灵活也。后来长大了也是比较矮的。有说一米六四，一米六一，一米五几。鲁迅的孙子在一个访谈节目中说爷爷的身高是一米六，因为他根据鲁迅站在墙边的一张照片，实地测量爷爷头顶对齐的砖头，得出结论是一米六。

鲁迅外婆家在安桥头，外婆一开始并没有住在那里，安桥头是她的老家。外公在世时，外婆一直住在皇甫庄。外公过世后，外婆跟小舅舅搬回安桥头，大舅舅搬到了小皋埠。后来，鲁迅祖父因科举舞弊案下狱，鲁迅有近一年的时间在小皋埠避难，跟大舅舅生活在一起。寄宿时光对鲁迅来说并不美好，被人家当乞食看待；杜浦是闰土的故乡，紧靠着曹娥江，附近就是杭州湾，这里的田都是沙田，适合种西瓜，他家主要以种西瓜为生。闰土爸爸是位竹篾匠，因着这门手艺成了鲁迅家的"忙月"；鲁迅家祖坟在调马场，鲁墟是鲁迅祖母娘家的地方，鲁迅祖父有两任妻子，孙姓原配生下鲁迅父亲周伯宜，四五年后就过世了，后娶蒋姓继室，鲁迅在书中提到的祖母都是继祖母。以上这些地方是鲁迅笔下的绍兴乡村。

1892 年，鲁迅去三味书屋念书，师从寿镜吾先生。在私塾时他非常喜欢描画，并收集图画，这为他以后的美术功底打下了基础。这一年的除夕夜，鲁迅曾祖母过世，这对于周家而言是件大事，也由此导致家族衰败。为什么这么说呢？因为曾祖母过世，在京为官的祖父需丁忧回家，此时他已 57岁，丁忧三年就到了退休年龄 60 岁，这意味着官场生涯提前结束。1894 年慈禧太后六十大寿，要开恩科，乡试需提前一年进行，故 1893 年有一次乡试。丁忧在家的鲁迅祖父被五家亲朋好友托付去疏通关节。主考是鲁迅祖父的同榜进士，也就是所谓的同年，同年在那个年代是非常重要的一层人际关系。祖父赋闲在家无所事事，这五家又都是亲朋好友，其中一家还是自己姐夫。另外，鲁迅祖父还有自己的小算盘，希望能通过此次打点让自己的儿子也就是鲁迅的父亲得以高中举人。

乡试在杭州举行，但如果在杭州疏通打点，容易被察觉。从北京到杭州的官船经过苏州，于是鲁迅祖父在苏州等他的同年。等主考官到了苏州后，就派下人带信求见。下人名叫陶阿顺，陶阿顺把这封信给了当差的，当差的把这封信送至船上的主考官。但是问题是船上除了主考官外，还有副主考官，主考官不好当场拆开信件。因为信件涉及钱银，需要有个回话，陶阿顺一直在岸边等，但迟迟没有回话，于是就在岸边嚷了起来。本来此事不宜声张，外面这么喊叫，主考官有点下不来台，只好当着副主考的面把信件拆开，里面有1万两期票，也就是说如果事情办妥的话，再兑现这1万两银子。由此，便东窗事发，科举舞弊是天大的事情，鲁迅祖父也因此下了狱，关了7年多。

鲁迅父亲本是个秀才，在社会上是有一定地位的。但因为科举舞弊案，他秀才的功名也被革掉了，成了白丁，这对鲁迅父亲的打击非常大，终日郁郁寡欢喜怒无常，最后落下了病根，医治了两年半。

鲁迅父亲究竟是得了什么病呢？当时中医断定是肺结核，咳嗽至咳血到最后是吐血，伴随着水肿。后来考证，鲁迅父亲得的是肝硬化。这段日子里，他借酒消愁，导致病情加重。鲁迅家请了当时绍兴最有名望的医生，出诊费每次1块4毛，隔一天看一次。1块4毛在当时是什么概念？1893——1894年，上海工人的平均工资是一个月7块钱，也就是说一次出诊费就是人家一个月1/5的工资，10天5次的出诊费就是人家一个月的工资。这里还只是出诊费，没有算上药费。昂贵的看病费用以及祖父在监狱里每年要花钱疏通，他家就完全没落了。因为父亲的病，鲁迅经常出入当铺和药铺，在当铺常遭到白眼，因为只有败落人家才会将家里值钱的东西拿去典当。有一次他因抓药迟到，被寿镜吾老先生责罚，于是鲁迅先生在课桌上刻了"早"字提醒自己。1896年，鲁迅父亲因病去世，时年37岁。

在鲁迅出生前，他家的田产有70余亩，鲁迅祖父曾在江西任知县，由于跟上司不对付，被革职了。后来花钱打点去了京城当官，负责抄抄写写，没有什么大的权力，但对于绍兴人来讲，这可是京官。到鲁迅出生时，他家的田产还有四五十亩，每亩年产约150斤稻子，按7成收租，鲁迅家一年有4000多斤的收成。后来鲁迅祖父案发入狱，又需要打点，只剩下25亩。鲁迅祖父狱中7年开销巨大，有4个人伺候着他，一个妾，小儿子，还有一对用人夫妇，他们在监狱边上租了房子，菜都是送过去吃的。按照鲁迅的说法，是在他父亲去世后没有了田，也有人考证说是在他祖父过世时没了田。

没了田地怎么生活？家里也没其他营生。周建人在《鲁迅故家的败落》中说："我们覆盆桥周家有两个较大的祭祀值年，一个是三台门公共的祖先致公祭，据说有三百多亩田，这要二十七年才能轮到一回。一个是致房的祖先佩公祭，据说有一百六十亩田，由致房派下智、仁、勇三房轮值，九年轮到一回。祖宗留下田产，叫作祭田，由各房轮流收租，轮流办理上坟祭扫和做忌日等事情，这就叫作祭祀值年。"实际用于祭祀的不到收入的三分之一。我算了一下，鲁迅家每年大概还有 18 亩的收成，18 亩对于五六口的人家还是够生活的。周作人在回忆录中写道"虽然家里也很窘迫，但到底要比别房略微好些，因为有些为难的本家时常过来借钱，总可以给予通融救济"。

1898 年，鲁迅 18 岁，准备去南京读书。鲁迅在《呐喊》里写道："有谁从小康人家而坠入困顿的呢？"本来是个小康人家，现在在经济上困顿，他就读不起那些要花钱的私塾，尤其读不起杭州的求是书院。他后来留学日本的好些同学都是从求是书院出来的，鲁迅又要去哪里读呢？他去了一所洋务学校。鲁迅说"应试是正路，但是在洋学堂里，是可以不用交学费，而且还有一丁点的生活费，所以这对一些窘迫的人家来讲，还是一个非常好的去处"。因为是洋学堂，对于保守的人来讲，就是把自己的灵魂卖给了鬼子，因此就不能用族谱上的名字。读洋学堂是辱没先人的行为，他的族叔祖就给他起了学名叫周树人。毕业时由两江总督颁发毕业证书，上面写的就是周树人，他后来的学习以及工作，署名都是周树人，因为这是官方认定的名字，也就成了他的原名。

到了江南水师学堂，不到一年，鲁迅觉得这是个乌烟瘴气的地方，于是改入江南陆师学堂的矿务铁路学堂，读了三年。当时世界上陆军最强的是德国，所以他在矿务铁路学堂学的是德文。鲁迅后来翻译外国小说，主要是从日文本和德文本翻译过来的。所以鲁迅有外文功底，应该这么讲，他精通日语和德语，粗通英语，略懂俄文。他翻译的最后一本小说，俄罗斯人果戈理的《死魂灵》，用的却是德文版，并参考了日文版，并不是直接从俄文版翻译过来，他的俄文只是稍微懂点而已，达不到翻译的水准。

1902 年，鲁迅以第三名的成绩从矿务铁路学堂毕业。学校有 6 个留学日本的名额，鲁迅位列其中。到了日本，鲁迅写了《中国矿产志》，署名会稽周树人，这本书后来成了清政府规定的中学堂参考书。可见，鲁迅本来的专业是学矿的。到了日本，就读于东京弘文学院，学了两年日语。在学校，鲁迅结识了他一生的挚友，也就是我们前文提到的许寿裳，也结识了钱学森父亲钱均夫，他们一起读书一起玩耍，结下了深厚的友谊。后来，钱学森对鲁迅先生也有一些回忆。

鲁迅在南京学的是矿业，到日本学了两年的日语，按理讲，接下来应该读日本的矿业大学，但是鲁迅在 1904 年 8 月去仙台读医学了。为什么改读医学呢？有以下几个原因。鲁迅去了日本后，了解了明治维新对日本的重要意义，明治维新就是向西方学习，向西方学习很重要的就是学习西方科学，西方科学又源于西方医学，也就是说日本明治维新发端于西方医学，这是其一。其二，鲁迅父亲病中非常痛苦，鲁迅希望学医来减少同胞患病时的痛楚。其三，他对中医还是有偏见的，觉得中医是有意或者无意的骗子，是中医耽误了父亲的病情。当然，还有其他原因，如医治中国妇女的小脚，自己从小牙痛。所以他就不想去学矿，要学医。

学医本可在东京学，日本最好的医学院就在东京，但东京有很多中国留学生，他对这些留学生一直很失望，他想逃离此地。当时日本第二好的医学院位于仙台，于是他就去了仙台。在那里他结识了一个人，鲁迅先生写了一篇散文《藤野先生》，藤野先生是解剖学老师。鲁迅在日本学了两年的日语，日常交流是没问题的，但医学有专门术语，鲁迅在学习中有些吃力，藤野先生就额外给鲁迅的笔记进行了一些补充。

鲁迅的成绩在全班 142 人中排第 68 位，属中游水平。但对于日本的同学来讲，一个来自落后中国的留学生，成绩竟然能位居中游，一定是考试时有作弊行为，于是怀疑藤野先生在给鲁迅补充笔记时泄露了考题，鲁迅由此被同学孤立。在解剖学课间休息时看了幻灯片（一说是看纪录片），日俄战争期间，日本人把中国人当俄国间谍抓住并要砍头，边上围观的中国人所表现出的麻木，以及在教室里日本同学的雀跃欢呼声，深深刺痛了鲁迅，鲁迅觉得学医没什么用，学医只是医身体，不能够医精神，即使是身体强壮的国人，可能依然是麻木的看客。幻灯片事件、同学的孤立、学医的吃力，致使鲁迅决定弃医从文。

1899 年，鲁迅母亲开始着手儿子的婚姻大事，对方是山阴朱安女士，朱安是鲁迅族叔祖周玉田老婆的侄孙女。朱安家在丁香弄，现在叫丁香苑，从丁香弄走到东昌坊口，也就 15 分钟的路程。1901 年，鲁迅母亲想着等他从矿业学堂毕业就准备结婚，于是私自做主请人到朱家把婚事定了下来。朱安是台门人家的富家千金，跟鲁迅算得上门当户对，何况此时周家多少有些败落了。在绍兴有"女大三，抱金砖"的说法，朱安比鲁迅大 3 岁，鲁迅母亲比鲁迅父亲也是大 3 岁。鲁迅母亲是农村大户人家姑娘，祖父在北京当官，给皇帝管木材，父亲中了举人，在故宫当主事，两个哥哥和两个姐夫都是秀才。嫁到周家后，没多久丈夫就中了秀才，紧接着又生了鲁迅，更觉得女大三是旺夫的。虽然鲁迅表现出抗拒，但这门亲事涉及族人，她觉得不能退婚。另外她觉得这个儿媳还是比较好的，是个守规矩、有教养、懂礼貌、能做家务的人。

1906 年，朱安已经 28 岁了，在绍兴有句话"养女不过 26"，女儿最多只能养到 26 岁，26 岁没有出嫁的话，那完全是老姑娘了。而此时朱安已然 28 岁，朱家已经等不起了。鲁迅母亲发了好几份电报给留学日本的儿子，说自己病得快不行了。等鲁迅赶回来发现母亲并没有生病，而是催他回国结婚。鲁迅是个孝子，最后还是顺从了母亲。婚礼中，他完全是按部就班，一个程序一个程序走下来。朱安出嫁时乘着轿子过去，她知道夫婿不喜欢裹小脚，于是穿了一双大鞋，鞋里塞了些棉絮，可下轿时，一不小心鞋子掉了下来，这或许预示着朱安不幸的婚姻。

鲁迅曾跟许寿裳谈起婚事，说："这是母亲送给我的一件礼物，我只能够好好供养她，爱情是我所不知道的。"鲁迅在北平的头七年都是一个人生活，没有把老婆带在身边，朋友问到为什么不带过来？他讲"因为是母亲娶来的，所以送给母亲了。"那七年，朱安跟婆婆生活在绍兴，鲁迅则在北平。鲁迅后来结识了许广平，后来许广平怀孕的消息传到北平，朱安跟邻居讲："我好比一只蜗牛，从墙底一点点往上爬，爬的虽慢，总有一天会爬到墙顶的，可是现在我没办法了，我没力气爬了，我待他再好也没用。"鲁迅过世后，朱安依靠在上海的许广平汇钱才能度日。1944 年，因战事无法汇款，周作人怂恿朱安把鲁迅的遗物卖掉。鲁迅的朋友和学生知道后前来劝阻，朱安激动地讲："你们总说鲁迅遗物要保存，要保存，我也是鲁迅遗物，你们也得保存保存我。"

朱安是如何评价三位局中人的，她说："周先生对我并不算坏，彼此之间并没有争吵，我们各有各的人生，我应该原谅他。许先生待我是极好的，她知道我不容易，总是维持我。"鲁迅和许广平的小孩叫周海婴，朱安每次写信都是嘘寒问暖，问他有没有长身体，问他穿得怎么样，吃得怎么样，她觉得这是大先生的小孩，那也就是自己的小孩。

我们回来继续讲鲁迅先生。1908 年，鲁迅在日本加入光复会，并与二弟周作人一起翻译国外小说，主要翻译的是东欧小说。东欧小说比较晦涩难懂，卖不了几本，而国人更加喜欢的是鸳鸯蝴蝶派言情小说。鲁迅在日本实在待不下去了，弟弟周作人也要结婚，需要一些开支，所以他必须回国谋一份生计。6 月，他追随许寿裳来到浙江两级师范学堂，给一位日本教师当翻译，同时也教生理学和化学，因为他在日本读的就是医学。

1910 年，他到绍兴中学堂当教员和监学。1911 年 9 月绍兴光复，督军王金发与鲁迅在日本相识，任命鲁迅为山会初级师范学堂校长，就是后来的绍兴师范学校，也就是现在的绍兴文理学院。后来办学没了经费，几个月后鲁迅便辞职了。辞职后在绍兴无所事事，于是他又写信给许寿裳寻求帮助。

许寿裳，绍兴人，毕业于东京师范学校。民国初期，教育部部长是蔡元培，同为绍兴人，因许寿裳师范毕业，提携他为教育部秘书长。许寿裳把鲁迅推荐给蔡元培，蔡元培其实对鲁迅也是早有所闻。1912 年，鲁迅当了教育部社会教育司一科科长。8 月，被任命为教育部佥事。佥事一职由大总统委任，在部里属中层干部，相当于现在的副司长级别。

蔡元培为何如此器重鲁迅这位小老乡？"美育"两字是蔡元培从德文翻译来，他把美育引入中国，蔡元培立下的遗嘱是"科学救国、美育救国"，甚至他认为美育可以替代宗教。而鲁迅恰恰在美育方面有较高的造诣，鲁迅编的杂志封面、小说集《呐喊》封面、阿Q刻画、北大校徽、30岁时的外套，这些都是他亲自设计，无不透露着鲁迅扎实的美学素养。

鲁迅在教育部主管跟文化艺术相关的事项，涉及文化礼仪、博物馆、动植物园等。1912年8月，鲁迅和两个同事承担设计国徽的重任，鲁迅负责对同事设计的图案进行详细说明。北洋政府国歌的审定，鲁迅作为核心工作人员参与其中，安排学生排练，安排时间场地邀请有关人士前来试听，最后定下《卿云歌》。当时的国徽、国歌、北大校徽，鲁迅都深度参与，考察孔庙，考察天坛，京师图书馆开馆，《四库全书》的搬运，鲁迅在教育部做了很多实事。

鲁迅在教育部的工资情况是这样的，1912年5-7月，每月津贴60银圆；8-9月，每月"半俸"125银圆；10月后定薪俸220银圆；1913年2月后薪俸240银圆；1914年8月280银圆；至1916年3月300银圆。当时上海工人的生活开支，一个粗工五口之家每月开销是21.34元，一个精工五口之家每月开销是35.85元。鲁迅工资达300元之巨，可养活8-14个家庭。

鲁迅的工作单位是教育部，位于北平城西侧，因此他的全部居所都位于这一侧。一开始住绍兴会馆，从1912年到1919年，住了7年半。

1918年，他以鲁迅为笔名创作了《狂人日记》。为什么叫鲁迅？他自己的说法是母亲姓鲁，而周鲁是一家。他又取"愚鲁而迅行"之意，觉得自己人比较笨，要倍加努力，也就是笨鸟先飞的意思，此乃先生自谦之词。

自搬到东昌坊口的七世祖以来，鲁迅祖上一直是周家的长房长孙，长房长孙的使命感和责任感刻在鲁迅的骨子里。父亲过世得又早，两个弟弟的成家立业对于鲁迅来说就是他应尽的责任。1919年，他买下八道湾一处较大的四合院，希望兄弟三人够住得下，希望兄弟三人永不分家，兄友弟恭。鲁迅先生在八道湾写了《阿 Q 正传》，一经面世，轰动北平城，读者发现阿 Q 好像就是自己，又好像是自己身边的某个人。《阿 Q 正传》完全把当时中国人的形象，通过鲁迅笔端描绘了出来。可是事与愿违，鲁迅于1923 年 8 月从八道湾移至砖塔胡同。短暂 9 个月的过渡后，鲁迅于 1924 年5 月移居三条胡同。

1925 年，他跟许广平已经定情，因此他不能继续待在北平，因为北平有朱安在。他不像徐志摩那样，说把原配给休掉就休掉，这对朱安来说就是死路一条。但夫妻两人没有感情基础，讲不到一块，非要绑在一起双方也痛苦。他最后离开北平，这应该是最好的选择。1926 年他受林语堂邀请去厦门大学任教，每月 400 大洋。后因同事之间的矛盾，对学校的一些不满，以及厦门也不是文化高地，郁闷四个月后，他前往广州大学任教，原因是许广平在广州。后鲁迅设法营救被捕入狱的学生无果，他也就辞了职。

1927 年 10 月，他来到上海。上海是国际化大都会，离首都南京又近，之后的革命形势明显将以南京为中心，上海的出版业在中国又最为发达。鲁迅后来主要是写杂文，这些杂文都发表在报纸上，上海报业发达，所以最后选择落脚在上海。12 月，因大学院院长蔡元培之聘，任特约著作员，工资是 300 大洋，任其自由写作，也就是说写不写都是 300 大洋。在上海，这里有最基本的生活保障，他能够立足于此。

《鲁迅年谱》有这么一句，"与番禺许广平女士同居"，本来许寿裳的原版是这么写的，"与许广平女士以爱情相结合，成为伴侣"。后来把这个拿给许广平看，许广平觉得没必要遮遮掩掩躲躲闪闪，她跟鲁迅之间就是情投意合、志同道合，然后走在一起，于是写成"与番禺许广平女士同居"这样简单的表述。

我们来看一下鲁迅在上海的居所。一开始住在景云里，在景云里也搬过三次家。后来住在拉摩斯公寓，这个公寓只有鲁迅一个中国人，其他都是外国人，由此我们可以看出鲁迅对居住条件是很讲究的。瞿秋白曾两次躲避于鲁迅在拉摩斯公寓的家，后来陈云去营救瞿秋白，陈云是中央第一代领导集体中唯一见过鲁迅的人。在拉摩斯公寓，鲁迅还会见了陈赓大将。鲁迅想写一本有关红军题材的小说，需要一些素材，中央就安排在上海就医的陈赓去鲁迅家，陈赓跟鲁迅讲了很多根据地作战的事情。拉摩斯公寓是朝北的，周海婴患哮喘，朝北对病情不利。1933 年 4 月鲁迅搬到了大陆新村，附近就是公共租界，日本人的势力就在这边，他们甚至把马路筑到租界的外面，鲁迅称之为半租界。后来鲁迅写的杂文，叫《且介亭杂文》，什么叫且介呢？且是"租"的一半，介是"界"的一半，且介就是半租界的意思。虽然它在租界的外面，但这个区域住着大量日本人，所以叫半租界。

鲁迅是非常追求生活质量的人。在上海的 9 年多，看了 151 场电影，有些重复看的，一共看了 140 部，平均一年要看十六七场，一个月要看一部半，我们现在一年看十六七场电影的人也并不多。这 140 部电影里 9 部是苏联电影，1 部是日本电影，其余大部分是好莱坞电影。我们再看看鲁迅在上海的菜谱，许广平记载了从 1927 年 11 月到 1928 年 6 月的菜谱，记了 7 个月。1927 年 11 月 14 日，这是她第一天记录，上午吃的是蒸沙鱼、洋薯腊肉、菠菜，15 日上午吃的是红烧鳜鱼、芋炖排骨、鸡毛菜，20 日上午吃的是萝卜排骨、蒸鱼饼、西洋菜牛肉片汤、青菜，可以看出鲁迅的伙食是非常好的。鲁迅的口袋里经常有一些甜食，他喜欢吃沙琪玛。他的出行，基本上坐人力车。他的住所景云里、拉摩斯公寓都是高档寓所，后来的大陆新村房租一个月 63 元，相当于当时上海 3 个劳动力赚的工资。可见，鲁迅在上海的生活是非常滋润的。

1929 年 5 月 13 日，他北上省亲，在北平的大学里进行演讲。在当时的时局下，演讲是有风险的，鲁迅先生却能付诸行动。9 月 27 日鲁迅唯一的儿子出生，起名海婴，意为上海出生的婴儿。

1930 年到 1935 年，他翻译了一些作品，写了一些杂文，杂文很犀利，但杂文是论争文学。《故乡》《阿 Q 正传》《孔乙己》《祝福》这些小说，属于创作，本来没有的东西需要展开丰富的联想。所以我觉得鲁迅前期的文学成就要高于他后期在上海近十年的文学成就，原因是什么呢？有人也提出这样的问题，说在鲁迅的一生中，谁对鲁迅的创作影响更大，是朱安还是许广平？其实还是朱安的影响更大，因为他跟朱安生活在一起，是非常孤独的，孤独使人思考，才会写出像《阿Q正传》这样的作品。后来的上海生活，他跟许广平夫妻和谐，又添了儿子，老婆孩子热炕头，日子过得有滋有润，这时的创作力就没那么文思泉涌，所以说朱安对鲁迅创作的影响比许广平要大。但如果从生活的角度来讲，当然跟许广平更志同道合，后面这十年过得更好一些。

1936年，鲁迅56岁，至10月，他的体重80斤都不到。鲁迅得的是中度肺炎，肺炎引起的胸腔积水会压迫肺部和心脏，如果医生及时发现，把积水排掉，那就不会致命。但医生没有及时处理，导致鲁迅猝死。

鲁迅逝世时，万人空巷，他的棺材上覆盖着"民族魂"三个大字，扶灵的有宋庆龄、茅盾、许广平等，可以说鲁迅是空前的大文豪。后来毛主席对他的评价，则把鲁迅推向了神坛。

王雅平

浙江杭州人。浙江交通职业技术学院教授。浙江省图书馆学会常务理事、浙江省外文学会第八届理事、浙江省高等教育学会大学外语分会高职组副秘书长、杭州市作家协会会员。曾获中国交通教育科学优秀成果一等奖。出版专著古典小说赏析评论集《梦梅人记》、专著《以桥之名——大运河上的中国传统文化密码（中英双语）》，均获杭州市余杭区文艺创作精品奖。《以桥之名》被列为浙江省哲学与社会科学联合会科普成果。

南宫人文大讲堂

《红楼梦》里的教育漫谈

　　《红楼梦》这本书，但凡是个中国人都知道，毛主席早就讲过不读《红楼梦》的就不是中国人。我们大部分人看《红楼梦》总是看它的情节或者看它的审美，我们知道曹雪芹在这本书里面融入了大量的审美，无论是诗词歌赋，还是建筑艺术，甚至中医养生都有很多。

　　为什么从教育角度来读《红楼梦》呢？基于两个原因，一是我本人在高校工作，长年累月跟年轻人在一起；二是刚刚结束的高考全国卷，语文卷的大作文题 60 分，题目是取材于《红楼梦》的。我在想这预示了一种趋势，我们未来的国家国民教育方面，对于《红楼梦》这样的中国优秀传统文化还会进一步地去挖掘。所以基于这样一个从之前到当下，从宏观到个体的一种结合，我考虑今天跟大家交流一点心得，讲讲《红楼梦》当中的教育的一些事儿。我不是红学家，是作为从少年到中年读了《红楼梦》几十遍，并把读书心得结集出版为《梦梅人记》的一个教育工作者、一个作者以及一个乐于全民阅读推广的普通人，来和各位朋友一起交流。

　　我们就从作文题开始。全国卷的作文题，引用了"大观园试才题对额"一节众人给亭子命名的选段，要求考生根据这个材料写一篇作文，分析这一选段体现了什么样的思维方式，由此对生活和创造有什么借鉴。这个作文题是很高级的，为什么这么说？我梳理了《红楼梦》进入高考语文题之后的变迁，可以看到"考红"不是一个新鲜事儿，但是题型在变化，单项选择题、多项选择题、简答题、微写作，然后到今年 2022 年的高考出现了大作文。

　　探究题目的变化是很有意思的。当它作为填空题、选择题等来出现的时候，它往往是诗词歌赋你背下来就完了，然后从诗词歌赋这种考查记忆的题目慢慢地向考查故事情节概括性的简答题进步，再然后从故事情节向深一步的人物性格方面的探索和分析，继续深化，题目出到了微写作。今年大作文的题目引用了选段之后，考察选段用不同的表现方法产生了不同的艺术效果，这样的一种思维方式是可以对很多其他各行各业也能够产生一种影响和迁移的作用。到这个程度，从考题设计的角度来讲，是进到了一种更深层次的对于思维能力的要求。

我们的家长跟孩子在十几年的求学生涯当中总是离不开高考的。在高考语文卷的题目当中我们能够领会到，教育部对于中国的青少年通过阅读所培养的能力与素养提出了越来越深化的要求。

我们来看一看高中语文课程的核心素养培养要求。高中老师们说，"得语文者得天下"，还有一句话叫作"得文言文者得天下"。《红楼梦》是一个小说、大众读物。我们经常说明清小说，我们不会说唐宋小说或说唐宋元小说，说唐朝我们只能说是传奇，宋可能是话本，小说作为一种成熟的文学题材在中国古典文学里面出现是在明清，这意味着什么？就是说它是走向普罗大众的，以前在话本的时候，我们主要是唱戏，元曲也好，宋词也好，它都是用来唱的，用来演对吧？小说它是以文字形式的，当小说要成为一个普及的东西的时候，意味着两个，一个总体来说书不那么昂贵，普通人可以买得到买得起；第二个从大众角度来说，他的识字水准比之前唐宋时期都有提升，能够看得懂。

当我们在引导孩子阅读的时候，是需要有一点点"得文言文者得天下"的意识。《红楼梦》这部皇皇巨著，作为小说，它文言文色彩比较浓厚的章节并不太多，"大观园试才题对额"是其中一节。2022年教育部列出的"高中生20本必读书目"，跟前几年相比覆盖面更广了。以前90%以上是文学类，今年必读书目增加了很多哲学思辨类的图书，但是无论它怎么变化，你会发现四大名著始终在里头，而只有《红楼梦》是专门提出来要"整本书阅读"。我们看到，高考语文题目的变化其实也是跟这个要求的变化相契合的，当你要对取材于《红楼梦》的章节进行大作文考查的时候，仅仅能够记住书中的一些诗词歌赋是不够的，你必须要对整本书有一个概念，对人物有整体的理解，然后才可以进行自己的一种思维能力的转化，并以作文的形式输出。

毛主席讲不读《红楼梦》就不是中国人，这里还有一个故事。还在延安时期，毛主席就跟身边的爱将讲你要去读《红楼梦》，然后爱将说我是个粗人，我只要保护好主席就好了，我不会看书。但是因为毛主席这样讲了，他就去努力地看了，结果无论怎么看，只要看到第四回，他就看不下去了。新中国成立以后，他的住所是一个独立的院子，他把院子里各种各样的植物都给移走了，腾出一块空地来，种上萝卜白菜、茄子土豆，然后，他在这块小小的菜地边上，立了一块石头——上面写着"稻香村"。这个人是谁？这个人是许世友将军。许世友将军说我是真读不进去，读到第四回就再也读不下去。我们各位读者朋友，我们读过《红楼梦》也知道，前面几章就是很难读对不对？很啰唆，云里雾里，好像没有任何情节，确实"劝退"。但是呢，尽管许世友将军说只读到第四回，但是他把稻香村移到了自己的别墅里。阅读就是这样，十几年前读的书，还是会在某一个时刻，进到他的日常生活。

好，我们已经知道《红楼梦》是一部经典。什么是经典？我们看甲骨文，甲骨文里面"典"这个字，我们就能看得到这个是象形对吧？经典是指具有典范性和权威性的著作，这是它的名词解释。还有一个内涵是什么？历史选择出来的最有价值的书。《红楼梦》到现在已经三百年了，一代一代人都在读它，研究红学就有很多的流派。众多的研究也从一个侧面说明了它具有经典性，但是一部作品如果只能够成为学者的研究对象，那它离经典还有距离，因为经典应当被普罗大众所接受，才有足够广泛的和持久的影响力。所以经典的另外一个含义就是说，它是一个开放型的文本，它是一个多元的公众话语和个人话语所交织的一个内容。莎士比亚大家都知道，有句名言说莎士比亚的文学成就，一千个读者就有一千个哈姆雷特，许多中国当代读者也对莎士比亚这个名字很熟悉。前几年，浙江遂昌县搞了一个中西对话，把汤显祖和莎士比亚放在一起来进行横向联结，说他们两个是同时代的伟大的剧作家。这样一种跨越东西方的对话，跨越时空的对话，它从侧面说明了经典的大众性。莎士比亚的剧作就是在一个小剧场里演给普通老百姓看的，他后来成为一个著名的文学家、一个剧作家，原因之一是维多利亚女王非常喜欢他的东西，但是只有女王一个人喜欢是不够的，他得"卖票"。他有段时间债务很沉重，还债方法就是赶紧写，剧场老板就催他，你赶紧写，写了剧作赶紧演，演完之后才可以卖钱。汤显祖呢，他在遂昌的时候写下了《牡丹亭》，其实他在遂昌时间不长，然后当他回到江南，来到苏州、昆山的时候，这个剧本被他那些做盐商的巨富朋友给推广出去了。异曲同工，走向民间的推广才使得汤显祖和莎士比亚的作品在几百年之后能够达成一种为当代人所理解和向往的跨文化的经典。

回到《红楼梦》的经典性。一部作品不只能停留在专家学者的书房，是案头的研究对象，它还能够不断地走入男女老少普罗大众中间，引起每一个读者情感的共鸣、交流和交换各自的理解，这样作品才具有了丰富性，也具有了超越时空的一种开放性、更多的阐释性，从而成为经典。在这个过程里还有一个因素是什么？是成就经典的实现路径。首先得有作者，我们得先有曹雪芹把它写出来，但是写出来没有读者，作品就会死亡，所以说接下来还需要读者。但是读者如果只是自己读完就放着了，说我读完了，作品也还不足以成为经典，需要不同的读者之间进行各种各样的交流，分享也好，批判也好，总而言之，各种各样的交流和互动才使经典获得了源源不绝的生命，这是读者对于经典的贡献。

如果说作者的贡献是写出了一本好书，那么读者的贡献就是深入地去阅读它，有自己的领会，然后再构成一个话语圈层。这里面我就想到我们公共图书馆的一个使命，大家会注意到它就是全民阅读，今年是第九年把它写入了政府工作报告，并且今年还召开了全民阅读大会。我们浙江省现在在建设共同富裕示范省，其中有一条就是精神富裕，所以公共图书馆就承担了一个很重要的使命，要把各类读者汇聚在一起，来对经典进行深入的解读和交流。

下面我们进入咱们第二个环节，经典是需要细读的。我们来读一读"大观园试才题对额"。我们先来看一看他的文字之美。

　　"大观园试才题对额"的情节之前是什么？我想问大家一个问题，在你心目当中，宝玉和贾政这对父子之间的关系是什么？他们的情感关系是什么？你能用一个字来说吗？宝玉对父亲用一个字来说是什么？畏。畏惧。贾政对于宝玉又是什么心态？（读者：有点怪宝玉不成器。）对，有点怪宝玉不成器，我们中国人管这个叫恨铁不成钢，所以就是一个"恨"字。好，现在我们面临的情况就是这对父子，儿子怕爸爸，爸爸对孩子呢，"恨"是作为一个家长对孩子期待落空的部分。虽然说家长往往会对于一个成长期的十几岁的小孩子，有一种恨铁不成钢的心情，到现在也还是很容易这样，但是放在更大的环境里，我们来看一看父亲的难处，贾政当时几岁？ 40多对吧？他的身份是一个京官，我们知道的地位很高，但是没有太多的实权，更重要的原因是，贾政的仕途其实有隐藏在暗处的看不见的问题。就像现在夏天的睡莲，花朵很美，但是睡莲的下面是枝枝蔓蔓，有很多很长的缠绕。尽管这个时候还是小说的开篇，"钟鸣鼎食之家，诗书簪缨之族"等都很好听，但是贾政本人的仕途有一点点危机感，因为贾政他不是科举正途出身，他是因祖先很不错，皇帝一高兴说你别考了，你就直接来就行，就直接来做个官。在这么大一个家族里面，成年男性里面就让他去做了一个实职的官，当然贾琏也有，但是贾琏他那个就是纯粹领工资，不做事情。做事情的就只有贾政，他是这个家族挑大梁的人，但他又不是所谓科举正途出身，所以他没有什么同期中进士的"同年"，在朝为官，相对来说他是孤独的，而且他有点不能言说的自卑。

　　可是他要去维持这个庞大家族的体面，因此他自然而然会把希望寄托在儿子宝玉身上。尤其当我们考虑到在这之前长子贾珠已经夭亡了，他当然对唯一嫡出的儿子宝玉有非常高的期望。可是这个时候的宝玉十二三岁，冥顽不写文章，就爱调皮捣蛋。除了个性上的原因，还因为宝玉是在被溺爱的环境中长大。贾母被全家称为"老祖宗"，但是这个老祖宗把宝玉叫作"小祖宗"，溺爱得全府上下无人不知，连北静王都知道了。另外他日常生活里被少女们环绕，从袭人、晴雯到黛玉、宝钗、探春、妙玉，基本是他的同龄人，作为一个十几岁的小孩，他体会不到父亲贾政作为一个中年人，作为这个家族要挑大梁的人身上的担子。

了解创作者的生平，了解作品创作的年代也都是文本细读的很重要的一部分。所谓知人论世。我们经常说诗的含义是诗在言外，还有人说戏曲舞台上是功夫在台下，其实深入阅读经典也是一样的。好，我们来看一下前面，前面第一段我们看到宝玉是想避免跟他爸爸碰到的，宝玉见到父亲是一溜烟想逃跑。宝玉不知道父亲命他跟来之前有个前情，就是父亲向家塾的先生了解宝玉读书的情况，得知宝玉"虽不喜读书，偏倒有些歪才情似的"，所以就命他跟来要考校一番。但这个前情宝玉是懵懵懂懂的，不知道父亲关心他的学业。

我们看文本，一群人先见到了大观园进门处的一块大石头。"贾政回头笑道：'诸公请看，此处题以何名方妙？'"我们看到众人，也就是贾政的门客，他们给出的命名是叠翠、锦嶂、赛香炉。"赛香炉"指的是什么？李白有著名诗句"日照香炉生紫烟，遥看瀑布挂前川"。因此门客的"赛香炉"就是一个很典型的直接的移用，过于直接了，拾人牙慧没有新意，所以贾政并不满意。还有提出叫"小终南"的。王维有一首《终南别业》，终南山传递的是出世的隐逸的气质，然而这块大石头是大门刚刚进来的第一个景点，而且是皇家敕造的园林，要彰显皇恩浩荡皇家气派，那么把退隐的终南放在这里，还没开始直接就退隐了，那怎么能合适呢？于是宝玉说"'编新不如述旧，刻古终胜雕今'。此处并非主山正景，原无可题之处，不过是探景进一步耳，莫若直书'曲径通幽处'这句旧诗在上"。好，我们看到宝玉做了一个非常入情入理的分析，他说这个地方不是主要的景点，主要是为后面的那些个景点所服务的，是让人给引过来，所以"曲径通幽"，里面还有很多好山好水可看。

好，我们看到众人听了都赞叹二世兄（宝玉）如何如何，"不似我们读腐了书的"。贾政笑了，贾政第几回笑了？第二回前面那个笑是跟谁笑？跟亲客跟门人笑，现在是跟宝玉笑，我们往下看，贾政在这里并没有直接地给予宝玉很明确的肯定，而说他不过是以一充十用，不要谬赞他了。

下面这段文字就是今年高考作文题的来源：

只见佳木茏葱，奇花焖灼，一带清流，从花木深处曲折泻于石隙之下。再进数步，渐向北边，平坦宽豁，两边飞楼插空，雕甍绣槛，皆隐于山坳树杪之间。俯而视之，则清溪泻雪，石磴穿云，白石为栏，环抱池沿，石桥三港，兽面衔吐。桥上有亭。贾政与诸人上了亭子，倚栏坐了，因问："诸公以何题此？"诸人都道："当日欧阳公《醉翁亭记》有云：'有亭翼然'，就名'翼然'。"贾政笑道："'翼然'虽佳，但此亭压水而成，还须偏于水题方称。依我拙裁，欧阳公之'泻出于两峰之间'，竟用他这一个'泻'字。"有一客道："是极，是极。竟是'泻玉'二字妙。"贾政拈髯寻思，因抬头见宝玉侍侧，便笑命他也拟一个来。这是第三个笑了。宝玉听说，连忙回道："老爷方才所议已是。但是如今追究了去，似乎当日欧阳公题酿泉用一'泻'字，则妥，今日此泉若亦用'泻'字，则觉不妥。况此处虽云省亲驻跸别墅，亦当入于应制之例，用此等字眼，亦觉粗陋不雅。求再拟较此蕴藉含蓄者。"贾政笑道："诸公听此论若何？方才众人编新，你又说不如述古，如今我们述古，你又说粗陋不妥。你且说你的来我听。"宝玉道："有用'泻玉'二字，则莫若'沁芳'二字，岂不新雅？"贾政拈髯点头不语。众人都忙迎合，赞宝玉才情不凡。贾政道："匾上二字容易。再作一副七言对联来。"宝玉听说，立于亭上，四顾一望，便计上心来，乃念道："绕堤柳借三篙翠，隔岸花分一脉香。"贾政听了，点头微笑。众人先称赞不已。

这一段我们看一看贾政的身体语言。前面贾政已经笑过两次了，是对着门客笑的。这一段里贾政"笑命"宝玉也拟一个名字，然而在刚开始第一个的时候，贾政有"笑命"吗？没有。他是"回头命"宝玉回答，肯定是板着脸的。但是在这里贾政开始带着笑，说明什么？说明宝玉的第一个环节考察给出的答案"曲径通幽"是让父亲满意的。满意的父亲吝啬于表扬儿子，但是他心里愉快的情绪没有办法隐藏，所以到这一节他开始"笑命"。

我们继续往下看。宝玉"忙答道"，连忙意味着什么？他心里面已经想好了，就等着爸爸来发问。我们回头看，宝玉"连忙"了吗？没有吧，在这里宝玉"连忙"了，固然一方面是因为他心里面想好，更因为在"曲径通幽"的时候得到了众人的赞赏，他的自信心上来了。

好，我们再往下看。宝玉发了一个长篇大论说明"泻"字是不合适的，琅琊山的山泉合适，但是大观园里的流水不合适。他又往深处思考了一层，"亦当入于应制之例"。小小年纪的宝玉知道这是一个省亲别墅，是奉皇家之命的大工程，"泻"是不符合皇家升平气象的。宝玉虽然还是个孩子，但是他平时生活的那个环境是钟鸣鼎食，簪缨之族，所以他对一些成人世界的规则也是懂的，这是什么？这是家庭环境对他的潜移默化。

宝玉说，求再拟较此蕴藉含蓄者。他没有直接说他的答案，而是说出了思考的方向，就是要含蓄。在这里贾政有一些变化，他给宝玉展开了一个进一步阐发的空间，他说的是"你且说你的来我听"，你有不同意见，你展开谈谈，在这里贾政给了孩子一个机会，去表达他与众不同的跟长辈不同观点的机会。得到鼓励的宝玉就讲了，"有用'泻玉'二字，则莫若'沁芳'二字，岂不新雅？"贾政拈髯点头不语。众人都忙迎合。好，这边我们进入了一个审美的欣赏。我们比较一下沁芳和泻玉。首先我们看字形上我们能看到都有水，对吧？这是有水的地方，泻和沁都有水。但是呢，在具体语境（环境）中，这个地方"佳木茏葱，奇花烂灼，一带清流，从花木深处曲折泻于石隙之下"。所以这地方不但有水，也有花木，有花木就有芳香，对不对？但是这个芳香不是很强烈的，它是柔和的、雅致的、含蓄的，所以"沁芳"在水边还有一缕缕香气。我们六月份栀子花采回来，放在一个清水的碗里面，香味就缓缓地逐渐地散发出来。所以"沁芳"两个字既符合这个地方的场景，也符合含蓄的审美，于是贾政很满意，又摸摸胡子不语。好，这个地方我们的孩子们也可以去探索一下，为什么贾政动不动就摸胡子？就是他哪有那么多胡子要摸，他干吗要蓄胡子，反面就说明作为一个士大夫，作为一个绅士，胡子是你的标配，你长也好短也好，你不能没有胡子，没有胡子就不对了，你的身份就不一样了。所以贾政动不动就摸摸他的这个胡子，这是他的一个很下意识的行为了。胡子是他身体发肤受之父母不可或缺的一部分。从这个小小的细节，我们年少的孩子其实也可以领会到传统文化对一个人日常生活的影响。

继续看。贾政又笑，点头微笑。朋友们想一想，这个时候宝玉对父亲的心理变化会怎么样？不会害怕了，刚开始是怕得要逃走，对不对？没逃成，但是到现在他的心态发生了变化。

好，打开第四节，这节我们大家就很快地看一眼。在这边我想带着大家领会一下曹雪芹的名著，他的很细微的文字之美，这边建议大家跟我一起念，因为文学之美的一部分在于它的声音一定要读出来：

于是出亭过池，一山一石，一花一木，莫不着意观览。忽抬头看见前面一带粉垣，里面数楹修舍，有千百竿翠竹遮映。众人都道："好个所在！"

这么短的一句话，我们充分感受到了汉语的节奏之美，优秀文学作品的语言之美。它有很多个四字词：出亭过池、一山一石、一花一木，三个均等的四字词之后，来一个略长的短句"莫不着意观览"，就好像音乐中的三个快板之后，变换到慢板，这是语言的节奏变化，曹雪芹赋予了文字音乐美。让我们想象一下，当你把一块石头投到水面当中去，扑通一声之后，它的涟漪是一层一层地漫出去的。

这里我想顺便提一提汪曾祺的《受戒》。《受戒》的结尾描绘了一个静中有动由近及远的画面：一只叫青桩的水鸟，这水鸟飞过来，芦苇点了一下，水面荡开一圈一圈的波纹向外散发出去。这样的一个结尾余韵非常悠长，是当代文学里非常著名的一个结尾，充满了中国式含蓄留白的美学意味。大家如果有兴趣可以去了解汪曾祺的生平，他从小积累的中国古典文学的底子是非常深厚的，这种底蕴使他在文学创作中会有意识地用中国的古典诗词来造成一种特别的节奏和韵律感。

我们继续往下讲。"莫不着意观览"，着意观览是什么？在动作上"着意"就是很留心，这里的动作是什么？是慢，对不对？你肯定要慢慢看。下面，"忽抬头"，又是一个结构的变化了，就好像是一个舒缓的旋律当中"铛"地一下给了你一个高音，人物的节奏又出来了，"忽抬头看见"。我们再领会一下这几个数量词，墙壁是怎么样的？是一带。精致的小房子是怎么样的？数楹。竹子呢，是千百竿。一带粉垣，里面数楹修舍，有千百竿翠竹遮映，又是一个长短句的结合，数量词的精妙使用。还没完，作者在这里加入了人类的声音，人类的集体的大声。前面基本上是小声的是安静的，到这里，突然来了一个"众人都道，好个所在"，这个短句是有力量感的。就好像在剧院里，舞台上咿咿呀呀地慢悠悠地唱下来，突然一句高腔或者一个亮相，哗，众人齐声喝彩。这里曹公又给了读者一个节奏上的变化。短短的一小段文字，我们可以悟到文学大家非常精当的选词以及有意识地对节奏韵律的妙用。我们自己写不出来，但是如果我们能够在阅读欣赏的时候去捕捉到这些深层次的美，对于我们语言能力的培养以及审美趣味的培养都是很有用的。

一行人继续往前走，贾政到了一处，说："若能月夜坐此窗下读书，不枉虚生一世。"我们和贾政的身份再联合起来想，贾政小时候是喜欢读书的，他始终有一个读书人的梦想。虽然贾政对门客说，在诗词上头我是不行的，我写诗做歌赋都不行，但是他还是有梦想的，月亮跟中国古典文人的这种情结勾连太多了。

我们随便举个例子，"举头邀明月，对影成三人"。这是什么？李白他有点微醺了，对不对？但他是孤独的。在孤独的情况下他喝了一点酒，他看到了影子，影子和我，他把喝醉之后眼睛花了看到的模糊影子，当作第三个人，有三个人我就不寂寞了。还有，"明月几时有"，那是一种旷达。我看透了人生，我知道人生一定是起起伏伏的，我也知道些事情是不可捉摸的，所以"明月几时有，把酒问青天"。但是还有什么呢？还有，就是"但愿人长久，千里共婵娟"。我还是能够落到实处，这是一种旷达、超脱又接地气的一种理解。张若虚的《春江花月夜》非常美，"春江潮水连海平，海上明月共潮生"。大家想一想是不是？海上生明月那是一片壮阔的海面，但它却又很平静,在平静之中一个明月上来。这是诗人把自己融入了自然场景当中。

还有更早我们浙江的女词人，她写山高月小，山之高，月之小，这句话在《甄嬛传》里面有人看过，肯定有人看过，对不对？就是嬛嬛跟皇帝还处在热恋期的时候，皇帝不能经常到她这儿了，昨天晚上皇帝去另外的地方去别的宫里了，那嬛嬛在思念这个四郎是吧？因为热恋期，思念四郎的时候嬛嬛就在那弹琴，她一边弹琴一边唱的就是山之高，月之小，不见君子，我心悄悄。这个时候的月亮是内省自觉，通过山间明月，山上明月，扪心自问，进入内省的一种哲学的思考。所以月亮是有很多内涵的，月亮是中国古典文人对精神世界的自省。

光有月亮还不够，还要有窗。窗是什么？墙上的窗户，第一个为窗，屋子里的开气孔叫窗，墙上的开气孔叫牖。窗牖。窗牖是你连接小世界和大世界的窗口，是连接内心的封闭的自我和外界的开放自我的通道。你在书房之内看到窗，窗造成了一个隔而不断的相连。它是一个通道，从个体向外界，从自我向他人的一种连接。

当他在窗下读书的时候，他读着读着读累了，他走到窗边，窗外清风和月明进了他的书房，他隔着窗往外望，望到了外界的无论是竹影婆娑，还是隔着窗听到了水声潺潺，或者看到了隔墙花影。《红楼梦》是清朝的作品，我们往前再怀想一下，张岱的《西湖梦寻》，他在冬天的下雪天一人一舟独往湖心亭看雪。再往前他想到七月半看灯，一种万人空巷的繁华，与其说看灯不如说看人，看各种各样男男女女以看灯的名义汇聚而来的人。现在万千灯火的璀璨都已经逝去了，今日只有我一灯一卷一窗一人，所以这里面又会有很多的命运流年的感叹。因此贾政说他是要月夜窗下，这两个一个都不能少。可是如果只是看看月亮，只是在窗边吹吹风，那还不是文人趣味，文人还要加上一本书。我们在后面可以看到贾政还有一处盛赞的地方是稻香村，在稻香村他又一次讲述他的人生理想，其实我不想在朝为官，我就想做一个隐逸的人士。对于曹雪芹来说多多少少也有一点隐居的味道，他明明很有才华，但是家道中落，科举正途又走不通，他没有到朝廷重臣家做幕僚，他就是在非常清贫的状态下不断地写书，跟他的几个好朋友一起诗书唱和往来。

好，后面不往下讲，但是我请大家看一下这个翻过来这一页第四行，宝玉说这些都不妥当，贾政给了他一个冷笑，这是第一次出现冷笑，贾政为什么冷笑？因为到这个时候之前，宝玉的那些个诗作题词对联都得到了赞美，对不对？所以这个时候作为父亲的贾政要给他踩一踩刹车了。他用的是冷笑。尽管冷笑，他还是问他了，怎么不妥，还是给他表达不同意见的机会，宝玉又口无遮拦地说了一大篇，这是少年人的可爱而真实的"轻狂"，曹雪芹把握得非常好。宝玉说这是第一处行幸之处，必须颂圣方可。若用四字的匾，又有古人现成的，何必再作。贾政就说："难道'淇水''睢园'不是古人的？"在这里父子进行了一次平等的交流，宝玉说不合适，贾政就反问他。我们知道居高临下的人从来都是用陈述句和命令句，只有跟你平等交流的人，对你有点点不服气，才会用反问。

所以在这个环节里面，表面上是"难道"两个字，内心深处贾政是在和儿子进行一种平等的文学探讨，贾政说"难道'淇水''睢园'不是古人的？"《诗经》里面《淇奥》首句"绿竹猗猗"，所以贾政有此反问。宝玉说莫若"有凤来仪"，"有凤来仪"太妙了。这个地方是省亲别墅，来省亲的是皇帝的贵妃，贵妃什么概念？凤，对不对？再一个，仪是什么概念？贵妃本身的出场就是一种仪式，所以这个词用在这里是非常合适的，充分体现了这座皇家赐造园林的功能性，也充分突出了它的尊贵气象。我们还知道什么？还知道有凤来仪也是有出处的，它来自《九韶》，雅乐正声叫作《九韶》，其中一句就是"有凤来仪"，所以宝玉引用的古文它不僵硬不板正，他很善于化用古文。所以又一次引发众人心服口服的叫好。我们看贾政这个时候的言语动作是什么？动作是点头，他说了什么？"畜生"。所以说你看这个父亲就很矛盾，对不对？总是心口不一，不能在儿子面前如实地表达他的想法，因为他作为父亲的身份，一种需要树立威权的身份在拘束着他在儿子面前自由地表达。

就在小小的一个章节里面，我们可以看到父子两人心理活动是在变化的，宝玉从畏惧父亲而要逃跑，到低着头，再到能够跟父亲对话，我们可以看到宝玉本来是跟在身后，到后来你可以看出来宝玉其实已经走在父亲身边了，为什么？因为他有一个地方写到：宝玉忙向后退，向后退的前提，就是他已经跟父亲走在一起了。为什么宝玉有这种变化？因为父亲贾政给了他鼓励，宝玉就慢慢有自信了，胆子大了，就可以往前走。所以在这个过程当中，我们可以说贾政作为一个父亲，其实是给孩子上了一堂很好的现场教育课，在这个教育课里面，它不但有对贾宝玉文学审美上的引导，比方说当大家都说什么赛香炉的时候，贾政他不同意对吧？他不同意，他觉得这个太俗了，他除给了宝玉这样的一种他们的文学审美引导之外，还给宝玉修己达人、严于律己这样的一种品德上的引导。我们看贾政任何时候跟门客讲话都是带笑的，他不一定同意门客的意见，但他不指责他们讲得不对或说得太俗，他最多就是摸摸胡子不说话，这是一种君子的修养。当宝玉得到了门客赞赏之后，贾政又及时地泼点凉水，不要太自大了，你可以表达，但是任何时候你都应该对你的师长足够尊重。在这小小的一节试才题对额里，贾政对宝玉做到了言传身教。

今天我再稍微简略地讲一下《红楼梦》里面的女性教育。我们看到后面"兰桂齐芳"，兰是贾兰，桂根据红学家的研究是贾桂，是贾宝玉和薛宝钗的孩子。一兰一桂，这两个孩子在后来的科举正途上取得了很好的成绩。贾兰是李纨的孩子，这孩子从小就失去了父亲。我们看一看有一个例子能够说明李纨对孩子的教育，在居所的选择上这位青年守寡的母亲选择了稻香村，这是一个相对来说比较朴素的地方，还有桑园、稻田，还有鸡鸭鹅鸟什么的，所以稻香村提供了一个很好的自然教育环境。稻香村的对联，宝玉拟的，"新绿涨添浣葛处,好云香护采芹人"。如果有文化底蕴，你可以知道浣葛、采芹指代的都是读书人，这副对联寄托了母亲对于孩子的期望。李纨也具有很好的文学审美能力，她的父亲是国子监的执掌，换句话说，相当于现在的北大清华的校长，家里诗书是不断的。但是李纨本人却没有非常高的文学创作才能，她的名字叫李纨，字宫裁，父亲对于女儿的要求就是你能够把那些针线活做好就可以了，读书进取之类的不用考虑。所以从这个命名上我们也能够看出，在一个不平等的社会里面，男权社会对于女性的那种窄化和压制。当然，我们今天的女生至少是在发达地区的女生没有这样子，每一个女孩都是父母眼中的珍宝，掌上明珠，给她们充分的教育机会。

贾府的声色犬马、子弟不肖是李纨母子所处的大环境，但是李纨尽量地给儿子争取了一个相对低调、俭朴、务实的小环境。再一个的话，因为母亲本身就有这样的一种事业，除了李纨之外，薛宝钗其实也是，她是什么都通的一个通人，在这样两个母亲的教育之下，尽管这两个孩子都没有父亲在身边，但两个孩子的成长非常好。

今天我们大家在 35 度以上的高温天里聚到一起，是因为经典作品的磁场的吸引。我们来交流一本经典大书的阅读心得，就是发挥我们作为读者的作用。作为读者能够起到的作用，就是每一个接受个体的认同投入。文学的审美归根结底是一种理解，对作者的理解，对人物的理解，对情节的理解，在理解基础上，我们把自己放进去，产生的一种投入，在投入的基础上产生的一种深层次的共鸣，这些共鸣又会像涟漪一样，像水中的涟漪一样，反馈到我们之后自己的生活工作学习当中去。在这样的一种过程当中，我们和几百年前的作者、和几百年前的文本，产生了一种深度的从思想到情感的全方位的源源不断的连接。

文化多元，社会说实话也有很多不如意的地方。我们会看到外卖小哥非常辛苦，也会看到疫情之下有很多店铺没有办法正常营业，但是在这种时候，各位为什么还要去读书？是因为在经典当中我们发现其实人类的人性的底色是相通的，无论在什么时代，但凡为人，都会遇到这样那样的困难。当我们去阅读经典的时候，我们能够看到今天所遭受的，我们的前人已经遭受过了，阅读经典会让我们放下对困难的恐惧，并且在小说当中，我们能够寻找到解决问题的一些答案。

吴世永

浙江台州人。台州学院图书馆馆长、副教授，兼任浙江省美学学会副会长、全国马列文论研究会理事、浙江省图书馆学会理事、台州市图书馆学会副理事长、台州市影视家协会副主席。

至 乐 莫 如 读 书

——漫谈读书的意义和价值

很高兴，同时也很荣幸又一次有机会来路桥区图书馆，跟大家分享我的一些读书感受和体会。

我目前的行政身份，是台州学院图书馆馆长。我们台州学院图书馆的藏书量，当然要比路桥区图书馆多一些，统计到今年年底，大概我馆的藏书量超230万册。说实在的，图书馆的更多目的，就是把书买进来，当然我们希望有更多读者来借阅。我到图书馆之后，我提出三个词，读书、遇见、美好，我说这三个词可以自由组合，遇见读书美好或者美好遇见读书或者读书美好遇见等等，反正任意组合。作为图书馆馆长，可能我们更多面临着的一个问题，就是如何更好地推广阅读，让读者走进图书馆。比如说我们台州市，一个极具幸福感的城市，这一个幸福感体现在哪些方面？我想除了物质，更多的应该是精神，是精神上的自由、开放，其中应该包括阅读的快乐。

作为图书管理者，我们不知道读书的快乐，那肯定是有问题的。因此我经常告诫馆员，人在图书馆，应该要多读书，以前图书馆就有很多专家，就像金庸武侠小说《天龙八部》里面提到的扫地僧，扫地僧在哪？在藏经阁，藏经阁是少林寺的图书馆，我们图书馆需要有扫地僧这样的人。

今天我想跟大家分享的实际上是三个话题，我们为什么要读书？读什么书？怎么读书？真的，读书它会改变我们的气质。记得台湾有一个化妆师，曾经表达过这样的意思，他认为三流的化妆是脸上的化妆，二流的化妆是精神的化妆，一流的化妆是生命的化妆。读书实际上就是给我们的精神和生命化妆，是给我们的气质化妆，这种装扮是最自然的、最融入个人气质的。

一、为什么要读书

应该怎样读书，或者说我们为什么要读书，不同的目的决定了不同的读书路径和方法。为什么要读书？网络上曾有一个段子，说什么呢？说你若是读过书，不至于看到祖国山河壮美的时候，只能说"哇，好美啊"，而是你能脱口而出说一些，像"落霞与孤鹜齐飞，秋水共长天一色"，失恋时，你能低吟浅唱"人生若只如初见，何事秋风悲画扇"，而不是说难受、想哭之类的意思。确实如此，有很多的时候，我们看眼前有景道不得，如果读过了一些书，可能我们能够找到一个更富诗意的表达。

今年耶鲁大学开学典礼上，耶鲁大学校长彼得·沙洛维，他在开学典礼上有一篇演讲，演讲的题目就是《当世界置身一片火海，年轻人的读书意义何在？》，他讲我们当下的社会就是一片火海，他回顾了51年前，也就是1970年，美国当时的耶鲁大学校长布鲁威，他在开学典礼表达的时候，对美国来说这是一个危机时代，它陷入越南战争，女权、民族、人权等，当时整个耶鲁大学，也陷入一片恐慌和灾难之中。但是那个校长还是希望耶鲁的学生能够继续学习，去图书馆写论文、做实验，他要求他们做一名学生，大学生在大学里面，你去想其他的东西，你必须给我学习，学习途径就是到图书馆、实验室去。然后他就讲到2021年，世界再次置身火海，美国也一样，正处于这样的一个波及全球的疫情之中，那耶鲁的学生怎么办？陷入恐慌？非议政府？不是，他还是希望大学生就像大学生一样，耐心、认真、严谨地学习。就是说你的力量不足以去改变这个社区、这个街道、这个县市，你没办法去改变周围的时候，有一个宗旨，你要学会改善和改变自己。审视我们的价值观，丰富我们的知识，并发展同理心和想象力，所有的一切改变从自身开始。

我不知道大家有没有印象，好多年前上海世博会，很多人去参观，看的都是沙特馆，排了大概八九个小时才能够看到。当时我的身份还是学校人文学院分管学生工作的副书记，我们没看沙特馆，而是看了其他三个馆，其中有一个馆是美国馆，美国馆实际上就播放三个片子，第一个片子，说的当时的美国总统奥巴马、国务卿希拉里，包括当时的球星科比，他只表达两个字，就是用中文说"你好"。另外一个片子我已经不记得，还有一个片子讲什么？就是在一个居住的环境很嘈杂、很脏、很乱的地方，有一个小女孩，发下一个心愿，要把她居住的地方变成一座美丽的花园，然后她一点一点整理收拾，最后她感动了周围的人，大家一起，把脏乱差的一个小区或者一个居住的地方，变成很美的地方。当时看后我就感慨，美国人随时在宣传美国价值。比方说大家都可能看过《拯救大兵瑞恩》《真实的谎言》《空军一号》等一类片子，就是他们传达的内容可能会给我们某些启发，当然我们有自己的社会主义的核心价值观，我们应该坚持什么，但是别人做得优秀的地方，也值得我们学习和借鉴。

回到耶鲁大学校长彼得·沙洛维的演讲内容，他表达的意思就是耶鲁的学生要潜心学习，你孜孜不倦意味着批判思考，意味着开拓创新，你开拓的不仅是你们自己，也许还有这个世界。彼得·沙洛维后面引用了一个民谣的歌唱者，伍迪·格斯里的几句歌词，"当天空放晴时，我们的梦想再次起舞，家园将在灰烬上重建"。因此对我们来说，尽管疫情来临，我们还是有理由相信疫情终将过去，我们会在这个基础上重建我们的家园，让我们的家园变得更美好。

作为生命个体，每一个人都会要去寻找生命的意义。我读大学的时候，教我们外国诗歌作品欣赏的老师叫汪飞白，老先生现在还活着，九十多岁了，他懂十国外语，他当年曾是原广州军区某部队政委，是校级军官，实际上他熬一熬年资，职位还会往上升，但当时他说我还是想从事一点我喜欢的东西。因此最终他来到杭州大学，做一个普通的中文系教授，原先他有勤务兵、有专车，好了，到了杭大，骑一辆破自行车。到了学校之后，他不断地去做诗歌翻译，翻译出两本很厚的《诗海》，当然《诗海》的内容我们不去说它。我是说他给我们上课的时候有一句话影响我到现在。他讲了一句话，他说："人是意义的动物，人需要寻找，需要找到所寻。"也就是说，作为生命个体，你必须要寻求你生命存在的意义和价值的东西。我们很多的时候，是为了活着，但是我想前面还应该有一个修饰语，是为了更好地活着。

阅读就是为了更好地活着。北宋大诗人黄庭坚，给孩子的信里面就表达了一个东西，如果"人胸中久不用古今浇灌之，则俗尘生其间，照镜觉面目可憎，对人亦语言无味也"。意思说古今的书是要读的，不读会什么？"尘俗生其间"，人会变得俗不可耐，对镜照照也会觉得自己面目可憎、语言无味。

前阵子我读到一本很好玩的书，法国作家夏尔·丹齐格的《为什么读书：毫无用处的万能文学手册》，他从 76 个不同的角度来解读为什么读书，甚至一篇文章就一个标题，就像当年北岛有一首很有名的诗歌——《生活》，下面诗歌内容一个字：网，但意思表达非常好。夏尔·丹齐格罗列了很多条为什么读书的内容，我在里面拎出几条，他说"如果说痛苦可以被一段单纯的阅读时光擦除的话，那对我们的痛苦是一种侮辱"，他要表达的意思，很多人讲读书为了消除痛苦，他认为这是很难做到的，深沉的痛苦不是阅读一本书就能消除的。"读书为我们还原了生命那些值得崇拜的纷繁驳杂，由它们来对抗死神的傀儡。图书馆是墓地唯一的竞争对手。"这个观点我是很赞成，也很欣慰，因为对抗死神，图书馆是墓地唯一的竞争对手。另外，他有一篇谈到的观点，我也是非常认可，"读书是在抹除时间"，这句话怎么理解？抹除时间的读书就是指高质量的、全身心的、忘我的阅读，就是通常所讲的废寝忘食，在阅读的过程当中，你读进去了，你忘记了要吃饭，你忘记了要睡觉。现在要达到这种状态，有时真的很难。比方说一个下雨的周末，一个没有约会的周末，你手捧着一本书，就会觉得这个时光的流逝很舒服，因为你进入了这个书的世界，而感觉时间是不存在的，仿佛我们的生命没有被任何形式的活动所消耗掉，我们把自己隔绝于时光流逝之外，不知老之将至，这是多么大的一个幸福。读书是在抹除时间，这就很有价值。

最近我女儿发给我一篇微信推文，里面讲到一个在北京打工的人，他翻译了一本德国哲学家的书，他表达了一句话，人生的时间长度不一定等于意义的长度。他原先很辛苦，他打工，甚至一天工作十几个小时，连喝水的时间都没有，但是他坚持下来，后来也难得有休闲时间，他就去图书馆，去感受，去学习，后来他自学外语，学翻译。对于他来说，工作纯粹是为了谋生，就让自己活着，但是他去翻译哲学类的书籍，它是使自己的生命具有了某一个意义的维度，获得了一个更好的活着的意义所在。

最近梁晓声的一本《文学回忆录》出版，他在自序里面有一段话，他说："世界上完全不受外因影响的人是极少的；一味儿任凭外因影响，完全丧失主见的人是可悲的。在任何情况下都尽量保持住有品质的自我，除了多读书和多思考，另外似乎也无他法。"他想要表达的意思就是说要让自己有自我的品质，一个很重要的方式，你要多读书，除此之外，好像没有更好的办法。梁晓声这本《文学回忆录》，更多的就是自述生平，他原先是在北大荒的伐木工人，后来因为喜欢文学、喜欢写作，成为报道员，后来有一次复旦大学到那边去招生，招生的老师跟他有一段对话，他就对当年那些很红的作品，提出了自己的一些真实看法，赢得了招生老师的认可。当时复旦大学在黑龙江总共就录取两个名额，其中一个就落到他头上，他做梦也没想到。结果他是作为工农兵学员，被复旦大学中文系录取。梁晓声本人现在是北京语言大学的教授，当然现在可能是退休了，从一个伐木工人成为作家，成为一个大学教授，用他自己的话来讲，这个改变可能也是跟他多读书、多思考有关系。

当过复旦大学图书馆馆长的葛剑雄教授，他在谈为什么读书时，罗列了几种。第一，为求知而读。读书就要学会选择，就好像我们现在年轻的时候，你要读什么样的专业，这里面就是说你要找最适合的书来读，你不能包罗万象，虽然条条大路通罗马，但是你每一条都去试，你最终都到不了罗马，所以你要学会选择，因为你是为求知而读。第二，为研究而读，穷尽阅读方可创新。比方说你要研究苏东坡，那你要把与苏东坡有关的资料，你全部尽可能地找来阅读。我们大陆有一个研究蒋介石的专家杨天石，他的蒋介石研究为什么有新突破，就在于他到了美国胡佛图书馆，把蒋介石的日记全部看了，也就是他掌握了第一手材料。我们台州学院人文学院有一个教授、博士，他是搞近代报刊研究的。我们图书馆近年花大价钱买了《申报》和《益世报》，他天天泡在我们图书馆，一页一页地翻过去，他找到了自己的一个切入点，结果我们出了两个国家社科基金项目。

浙江省委书记袁家军提出的数字化改革，我想想我们有单位的人，都要做数字化改革，说实在的，我们现在也提方案，到底数字化改革是什么？我也听了很多讲座，看了很多材料，但现在说我全消化了，那还没有，但有一点是非常清楚，有一个叫元宇宙的概念，元宇宙归结点最后是什么？就是数据。我们原先用算盘计算，现在我们有计算机，然后量子计算机出来之后，计算能力就更快。你难以想象，我们以前讲某个人学富五车，其实他的知识容量就是一本新华字典的容量，现在电脑里面，你要找的东西全有，以前靠多看书，靠勤奋记忆，你现在想通过看书记住一些东西，跟电脑、跟大数据比，那你是自找没趣。如果说我读书是为了纯粹的记忆，为了我比别人记得多，那等于是缘木求鱼，这条路肯定是走不通的。如果说你读书是为了寻找生命的意义，读书成为你生命的需求，这就对头了。

为什么要读书？因为我们毕竟作为一个个体的人，从物理空间上来讲，我想走遍全世界，这是蛮难的。不管是你的精力、你的财力，还有你自由支配的时间，都决定不了你能走遍全世界。不过你通过什么其他方式，也许可以做到，通过阅读，读万卷书。当然这个读书包含的内涵更丰富，社会的书，世界的书，看书是要结合社会的。读万卷书、行万里路，如果两者能够结合那就更好，并不是说读书，拼命地读，最后把书读死，你变成书呆子，那也不行，书尽量要读活、读薄，你还需要结合你读书之外的一种努力的东西。

大家看过这样一幅图画，三个人，不读书的，读了一点书的，读了很多书的，你看到的世界的范围就完全不一样。读了很多书的，你所能够看到的东西可能更多、更美、更好。

这就是我刚才讲到的为什么读书，但是我认为为什么读书里面，有两点值得再重复，第一，读书为了寻求生命的意义；第二，读书为了抹除时间，不知老之将至，享受读书的快乐。这是第一个话题。

二、读什么书

第二个话题就是说读什么书？北京大学陈平原教授出版了一本书，书名叫《读书的风景：大学生活之春花秋月》，他是把他的这些演讲，有关于读书的，合编成册，我选的是他的增订本，2019 年增订本，他在这本书里面谈到读什么书的建议，作为中文系教授，他第一条建议"读读没有实际功用的诗歌小说散文戏剧等"；第二条，他说："关注跟今人生活血肉相连的现当代文学"，因为他就是干这个行当的。但是我觉得他谈到的第三条是我们要关注的："所有的阅读，都必须有自家的生活体验做底色，这样，才不至于读死书，读书死。"就是说所有的阅读必须要结合自己的生命底色，有自己的生命体验的东西。我们讲人生经验，有直接经验和间接经验，但生命体验只有直接的，没有间接的，就好像小马过河，这条河到底深不深？听老黄牛说的跟小松鼠说的，都不一样，要自己去试，这里面才有你的一种生命体验的东西，小马才知道河水没有老黄牛讲的那么浅，也绝没有小松鼠说的那么深，这里面就是要有一个生命体验的东西。

新东方教育集团创始人俞敏洪作为形象大使在第七届"书香中国 · 北京阅读季"阅读盛典（2017.12.05）上发言，他说："我读书非常杂，主要依据两条线。"一条，是所谓无用的书籍，也就是精神享受。无用之用才为大用，这些构成了他生命底色的东西，它是一些精神上的一种东西。第二条，有用的书，当然对他来说就是他专业的书，比如说能够把他的教育行业产业做好的一些书。

北京大学钱理群教授，已经退休了，老教授，他的观点就是说要追求一种有一定精神深度的个性化阅读，因此他提出"沉潜到历史的深处、文明的深处、生活的深处、人性的深处，从而获得生命之重"。他建议，读书、思考、写作、实践要相结合，用自己的眼睛去读世间这一部活书。钱理群先生的这种思考，我觉得它是有一种深度的，我们要在历史、文明、生活、人性这一些深处去感受生命的凝重。

中国台湾作家龙应台在《目送》散文集中，有一篇《给安德烈书》的文章，其中一段话被很多人传诵，"所谓父女母子一场，只不过意味着你和他的缘分就是今生今世，不断地在目送他的背影渐行渐远。你站立在小路的这一端，看着他逐渐消失在小路转弯的地方，而且他用背影告诉你不必追。"因为这篇文章她是写到了她跟上一代，跟她的父母，也讲了她跟下一代，跟她的儿子安德烈之间的关系，她自己好像是生命当中的一个中转、一个节点，上承父母下起子女。虽说它是一篇散文，但是我读出了一种生命哲学的高度。我就觉得好的文章它并不一定摆出一个架势，一定要写一本很深沉的书或者怎么样的东西。

我最近在看什么呢？看美国批评家布鲁姆的作品，他编了一套书，他讲短篇小说，讲戏剧文学，讲诗人，讲先知文学，等等，他有一个观点启发了我，我以前从来没这么思考过，他说《安徒生的童话》给我们揭露和勾勒了人世间最残酷的事情，人性、世界等。我看了他那篇文章，说真的，越读越觉得毛骨悚然，因为他有很多的分析，真的是鞭辟入里。比如说《海的女儿》，她最后要赢得那个王子的爱，前提要牺牲很多的东西，要用最尖锐的剪刀，把鱼尾剪开变成人的腿，但是每走一步，就像针扎一样。对美人鱼来说，最美的是她的声音，但是我要把你的声音剥夺，把你的舌头割掉，你不能向王子来表明你真实的身份，你一旦失去他的爱，你不能赢得他对你的宠爱的时候，你会化为泡沫，你的生命就会终止。你有没有觉得，你人生在你不断获得的过程当中，你是会不断失去的。在得到和失去之间，你如何能够找到一个平衡点？人世间你最大的幸福是什么？不是没得到、已失去，而是已得到、未失去。很多人就是会乞求我们没有得到的事情，因此我们讲，这是一个人性的弱点。有一次我和朋友们一起吃饭，有些朋友聊起，说我们经常会出现是一个什么现象呢？钓鱼的人会说跑掉的那条鱼，是最大的鱼。对喝酒的人来说，喝好酒之后算各人喝了多少酒，最后加起来的酒的总量肯定超过酒的总量。还有一个讲搓麻将的，最后算钱，输的钱永远多于赢的钱。

以上是我讲到的读什么书，那么读什么书是最好的？最好是读经典，读对你生命底色有感慨的一些东西，并且最好是读大家之作。比方说你可以读契诃夫，你可以读果戈理，但是你少读谁呢？JK.罗琳、斯蒂芬·金，也就是说一些很通俗的书，你尽量少读，多读经典。我女儿读研究生之后，她的导师，实际上也是我大学的老师，给她开出的必读书单，就是180本经典作品，当然因为她导师是搞理论的，所以更多的是理论书籍。他本来说要给我女儿开500本必读书目，后来是一再精简，精简到180本。他说这些书是你要读的一个打底的书，也就是说你必须要把这些书读了，你才有一个框架性的东西。又比方说作为我们中年人，我们现当代人，你不管怎么读，你总要先读点鲁迅，而不是先去读周作人。有些作家的作品可以增加你生命的丰富性和多样性，比方说我很喜欢汪曾祺，但我并不认为汪曾祺是比鲁迅更伟大的作家，沈从文我也喜欢，但并不意味着我认为他应该排在鲁迅前面。

三、怎样读书

第三个我想跟大家来分享怎样读书。我先跟大家讲个雪夜访戴的故事，就是王子猷见戴逵的故事。这个故事讲，有一天晚上下大雪，王子猷在山阴（现在的绍兴），但是他想到剡县（现在的嵊州），去看看他的老朋友戴逵，于是连夜乘舟赶去，花了一整夜时间乘船到剡县，结果"造门不前而返"，到了人家门口了，他不进去，转头回去了，我们现在讲这个人绝对是个神经病。但是他讲"吾本乘兴而行，兴尽而返，何必见戴？"按北大中文系陈平原教授说法，希望我们的读书能读到这个境界，"吾本乘兴而行，兴尽而返"，何必考试，何必拿学位，何必非要著书不可？

当年谁读书读成这个境界？这个人就是陈寅恪，著名历史学家，他当年十几岁就到国外读书，读了十九年，辗转好多个国家，最后没拿回一个学位，说是忙着读书，顾不上拿学位。后来清华园聘请四大国学导师，他是其中一个，他既没有学位又没有著作，当时的清华大学校长是不愿意聘他的，但是谁给做担保？梁启超，梁启超说我著作等身，但我所有著作加起来还不如陈寅恪寥寥几百字，对陈寅恪评价很高。后来陈寅恪做了清华国学院的导师，再后来陈寅恪既被聘为中文系的教授，也被聘为历史系的教授，来听他讲课的人有不少是教授，包括吴宓、朱自清等，因此他被称为"教授中的教授"。陈寅恪先生有独特的阅读眼光和史家情怀，这在他后来写的著作中也可以看出，例如他的《唐代政治史述论稿》，讲唐代的政治，你只要关注一个点，就是玄武门，很多政治的变故都从玄武门开始。还有他讲到唐代四大家族的联姻，李、杨、武、韦，很多唐代的政治历史就讲清楚了。包括后来他讲柳如是，这是他眼睛瞎了之后写的《柳如是别传》，这里面都是有他的政治情怀。新中国成立后，他坚决不去北京，不去香港，也不去台湾，那他喜欢留在哪个地方？留在广州中山大学，这个也是他的政治选择，这跟他作为一个历史学家的历史眼光还是有关系的。

无忧无虑、无牵无挂、自由自在的阅读，这当然是一个很高的读书境界，我们作为一个凡夫俗子，很难跳出红尘外。因此很多的时候，我们的阅读还是有一定的指向性。当然我们可以想想，我什么都不干，就读书，肯定很美好。我也经常讲，我这个图书馆馆长如果说让我就在办公室书看看就行了，那真是太快活的事情，但我们更多的是要去筹钱、去拉项目等。

读书怎样读？清末文人孙宝瑄，他有个《忘山庐日记》，他在日记里面谈到"书无新旧、无雅俗"，就看你的眼光，"以新眼读旧书，旧书皆新"，反过来，"以旧眼读新书，新书皆旧"，这就是眼光的问题。孙宝瑄是一个爱读书的人，大家知道吗？他的老丈人是谁，他老丈人是李鸿章的哥哥李瀚章，曾做过湖广总督。他的哥哥孙宝琦，后来做过国民政府的总理。正因为有这样的条件，所以孙宝瑄读了很多人读不到的书。他所提出的这个观点是对的，就是你读旧书，如果你有新眼光，你就读出新意来。现代作家林语堂很有意思，他说读书，要么读极上游的，要么读极下游的，也就是说中游的那些书不读，那些书没有自家面目，人云亦云。

当代有一个很有名的哲学家，也是一个很好玩的人，他就是斯洛文尼亚的齐泽克，他是雅克·拉康的弟子，看他的书，看他的哲学理论，是不太看得懂的，很抽象，但是你看他举的例子，讲到黄色笑话，你一下子就明白了，这也是一个极高明的手法。

林语堂先生说过，"世上有两个文字矿，一个老矿，一个新矿，老矿在书中，新矿在普通人的语言中。次等的艺术家都从老矿中去掘取材料，惟有高等的艺术家则会从新矿中去掘取材料"。就是说一个作家能够写好的，你要感受生活当中那些活的语言、鲜活的语言，你的作品才有生命力。

王国维先生曾提到诗歌写作中的隔与不隔，什么叫不隔？"池塘生春草，园柳变鸣禽"，眼睛看去就知道变化，明白如画。但是你讲"谢家池塘、江淹浦畔"，这就是隔，用典了，谢家池塘，你用的谢灵运的典，江淹浦畔就是用了江淹写的《别赋》的典，"送君南浦，伤如之何"，就把你送到南边的浦头，我有多少悲伤。人家原先不用典，都很直截了当，我们能感受得到的东西。

现在与以往相比，有一个很大的不同，就是我们唾手可得的书很多，我们学校图书馆，包括路桥区图书馆，放眼望去，书很多。我们又没有像钱钟书先生这样的精力，当年他到清华大学外文系读书的时候，横扫清华图书馆，说读书是一排一排地看。我们的时间和精力，也没法做到这一点，因此有一些书，我们也就是随便翻翻，不可能完全读。有时候我看书没时间，我一般会看目录、前言、后记，我如果想看，我一看目录里面有一个章节，这个标题很吸引我，我可能就翻进去。比方说这次讲课之前，时间还早，我拿到了夏坚勇先生的《湮没的辉煌》，你知道我第一篇翻看的内容是什么？我看的是《瓜洲寻梦》，为什么？因为瓜洲古渡历史上很有名，原先老话是说"到扬州你知道钱少，到瓜洲你知道船小"。北宋诗人王安石《泊船瓜洲》"京口瓜洲一水间，钟山只隔数重山。春风又绿江南岸，明月何时照我还？"这首诗大家都很熟悉。不过曾经无限辉煌的瓜洲古渡还是淹没在长江中了，就是从乾隆开始，最后是到了光绪，大概 160 年光景之间，一个赫赫有名的瓜洲古渡，最后没有了，让人有种沧海桑田之感。比如说我生活的城市临海，它原先是千年台州府，但 1995 年把台州治所搬到椒江，我不知道临海能不能重振辉煌，还是最后开始衰落。因为你要看清一个历史，你不可能在当下这几年短短能看出来。

读书时随便翻翻，接近于陶渊明所讲的"好读书，不求甚解"。一般性读书，当然可以随便翻翻，但是需要好好读的，比方说你要做你的博士论文的时候，这些书你能随便读读、随便翻翻？那肯定不行。陶渊明尽管讲"好读书，不求甚解"，别忘了，还有后面两句，"每有会意，便欣然忘食"，最后还是要读进去，你才能够达到废寝忘食的境界。比如说我讲过我很喜欢汪曾祺，这几年我讲《生活美学》，汪曾祺笔下的美食一直是我念念不忘的东西。但是汪曾祺的作品，当代著名文学批评家王干讲，"汪曾祺的作品好像更适合晚间阅读，他的作品释放着光辉，但不是灼热的阳光，更不是熊熊的火光，也不是鲁迅作品暗中凛冽的寒光。汪曾祺的文字如秋月当空，明静如水，一尘不染，读罢，心灵如洗"。因此你读他的文字，他真的是很干净。汪曾祺小说里面基本上情节的冲突、矛盾冲突是很淡很淡的，所以他给我们呈现出的是一种淡的美学，一切都是淡淡的，淡淡的忧伤，淡淡的哀愁，淡淡的美丽。然后他的生活当中，他也都在身体力行，他是个美食家，也是一个高明的厨师、书法家、绘画家，所以被称为中国最后的一个士大夫。你说他很伟大，不一定，他代表着一种风格。

著名的藏书家、版本学家，叶灵凤先生，他觉得应该怎么读书？他在《瘦西湖的旧梦》中这样写道："在这冬季的深夜，放下了窗帘，封了炉火，在沉静的灯光下，靠在椅上翻着白天买来的新书的心情，我是在寂寞的人生旅途上为自己搜寻着新的伴侣。"

读书怎么读？新儒学大师熊十力讲，读书是先看出它的好处，再批评它的坏处，像吃东西一样，进一步消化后摄取了营养。他认为应该以"赞美的理解"取代"憎恨式批评"，我觉得是很有道理的。熊十力的弟子徐复观，后来受他老师的影响，他也讲读书之后要注意消化和反刍。因为他原先读书读了之后，熊十力说你书读完了，你谈谈对这本书有什么理解，结果他提出了 10 个问题，熊十力把徐复观骂得狗血喷头，他说你读什么书？读书关键是一定要读出人家的好处，而不是先挑别人的毛病。因此读书更多的是要去消化，就是用前面讲到的赞美式的理解，这样可能才有读书的效果。

当然读书还跟你的年龄、阅历等有关。清代文学家张潮在《幽梦影》

里面提出人生不同年龄阶段的阅读，"少年读书，如隙中窥月。中年读书，如庭中望月。老年读书，如台上玩月。皆以阅历之浅深，为所得之浅深耳"。我们经常听到有人说，"我走过的桥比你走过的路多，我吃过的盐比你吃过的米多"，这里内容含的更多的是人生阅历的东西。

王国维先生在《人间词话》中提到成大事业，做大学问必经的三个境界，第一境界是"昨夜西风凋碧树，独上高楼，望尽天涯路"。第二境界是"衣带渐宽终不悔，为伊消得人憔悴"。第三个境界是"众里寻他千百度，蓦然回首，那人却在灯火阑珊处"。到最后绚烂之极归于平淡，人生、事业、学问，大抵都如此。因此有很多的时候，真正的富贵不呈现为穿金戴银，那是暴发户。而是什么？比方说晏殊笔下的"梨花院落溶溶月，柳絮池塘淡淡风"，像这样的景色场面是用金银无法呈现出的效果。所以说，我们读书读到最后，实际上更多读的是你的人生阅历、你的人生感悟。

今天上午这场讲座的最后，我想跟读者或听众分享的是，读书或者阅读，我们可以把它想成是旅程，我们在熟悉的实存世界流放自己。阅读者在空间中成为移民，挣开实存的世界飞去；还在时间中放逐自己，挣开当下这个世界漂流。不要抱怨读书苦，那是你通向世界的路，人生就像条河，有很多的时候，你要寻找你生命中的桃花源，入口可能都很小，但是最终会豁然开朗。

程向荣

浙江台州人。台州学院人文学院古代文学教师，主讲《国学经典》《论语》《唐诗研究》等课。参与的线上课程"君子的风范——《论语》的人生理想"获国家级一流本科课程。

《论语》的趣和理

　　这些年对于国学经典的学习，无论是社会上还是学校里都比较重视，很多小孩很小就开始读经了。有人主张小孩子读《论语》这样的经典，不用管理解不理解，只管把原文读它上百遍，然后牢牢地记在心里，等到长大以后自然就能领会了。但我想，我们对于经典的含义，不是到一定年龄马上就懂了的，而是得慢慢地消化。再说你读《论语》如果不是因为觉得它有意思，那么读的时候会觉得枯燥，接受起来可能也没那么好，所以最好能在读的过程中，逐渐发现《论语》的趣味，不断受到一些启发，那时候你就会越读越有味，渐入佳境。所以今天我就从《论语》的趣和理两个方面来给大家介绍自己的一些体会。

　　《论语》是很特别的一本书。首先，《论语》的编纂其实是一个谜，不像《孟子》《荀子》。我们都知道孟子、荀子他们两个人都亲自参与了自己的书籍的编撰，而《论语》这本书完全是在夫子不知情的情况下，是在他去世以后，由他的弟子或者再传弟子编纂的。《论语》里面关于孔子的言行，其实不是一个人在一个时间里面记下来的，可能持续的时间相当长。因为孔子大概比较年轻的时候就开始授徒讲学了，一直到后来周游列国之后，73 岁时去世，这段时间里他身边一直有很多学生。这些学生不时地记录一些孔子的言行，等到夫子去世以后，就把它编纂起来，所以时间跨度是很大的。而夫子的弟子又那么多，据说他最优秀的弟子就有 72 个。这样，《论语》里边这些材料，到底是由谁记录下来的，谁来整理的，就变成了一个谜。《汉书·艺文志》里只笼统说是由孔子的门人编纂的。具体是哪些门人，后人又有各种不同的说法，有的说是仲弓、子游、子夏，有人说是曾子的弟子，宋代大儒程颐和朱熹认为应该最后是由曾子和有子的门人编纂完成的。

另外，《论语》里面记录孔子言行的文章都非常短小。有的是谈话，就一两句；有的记录一件事，甚至非常琐细的一些行为习惯，都给它记下来。弟子们怎么这么有心？我觉得这个也是挺有意思的。可能跟孔子提倡的这种学习的态度、学习的方法有关系。孔子反复强调，学习要及时，他说"学如不及，犹恐失之"。就是碰到一个好的知识，一定要抓紧，要"默而识之"，把它及时地记在心里，心里一时记不住，怕忘了，那就及时地写下来。可能这就形成了孔子弟子们喜欢记录的这样一种习惯。

《论语》里边直接写孔子弟子记笔记的一件事，是有一次子张问孔子，为人品行方面应该注意些什么？孔子就跟他讲："言忠信，行笃敬，虽蛮貊之邦，行矣。言不忠信，行不笃敬，虽州里，行乎哉？"这段话的意思就是说你要记住这六个字："言忠信，行笃敬。"说话要真诚，做事要踏实、要尽心。子张听后，马上"书诸绅"，就是把这番话写在自己衣服的一条宽大的带子上。当然这段话被收到《论语》里面去，是不是子张拿来的，也不一定。因为从这段文字的叙事人称、角度来看，好像是由第三者写下来的。有时候我在读这些片段的时候，常常会想，老师在跟一个学生谈话的时候，到底是哪个弟子那么用心，把他的一言一行都看在眼里，并把它记下来，这是很有意思的。

《论语》除了记孔子的言，还记他的行，就是他的一些事迹，包括他的一些行为习惯。有一段里面讲到师冕，就是一个盲乐师来了，孔子肯定是老早就跑到门口去迎接的。当他陪着乐师来到台阶前的时候，他就告诉师冕说"阶也"，然后到了"席"，也就是说进入房间了，在入席之前是要脱鞋的，所以他要提醒对方"席也"，然后坐下来以后，就给他介绍了"某在斯，某在斯"，告诉他参会的每个人。等到接待完了以后，子张在旁边就问了："与师言之道与？"孔子说"是啊"，"固相师之道也"，这本来就是我们接待盲乐师应该有的礼数。而子张这么问，就说明他可能对古礼不太熟悉了。

除了这些具体的事件以外，《论语》里面还记录了孔子的一些习惯。比如国君召见他的时候，他就"不俟驾行矣"，没等马车套好就先走了。当然他不是走着去，最后是他的仆人把马车套好了，然后追上来，让他坐车去的。那干吗要先走这个路呢？

另外比如当他看到一些穿着丧服的"齐衰者"，或穿礼服的，还有盲人，即便他们的年龄比自己小，也一定会站起来表示恭敬。还有在乡人饮酒时，他每次都要等那些年长的人都出去了，然后才出。这些事情都被记录下来，说明孔子的弟子随时都在观察着夫子在不同场合、不同情形之下的一举一动，甚至包括他的表情。这很让人称奇。

那么这些生活细节，弟子们为什么都要记下来？我想这跟孔门弟子的学习观念、学习目的是有关系的。孔子主要教弟子们学礼。礼是很重要的，他说"不学礼无以立"。所以弟子们跟他学习，不是像我们今天一样，看重的是文化知识。当然孔子也比较重视文献的教学，就是"博学于文，约之以礼"。但他通过这些文献，最终的目的也是让学生能够明白为人处世的这些规矩和道理。所以荀子说学习要"始乎诵经，终乎读礼"。由此可见，孔子的这些言行在弟子看来都是他们习礼的活教材。

再一个，《论语》的解读也是很有意思的。因为《论语》里面记录的往往都是只言片语，而且不知道是在什么情况下说的，甚至不知道他在跟谁说，所以我们在读的时候，往往就很难明白他到底是什么指向。宋代的思想家陆九渊也说过"《论语》中多有无头柄的说话"，就是没来由的。所以你想要彻底把它读懂，还是有点难度的。我们读《论语》先要用严谨的训诂的方法，把文字搞懂。但不管怎样，都无法解决《论语》多歧义的问题。比如"唯女子与小人为难养"一句，这是孔子曾经遭到批判的一个重要的"罪证"，说他歧视妇女。其实这是个误会。也有人为孔子辩解，说夫子这不是骂女人，因为这个"小人"就是小孩，是说女子有小孩子脾气，"近之则不逊，远之则怨"。这样好像减轻了对妇女的不好的看法。其实我觉得完全没有必要这样去辩解。要知道《论语》里面写的这些东西都是孔子日常的言行，不是在一个公开的场合宣传自己的主张，或者有意识地把它写到书里面去，所以他不会带着那么强烈的理性色彩。我常常想如果孔子自己也参与了《论语》的编纂的话,我们现在看到的《论语》里面的好多东西可能都要删掉了,包括这一章。正因为他是不知道的,是弟子们在他身后帮他编纂起来流传下来的,所以这里边保存的东西就特别真实,这里面的孔子不是一个神化了的孔子,他就是一个普通人,他可以有自己的情绪,他碰到了某些事情,也会说一些过激的话。这也没有什么不可以理解的。我们看影视剧的时候,经常看到一个女子被某个男子抛弃了,或者遭遇了几次感情上的挫败,她也会愤愤地说"天下男人没一个好东西"。《论语》里面很多的这种言词都是日常记录,所以我们不要把它看成是放之四海而皆准的至理名言。我们读的时候,要好好地站在一个普通人的角度去理解孔子,而恰恰在这些时候,我们就可以体会到孔子真实的性情、脾气,趣味也就在里面了。

同时《论语》的趣味性还体现在它里面有很多非常鲜活的人物形象,这也是《论语》的文学价值之所在。

《论语》里面的人物形象刻画得最生动的,首先当然是孔子。孔子这个人的形象非常有意思。我们看《论语》你会注意到,孔子对于自己的好学态度表现得非常高调。他那时就已经非常有名了。在孔子生前,像当时鲁国的贵族,他们都觉得孔子不是普通人,当面就跟孔子的弟子说:"夫子圣者与,何其多能也!"认为孔子是个圣人,非常博学。至于为什么这么博学,孔子自己反复强调的是自己的好学。他说:"我非生而知之者,好古,敏以求之者也。"也就是说,他不认为自己是天才,是圣人。所以在《论语》里,他反复提到自己对学习的态度,这一点很有意思。

比如他说:"若圣与仁,则吾岂敢?抑为之不厌,诲人不倦,则可谓云尔已矣。"说自己只不过是能够学而不厌,诲人不倦罢了。然后下面又讲道:"默而识之,学而不厌,诲人不倦,何有于我哉?"我们经常说"何有于我哉"是孔子的谦虚,说我哪一点做到了呢?但实际上我觉得这个解读可能不太准确,因为我们看到孔子对于自己的好学,是从来不谦虚的。他说:"十室之邑,必有忠信如丘者焉,不如丘之好学也。"你看这话说得多自信,简直有点狂了。

"十室"的"室"不是指我们现在的一小家，应该是一个家族，聚族而居的，"十室之邑"就是相当大的一个社区。他说那里的人都不如我好学。他能这么公开讲，可见孔子的好学那是公认的，而且他不是一般的好学。

下面"叶公问孔子于子路"的时候，因为前面太宰问子贡时，子贡说孔子是"天纵之圣"，结果被孔子批评了，所以这次子路就没有回答。而当他回去跟孔子一说，孔子又说你干吗不说"其为人也，发愤忘食，乐以忘忧，不知老之将至云尔"。意思是你就不能说我们老师他就是一个学习起来就忘了吃饭，高兴起来就忘了烦恼，甚至不知老之将至的人吗？他要你讲他这个！你看这讲的都是什么？都讲他好学。可见孔子很乐意他的弟子说他好学。你说他别的优点，说他是圣人，说他是仁者，他说哪敢，但是你如果说他好学，他就很高兴。所以我觉得孔子说的"默而识之，学而不厌，诲人不倦，何有于我哉"，有人认为意思是哪一点我做到了，这似乎也太不像孔子了。对于"何有于我哉"，前人也有指出，其实应该是另外一个意思，就是说这对我有什么呢？这没有什么，我就是好学而已。好几年前，著名的词作家阎肃先生去世以后，我在电视上看到一个节目，他生前接受采访时，有人赞扬他成就那么高，很了不起。他说哪里哪里，我就是勤奋一点而已。所以孔子说自己好学勤奋不是骄傲，他觉得这没有什么，每个人都可以做到的。但是孔子的确有着超常的意志。他完全靠自己的好学、努力赢得了世人甚至当时鲁国贵族的尊重，认为他是圣人。这是很了不起的。所以我觉得孔子是非常励志的一个人。

孔子同时也是一个性情中人。他用礼仪去要求弟子们，叫他们一言一行都要遵礼守礼，但是有时候他自己却不太遵守。比如颜回死的时候，孔子哭得特别悲伤，他的弟子就提醒他："子恸矣！"意思是老师你悲伤过度了。因为儒家强调要发乎情止乎礼。孔子反应过来后（这说明他当时不知不觉地就超出那个悲伤的度了）反问道："有恸乎？"真的太悲伤了吗？他马上又说："非夫人之为恸而谁为？"我不为这个人悲伤，我为谁悲伤？所以这个时候他也顾不了那么多了，因为颜回死了，他太心疼了，这样的孩子，这么短命，他太心疼了。

另外还有"唐棣之华，偏其反而。岂不尔思，室是远而"一章，说的是孔子读诗读到"岂不尔思，室是远而"时，忍不住说道："未之思也，夫何远之有？"他说那人根本就没想对方，如果真想一个人的话，再远也不觉得远。从这句话里我们可以体会到，孔子如果想念一个朋友，就不会有那么多的顾虑，想念就马上动身，千里迢迢也要赶过去，所以孔子很看重朋友之间这种真挚的情谊。《论语》第一章中就有"有朋自远方来，不亦乐乎"。能够大老远跑来看你，说明他对你的感情特别深挚。可见，孔子是一个很重感情的人。

我们在读《论语》的时候，要多注意这些能够反映孔子性情的文字，你就可以体会到一个鲜活的、一个更加有趣的孔子的形象。林语堂先生就特别喜欢孔子，他认为孔子很幽默，专门写了一篇文章叫《孔子的幽默》。

孔子弟子里边像颜回、子贡，都是形象、性格很鲜明的。但我认为个性更加鲜明，更加有趣的，还是子路这个人。杨绛先生说钱钟书先生曾经问过她："你觉得孔子最喜欢哪个弟子？"杨绛说"我觉得他应该最喜欢子路"。钱钟书说他也这么想。因为子路这个人非常率直，有点孩子脾气，有什么意见他都藏不住。所以好几次孔子的弟子们对孔子有想法，有意见的时候，带头挑事，跑过来质问老师的人都是子路。比如"在陈绝粮"一节，在陈蔡那个地方，孔子周游列国遭遇最大困境的时候，"从者病，莫能兴"，弟子们七天没有饭吃，一个个都饿趴下了。子路就怒气冲冲地跑去质问老师："君子亦有穷乎？"君子也会走投无路吗？孔子却淡然地说："君子固穷，小人穷斯滥矣。"事实上孔子答非所问。子路问的是君子也会穷吗？你成天跟我们说要恢复周礼，然后就可以实现天下太平，这不就等于说革命理想非常光明美好吗？那为什么我们追随你，结果却走入绝境了？而孔子回答的却是君子应该怎么对待穷：君子应该固守穷困，哪怕遭遇再大的人生困境，也不要改变自己的信念和操守。说这正是君子区别于小人的地方，因为"小人穷，斯滥矣"。

孔子有时也难以掩饰对子路的喜爱。有一回他跟颜回说："道不行，乘桴浮于海。从我者，其由与？"如果我这个道不能行的话，那我想去海外隐居，谁跟我一起去呢？大概只有子路吧。子路知道后非常高兴，喜形于色。他藏不住啊！结果孔子看到他沾沾自喜的样子，就说："由也好勇过我，无所取材。"他太好勇了，太鲁莽了，那就"无所取"了。子路很率真，每当孔子看到他太过骄傲的时候就会来提醒他一下，打击他一下。

另外，《论语》的语言也是很有特点的。一个就是形象。首先就是善于用比喻。《论语》里面有很多精彩的比喻，比如讲到信，孔子打了个比方，说："大车无輗，小车无軏，其何以行之哉？"信像什么？信就好像车上面的輗和軏。古代的车子和马或者牛连接的地方有个插销，也就是輗或者軏。这个插销看起来很不起眼，但是很关键。

再一个，《论语》特别善于概括。孔子的概括能力特别强，他也特别喜欢概括。他概括得最多的就是"三"，当然"二"也比较多。他喜欢从事物的两头、两端来思考问题，就是从正反两方面来思考问题，这是孔子思维的一个特点。古人的中庸之道要求"执其两端"，就是你要把握一个事物，你要想很好地为人处事的话，必须把握事物的两端。所以《论语》里面特别多的从正反两方面来进行阐述的话，我称之为对句。除此以外，就是说"三"的特别多。有的没有出现"三"这个数字，但是他其实都是讲三个方面，比如"不知命，不知礼，不知言"，"兴于《诗》，立于礼，成于乐"，都是三个方面。有的就直接讲"三"：三戒、三愆、三畏。"君子道者三。"还有"益者三友，损者三友""益者三乐，损者三乐"，他都喜欢正反两方面各举三个。这形成孔子言说特别精辟的一种特点。

现在我再讲讲《论语》里面蕴含的深刻道理。

《论语》蕴含的道理是很丰富的。无论你是政治家、企业家，还是教师、学生，各行各业的人读《论语》都可以获得方方面面的启发。《论语》这样的书是一辈子读不尽的。下面，我就简单介绍一下我印象特别深刻的几个方面。

第一个方面，孔子对于学习的态度，跟我们当下的学习态度是很不一样的。孔子特别强调"学者为己"，学习是为自己而学，不是为别人而学。孔子把学习的人分成四种，即"生而知之者""学而知之者""困而学之"，还有"困而不学"。"生而知之"和"学而知之"的区别是明显的，那么"学而知之"和"困而学之"又有什么区别呢？不都是学吗？这个区别其实就在于你学习的目的是什么。"困而学之"是带着一种要解决实际问题的目的，把知识当成一种工具来进行学习；而"学而知之"就是为了知，不是为了通过这个知识去解决什么实际问题。我们现在很多人，特别是我们现在的孩子，中学时候更加不用说了，大学生也还是这样子，学习就是为了考试，冲着学分去，知识不是他的目的。包括你为了找工作而去学习也是一样，都是属于"困而学之"。孔子非常推崇的是一种非常纯粹的学习态度，学习就是为了学习，而不要带着其他功利的目的。所以他说"三年学，不至于谷，不易得也"，"谷"就是俸禄，多年的学习不是冲着那个俸禄，那太难得了。

然后他强调"知之者不如好之者，好之者不如乐之者"。这段话的解释，我看好多书也讲得不是很明确，包括杨伯峻先生的解释，他说"你知道这个东西不如喜欢这个东西"。这个东西是指什么？这东西是指你学习的知识吗？我觉得这也不太好理解，我喜欢这个知识不就是想要知道它吗？要不然怎么叫"求知"呢？为什么说知道这个知识又不如喜欢这个知识呢？我有另外一个理解，我认为句中的"之"就指学习，你知道学习不如你喜欢学习，你喜欢学习不如你以学习为乐。因为我在我的学生里面，发现了这个现象：上课认真学习的学生其实有两种，一种是非常懂事的孩子，每门课他都要考好成绩的，所以他知道要学习，再不喜欢的课，他也非常认真地听，非常认真地做笔记；然后还有一种，他喜欢才会认真听，他不喜欢的课，他可能就不会用心地听。从学习本身来看，这种"知之"当然不如"好之"，因为你喜欢一个东西，你就会持续不断地学习，持续不断地受益。

那么，什么是"为人"的学习呢？就是我刚才讲的把学习当成工具，用荀子的话说叫"以为禽犊"。"禽犊"就是见面礼。古人去见谁，要带上一只鹅或者牵一头小牛，带点礼物去，目的是取悦对方。《新序》里面说："今之学者得一善言，务以悦人"，得到一个知识以后，老是想去炫耀，去取悦别人。北宋程颐也说其目的是"欲见知于人"。为什么现在我们大家都这么看重成绩？因为一切都得看你的成绩：学校要录取你，确定你是不是一个优秀的苗子，看的就是成绩；家长也这样，说你这个孩子学习效果怎么样，他就看你成绩高不高。所以就养成了我们现在这样一种现象：学习完全不是为自己学，而只是为了"见知于人""务以悦人"而学。我读到这些地方的时候，就特别敬佩孔子这样一种纯粹的学习态度。事实上这种精神在后代一些儒者身上还是得到了很好的继承延续。二程、朱熹，还有王阳明，他们对弟子讲的都是这样子，叫他们重视修身，不要把文字放在第一位，而要把自己身心修养的提高放在第一位。其实，知识本身就是人生非常重要的一种享受。周有光先生在108岁的时候，人家问他，你觉得人生的意义是什么？他说我觉得人生最有意义的就是学习知识，知识是最美好的东西，求知是最美好的事情。

第二个就是修身崇道。孔子认为，人要为自己生命的充实和美好而学习，所以他不重具体的知识技能的获得，他更看重一个人的德行。学习的目的在儒家不是学什么技能，而是追求道。他的弟子子夏也说"君子学以致其道"。道是什么东西？我们从"道"的字形来看，首先是一个"行"字。《诗经》里面讲"高山仰止，景行行止"。"景行"的"行"就是一条大路。然后一个人在大路的中间。这里这个人更加形象一点，上面还有头发，这是个头，下面是脚趾的趾，描述的是一个人目视前方，在大路上走。所以"道"本意就是大路，跟"道"相对的是"径"，小路。"径"就是歪门邪道。所以《论语》里面讲到一个人，说他"行不由径"，走路从来不走小路，不会抄近路，总是沿着大道走，说明他行得正，孔子很赞赏他。所以道就代表正道，人应该走的路，所以也就代表人生的真理。因此，孔子"志于道"，把求道当作自己修身的目的。"道"在儒家表现为形而上的一种价值追求，《易经》里面讲"形而上谓之道，形而下谓之器"。形而上的东西是什么？就是信仰的东西。孔子强调求道，就是要追求有信仰的一种生活。所以《论语》里面讲"君子上达，小人下达"。上达，宋代的思想家认为是"上达天理"，其实这个"上达"我认为是指君子要追求一种有信仰的生活，而小人主要追求物质上的满足。

所以孔子强调，君子应该看淡物质享受，他说："士志于道，而耻恶衣恶食者，未足与议也。"就是一个人如果立志于求道，却以穿得不好、吃得不好为耻的话，那这样的人不值得和他共事。"士而怀居，不足以为士矣。"如果贪恋安居，那也不值得称为士。他非常赞赏颜回能够"一箪食，一瓢饮，在陋巷"，就是物质条件这么简陋的情况下，仍然能够"不改其乐"。他乐的是什么？乐的就是那个道，安贫乐道。

道是德之本。"道者，人之所共由；德者，己之所独得。"所以我们现在把"道德"连在一起讲。首先道它是无所不在的普遍真理。每个人都要通过求道，然后让这个道在自己身上体现为你的德，所以"德者得也"。孔子特别强调君子要重视德，君子要怀德，而小人感兴趣的，追求的是物质上面的利益，叫"怀土""怀惠"。

虽然对德的重视在周朝已经非常突出了，但是孔子对德的强调中有一个重要的改变，你看这句话："骥不称其力，称其德也。"我们知道骥就是千里马，一般我们认为千里马就是它跑得远、跑得快，那叫千里马，就是说它力气大。但是孔子认为我们称一匹马为"骥"不是因为它力气大，而是因为它有德。孔子表面上说的是马，其实说的是人。他讲的是谁呢？就是君子。因为君子原本是一个社会阶层，在当时的人看来，可能觉得他生来就是君子，我生来就是平民，所以我再怎么努力，也不可能成为君子。而那些君子他们可能会觉得，我生来就是君子，我就是高高在上，然后穿着打扮非常讲究，他觉得这样就是君子。但是孔子告诉他们，人是要有德才配称君子的。我发现《左传》里面写的上流社会，那些贵族、那些国君，干的肮脏的事情太多了，乱伦、通奸比比皆是。所以我想孔子可能有感于当时这种君子的堕落，然后他也是为了给像他那些出身平民的弟子一样的年轻人，给他们一种上进的信心，所以强调"骥不称其力，称其德也"。从此以后，我想君子的含义就改变了，由原来只强调出身，转变为一种德行的标志。相应地，小人的含义也变了。

第三个，待人以诚。儒家特别强调礼，重礼教。后来我们很多人就反感儒家，特别到魏晋的时候，认为这个礼太虚伪了。事实上孔子最初强调的礼，并不是只强调它形式这一方面。我读《论语》的时候，非常感动的就是孔子强调对人的一种真诚的态度。比如讲到什么是孝的时候，孔子非常有名的两句话，一个强调"敬"："不敬，何以别乎？"因为一般人认为孝就是养，你给父母吃的，他有什么事做不了，你帮他做，叫"弟子服其劳"，这就是孝。但孔子认为不够。第二个强调"色难"。就是你替父母做事的时候，你的心态是什么样子的，你的心态反映在你的脸上，你是带着一个什么样的表情，是很不耐烦的，还是非常幸福地为父母做这些事情。这个才能够真正反映出你是不是孝。所以对父母，他认为一定要怀着一颗真诚的心。为什么他强调色？因为"孝子之有深爱者，必有和气；有和气者，必有愉色；有愉色者，必有婉容"。和悦的脸色反映出的是你对父母有真爱。孔子强调对父母的孝是出于对父母的爱，带着一份爱去对待父母，那你的孝就是真诚的。

包括对别人也一样，也要诚。比如别人家里有丧事，去送葬的人往往都要大吃大喝的，而孔子"食于有丧者之侧，未尝饱也"。而且"子于是日哭，则不歌"，他如果去哭丧了，那他这一天就不唱歌了。这段话特别有意思，说明孔子认为对死者，对于他人，也要怀着一颗真诚的心，不能一面去送葬，一面什么都不在乎。不要说回来以后，我们看到很多人在送葬的过程中也没有一点悲伤的表情。

所以孔子说："礼，与其奢也，宁俭；丧，与其易也，宁戚。"就是说礼与其把它搞得形式很复杂、很奢华，不如节俭一些；办丧事的时候，与其把礼节做得很周到，不如多一些悲伤。我觉得这讲得就特别实在。我们现在的葬礼很多都太过于偏重形式，而失去了儒家对于葬礼本质上面的规定，就是悲伤。所以孔子说："礼云礼云，玉帛云乎哉？乐云乐云，钟鼓云乎哉？""人而不仁，如礼何？人而不仁，如乐何？"就是我们不要只看到礼的形式，礼一定要有它相应的内在的实质，才是有意义的。

最后我再讲一下义，儒家非常重视义。我们现在讲核心价值观。古人的核心价值观是什么？三纲五常。三纲我们今天当然不讲它了，但是五常"仁义礼智信"里面，我觉得孔子最看重的其实是一个"义"字，其他所有的道德都要以义为前提。什么是义？"义者，宜也。"韩愈说"行而宜之之谓义"，就是适宜的就叫义。问题是什么才叫适宜？适宜也得有个标准，什么样的行为是适宜的呢？所以这个标准其实最终还是要回到道德上面。韩愈说了，"由是而之焉之谓道"，就是由义去做，那就是符合道的，所以义和道就合在一起叫道义，追求义就要做符合道德的事。不义之财就是不道德的东西，是不应该去获得的，所以孔子说"不义而富且贵，于我如浮云"。

另外，其他的道德也要以义为前提。比如说仁、礼、智、信，还有勇，等等。孔子认为这些道德行为都要符合义。有一次子路问他君子是不是崇尚勇？孔子说君子首先要考虑义，因为如果光有勇没有义的话，那就会作乱，小人就会为盗，所以"君子义以为上"。还说为人处世，没有一定要反对的，也没有一定要喜爱的，唯一的标准就是义，所以强调君子要"以义为质"，就是要以义为根本。

另外信也一样。不是说任何情况下你都要守信，而是要看情况的。孔子说"言必信，行必果，硁硁然小人哉"。"硁硁然"就是像石头一样，敲起来没有一点回响。他认为一个人做事一定要有回旋的余地，一定要懂得变通。守信也是如此。所以孟子说"言不必信，行不必果，惟义所在"。不是说出去的话一定都要做到，要看看这个话是不是符合义。孔子也说"君子贞而不谅"。这个"谅"就是守信的意思。"贞"就是正，要符合正义。可见，孔子并不是一个主张死守教条的人。

我们读《论语》要慢慢地读，真正读深了以后才会越来越发现它的价值。我相信如果王小波能摆脱那种文化自卑的心理，他现在再来从头慢慢地去品读的话，他会觉得《论语》是一部非常了不起的书。就像德国哲学家雅斯·

贝尔斯所说的，孔子无论从哪方面看，都是一位伟大的人，他的思想真实、贴近生活，对我们人类来讲是取之不尽的精神财富。

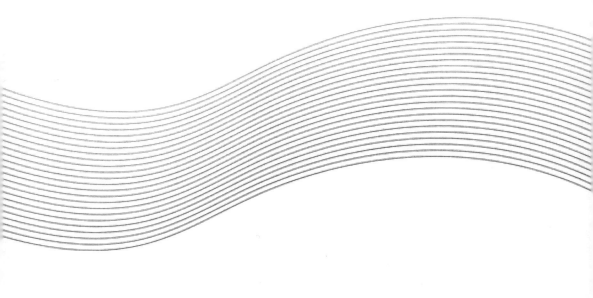

第二辑　亲子乐园

郭构莲

云南腾冲人。国家二级心理咨询师，合作对话
ICCP 国际认证资质（大陆首期），台州市青春健
康教育认证师资、黄岩豆嘟嘟亲子绘本馆馆长。
师从华人叙事疗法大师吴熙琄老师，多次担任吴
老师督导班助教，多次举办线下心理成长小组。
台州市图书馆故事志愿者，台州市家庭教育研究
会成员。

担心，你好

——从心理视角看亲子成长中的情绪

今天我们的主题叫作"情绪你好"。之前我放了一小段电影，名叫《头脑特工队》，大家可以看到电影里的几个角色，我专门带了角色的玩偶，这个名字叫乐乐，在电影里它代表开心、快乐，这个叫作忧忧，这个叫怕怕，他们一共有 5 位，代表我们人常见的五种心情、情绪。在我们的日常生活中，每个人可能都会遇到有一些情绪的时候，那亲子成长中如果大人或是孩子有了情绪困扰该如何处理呢？今天我们就先来共读一本绘本，看看阅读视角下能带来什么启发吧！

（出示绘本 PPT）《杰克的担心》，故事的主角是个小男孩，名字叫杰克，他最近有一点担心，你知道他为什么担心吗？因为有一件事情在困扰他，我们快去看看——

这里是杰克的家，这是他的乐谱，他家的窗台，他常常在这里活动。杰克喜欢吹小号，几个星期以来，他一直盼着一件事，就是在他的第一次音乐会上为妈妈演奏，大家看见杰克了吗？

可是在这个重要日子的早上，就在演奏那天的早上，他发现他有一个担心，大小朋友们，你从图上看到的杰克在担心什么吗？

听众：应该会担心自己演奏不好吧？

听众：感觉他这次演奏会出现错误。

听众：怕起不来。

郭：怕起不来，担心起不来，谁看到了？你看到了，在哪里？你能用语言告诉我吗？在地板上，在桌子上，还是在墙上？在地板上，是哪一个？什么颜色的？

郭：该起床了，杰克妈妈说，我给你做了一份特别的音乐会前早餐，这一页谁看到担心了？在哪儿了？什么颜色的？

听众：在他的脸上，肤色。

郭：哦，肤色，担心真有可能会在脸上。

听众：在门后。

郭（继续读）：杰克钻到被子下面，可他的担心也和他一起钻到了被子下面，杰克藏到床底下，可他的担心也跟着他来到了床底下，现在看到担心了吗？看见了，什么颜色的？蓝色的，什么形状的？椭圆形的。

杰克终于下楼，可他的担心让他连吃下这份特别的早餐都觉得很难，"你没事吧？"妈妈问。杰克想把他的担心告诉妈妈，可他找不到词语。

听众：在后面。

郭：哇！你在用语言表达。你会说，妈妈，担心在我后面，是吧？你能找到词，可是杰克他不像你这么爱读书，找不到那个词，他怎么办呢？

吃完早饭，杰克到院子里跑，他能把他的担心甩掉吗？不能，你们平常想甩掉的东西好甩掉吗？不瞒大家说，我因为要来这里做讲座，我昨天就有点焦虑，我怕讲不好，一直焦虑到今天，我也老想甩掉，我还是心理咨询师呢，可是我一直都没甩掉，它忽会大、忽会小，有时候在我头边，有时候在我屁股后面，有时候在我心里，有时候在我手上，我想甩它可没那么容易，杰克会不会很厉害呢？可只要他一停下，担心就会追上来，你发现担心有什么变化？（越来越大）还有什么变化？（颜色变了）

后来杰克去做了一件事，他想做一件让他开心的事，你看让他开心的事是干什么呀？

听众：看看外面的风景。

郭：看看外面的风景能让自己开心，看杰克好像真的来到窗前了，杰克来干平时他自己最开心的事：吹小号，他拿起小号开始吹了起来，可是担心让他的演奏变得更糟糕，杰克今天要去干什么呀？（要去音乐会上为妈妈演奏），可现在他演都演不出来了，担心已经把他压住了，杰克的担心待着不肯走了。

听众：担心像个大怪物。

郭：你真是个会表达的小朋友，你打了一个比方，担心像个大怪物，有时候孩子情绪来了，如果不知道怎么表达，咱们大人就可以问：你的这个心情像什么呀？什么颜色？在哪里？孩子也许就可以告诉你，在我的大腿上，这时候情绪就可以具体化了，专业词汇叫"外化"，就好像拉开距离去看我们的情绪。比如，今天你和孩子去爬山，他很勇敢，你就说勇敢住在你身体的哪里？他可以告诉你说住在我的肩膀上，勇敢在跟你说什么呀？（对一个小朋友问）

小朋友：勇敢说你真棒，谢谢你带我来爬山，今天你勇敢地回答问题。

郭：杰克的担心待着不肯走了。"我们该出发了"，杰克的妈妈说。杰克不能背着这么大的一个担心去音乐会，有这么大的担心，他什么都做不了。突然杰克的担心大得他受不了了，那怎么办？

他说了四个字，我不想去，什么？他都不想去了，不是一直盼望着的吗？他哭了，到处都是眼泪，妈妈在他面前蹲下来说，我还以为你一直盼着今天呢，他确实盼着的呀，怎么变了呢？这时杰克头一次不再努力摆脱他的担心，而是盯着它，确确实实盯着他的担心，然后他找到了自己需要的词："我不想在音乐会上演奏"，他告诉妈妈，"我担心会吹错，你就不再爱我了"。原来是在担心什么？吹错，更担心吹错了妈妈就不爱他了，天啦，原来他是担心这个，他找到了词来说了哎！"这可是一个很大的担心啦"，杰克的妈妈说："我很高兴你告诉我，你知道吗？这个音乐会不是为了演奏得完美，而是为了开心，为了跟爱你的人分享你喜欢的东西，即便你把每一个音符都吹错了，我仍然爱你。"

突然——你们发现了吗？杰克的担心不再那么大了，颜色也变了，这么神奇呀,它看起来有点可爱,它像个小精灵跟在后面蹦蹦跳跳的。等到他们到学校的时候,担心已经很小很小了,但他看到他的朋友们,杰克看到自己的朋友们都有各自的担心时,他知道该怎么办了,他怎么办呢?他们怎么办?他们每个人都去和自己的担心做什么呢?好像是单独待一待,好像是在和它聊天,好像又是在?

听众:请它出去。

郭:请它出去,哇!为什么是"请"?

听众:因为他不想要和担心在一起,但要对他友好一点。

郭:效果怎么样?

听众:越来越小了。

郭:越来越小了,担心是会变化的,它有时候会很大,有时候能够变小,它还能出去了呢,直接就不在这里了,请它先走开。

出错了吗?在这次演奏会上是有那么几个错,可是杰克他正在享受着演奏的快乐,已经顾不上担心了,所以我现在都找不到担心了。

听众:担心它逃走了。

郭:是的,你们觉得,担心以后还会来吗?如果以后再来杰克会有办法应对了吗?(听众回应)

郭:这个故事就讲完了。这个问题是哪一张画面让你印象比较深?启发你的是什么?

听众:最后那张,人会在放松的时候享受到做事的快乐。

郭:的确,当我们放下一些负担的时候,能更好地去享受当下的愉快。

听众:这一张"他妈妈跟他说的,你吹得好不好,妈妈都很爱你"。

郭:这个部分会给你在带孩子或者在面对孩子的时候,有一种什么样的思维或者启发吗?

听众:我觉得鼓励最重要。

郭：鼓励最重要，我也注意到妈妈是蹲下去和杰克说的，他和孩子同在，鼓励很重要，似乎在向孩子确认强调她永远的爱。

各位家长，刚才的故事里有一个重点词，叫担心，我们说担心它是人的一种情绪，每个人都会有情绪。什么是情绪？情绪又名心情，当我们面对不同的事情，我们会有不同的感受或者心情，情绪通常代表我想要什么或者不想要什么。比如说我昨天有点焦虑，因为我今天要来开讲座，我想要把这个讲座讲好，我不想搞得大家都很无聊，当这样想的时候我的焦虑就被理解到了，焦虑它是对人们有一份心意的。所以，当我们情绪有困扰时，我们可以经常去问，这个情绪出现代表我想要的是什么？不想要的是什么？这样的追问可以马上让我们回到初心，或者找到自己的需求在哪，然后尽力去满足那个需求。

大家注意到了吗？我们中国人不太会表达情绪，总喜欢去做判断，总喜欢去说这个事儿好、不好，对、错，而不太说我感到有点紧张，我觉得有点郁闷，我感到我的嫉妒心来了，或者我的自责现在在我心里，甚至都不习惯说我现在内心有点不舒服，其实当你觉察到并开始表达我内心有点不舒服，你的那份不舒服才会被看见，才有机会被消化。

关于被看见有这么一个故事，一个村庄的后面有一座大山，山上有一个山洞，大家都知道山洞里有很多的宝藏，但是谁也没机会去拿，因为山洞门口守着一个凶猛的猛兽。但是有一天就有那么一个人，他跟猛兽说了什么后直接从猛兽面前进去了，还大摇大摆地拿出来了很多珠宝，村民们都问他说，你跟那个猛兽说了什么它就放你进去，还让你拿着东西出来？那个人说我也没说啥，我就是叫出了这个猛兽的名字而已。

这个故事可能是虚构的，但是在现实生活中，如果你有一些说不清道不明的情绪，包括孩子也一样，你一旦能够觉察到情绪产生了，并试着去表达这个情绪、去描述这个情绪的时候，他们的情绪就会被看见、被理解、被懂得。

现在我们想邀请大家先来玩个造句：今天我有一个什么情绪，因为什么原因。

听众：我今天挺开心的，因为我来这里学了很多知识。

听众：今天我也有一些担心的东西，比如说疫情，还有极端天气，就为人类担心。

听众：最近我有一点焦虑，因为要开学了。

郭：那你觉得这焦虑是好还是不好？

听众：不好，因为每次开学或者返校前都是这么担心，但还是得面对。

郭：好像你发现了一个规律，开学前都会有这种情绪，那看起来这个焦虑是你的老朋友了，那你知道搞定这个老朋友的策略了吗？

听众：不是很知道。

听众：今天我有点烦躁，因为和父母有点冲突。

郭：谢谢大家的表达，好像这样小小的表达都能让我们看到情绪的来源，绘本故事里的担心是一种情绪，那我们每个人也会有情绪，我们要不要像小朋友一样来画画我们的情绪，给大家5分钟，旁边有彩笔和纸，我们来画画看——

（同步引导）提到这个情绪，你就想到了什么物品或者什么动作，什么形状，大概是什么颜色的？它可能是什么味儿的？你感觉它在你身体的哪个部位？比如紧张的时候，那个紧张通常在你的膝盖还是在你的拳头？还是在你的太阳穴？我们静下来，慢慢去感知它在哪里。然后它的周围可能有些什么别的，或者所有你能想到的，什么东西能平缓它？什么情况下情绪容易引发坏的结果，比如吵架甚至动手？我透明化一下：像我和我的孩子，只要孩子哭声一大起来，我的那种要爆炸的情绪就要出来了，我就老看不得孩子哭，特别是一直哭，所以我的烦躁或者爆炸的那种情绪，就会在孩子不停地哭的时候常常来找我，这里面有什么来由吗？然后这个情绪还会越变越大。什么东西能让它变小？这样一梳理，我的烦躁会少一点，能让我冷静处理，不对他发脾气。

下面是邀请分享环节：

听众：这是我的画，我平时带孩子可能带久了，小孩子有时候烦人，喉咙那块喊冒烟了，小孩不听的时候特别想发火，发完火过后，觉得好像又挺难过的，然后我就跟孩子说，下次如果妈妈再发火的时候，你能不能提醒我一下，后来孩子就跟我说，妈妈，你不是说不打我的吗？我就忍不住，有时候忍不住要打他，情绪来的时候，上头的时候，真的是控制不住。

郭：所以这张就是你的那个情绪，它叫什么名字？

听众：是，叫自责吧，有时候会控制不住想打他。

郭：这个情绪造成的结果，过后有点难过、后悔，有点内疚，你不想这样，所以你的解决方式是让孩子提醒。

听众：他可能在我一下子发火的时候，又被那种表情给吓住了，他又不敢说话，就这样。

郭：你猜刚才你在说的时候，你孩子的心情是怎样的？

听众：我不知道。

郭：我注意到孩子在画画区叫你了一声，你觉得自己这样的一个表达会给孩子带来什么？这位妈妈，今天孩子刚好在旁边画画，这样的表达会给孩子带来什么？

听众：我至少觉得是能让孩子学会踊跃发言。

郭：谢谢你愿意作出贡献，尤其是在很多人面前说自己吼孩子，上头，然后还会偶尔地体罚一下，其实我也会。有一句话说妈妈是人，不是神，我觉得在很多人面前能够去说这件事，心理学上有句话，说当你开始觉察这件事的时候，离这件事的解决已经开始了一半，她真的已经开始了，当一个人开始出发去找心理咨询师的时候，其实他的心理问题基本上可以说已经解决了一半，剩下那一半可能就是互动，慢慢地靠缘分，或者靠时间，就是这种主动、愿意是非常珍贵的。

关于情绪，我们还有两句箴言分享给大家：第一句是情绪无好坏、正负可转化。像我昨天有点焦虑，我这个焦虑我能说它不好吗？它代表我在意这件事，是一个有责任心的人，认真，而且这个焦虑后面还代表我有能力，我可以去讲课等等。有情绪其实代表我们是一个功能正常的人，你去过安定医院，好多病人就是通过药物控制让他的情绪淡漠了，这个时候我们可以说他这个人已经非正常化了。所以丰富的情绪情感是我们人类的一个典型特征，它没有好坏，是可以变化的，比如说杰克的那个担心可能会变成开心了。

第二句是：情绪过不去、理性出不来，你的情绪只要还在那里没有解决，你就很难平心静气理性地去做后面的事情。遇到亲子冲突的时候，先觉察和处理自己的情绪，再处理孩子的情绪，之后才是去解决那个事情。尤其是面对青春期的孩子——我们接触了很多青春期的孩子，只要没有解决好情绪，孩子一般是不会和家长对话，也不愿意和老师真正的对话，就算有一些服从也是假的，所以有了情绪一定要去面对它。

接下来我们一起来做个理解情绪的挖宝游戏，就刚才这位表达自责的妈妈，这个自责里有什么呢？我们来试试看挖掘一下。

听众：她的自责里有——想当一个好妈妈，教育好自己孩子的心愿。

听众：她的自责里有一份觉察的心，能觉察到自己的不足。

听众：自责里有想把自己做得更好的一个心愿。

听众：那个自责里有对孩子的爱。

听众：自责里有一份责任心。

听众：自责代表能够知道自己的不足。

听众：我觉得还有一份学习力。

听众：关心孩子的心理变化。

听众：还有期待。

当事妈妈：自责里有希望能控制好情绪、和自己的孩子一起同步成长……

郭（问当事妈妈）：当你听到这的时候，再回头去看那个自责，现在有什么小小的不一样吗？

听众：好像他们说出了我的心声，但是每次发完火过后，又感觉到好像很后悔，情绪一上头，又控制不住的那种，真的很难。

郭：感觉到你的不容易，你看你多勇敢，在很多人面前愿意这么说，《游戏力》里说，其实亲子之间很多时候，它并不是一直很顺利的，它就是有时候会有冲突产生断裂，然后我们再去修复它，重新联结，之后可能又产生新的冲突，再次修复，所以不断地断裂、联结，所以我们的关系才会越来越紧密，这就是情感，这就是亲人，这就是不一样，所以你的那份愿意去反思也好珍贵，我也相信你们的亲子成长一定会越来越好。

大家有没有发现，透过这么一拉开和"自责"的距离，你会更容易看到和知道如何解决情绪的问题，其实生活中，只要我们能够保持反思的精神，经常去回头反观一下亲子间情绪的产生过程，就可以更好地去解决亲子冲突。

讲了这么久，具体总结一下亲子成长中的情绪问题解决思路：

一、相信我是专家

我们每个人都是自己解决自己问题的专家，人是不等于那个问题的，只是问题来找人了。比如说孩子爱发脾气，只是有一个叫爱发脾气的小精灵来找他了，孩子不等于爱发脾气，他只是偶尔爱发脾气，也许就是他发脾气的那个当下，是那个叫作怪脾气的小精灵来影响他了，当你用这样的视角和他去看的时候，孩子他就会不一样。比如说我们都会问孩子，昨天你是不是哭了？是不是哭宝宝来找你了？然后就可以像采访一个人那样采访那个问题：哭宝宝，你好呀，你的主人叫什么名字？他可能就会说，我的主人叫什么名字？哭宝宝你今年几岁了？（出示访问提纲）我曾经访问过一个一年级的小孩，他的这个爱哭就是在老师看他的作业、脸色不太好的时候，他爱哭就来了，所以用像一个人来到他身边的方法去和孩子对话，协助孩子把这个东西拉出来。你做什么主人会变得管不住你，你就控制了主人？什么时候主人是可以控制你的，主人多做什么可以管住你？你希望主人过得怎么样？

通过这样一对话，会越来越发现情绪背后我们的思想，以及情绪出现的规律，如何可以管理好这个情绪。比如，刚刚伙伴说快要开学的时候，焦虑就会来，发现规律，研究它，描述它，它就可以变得松动，情绪的故事被讲述和理解时，就如同死水变流动了，就可能转化为新的有能量故事。

二、关照和研究自己

我们成年人，要想理解孩子的焦虑，理解孩子的担心，理解孩子的愤怒，我们可以先去研究自己，放下想教育孩子的念头，先来研究自己，与自己深度对话。这里有 6 条，大家可以拍照，当自己有某个情绪的时候，你可以拿来做自我对话，当你一溜烟全部问完的时候，你的心就会慢慢地有可能会变得平静，成为情绪的主人。去看我们重视的是什么，我们的力量是什么，可以用不同的流派和方法去理解自己，进而才有可能去理解孩子，实现共赢。

三、情绪化解宝典

那么，如何面对自己或者孩子的情绪，尤其是亲子之间？第一，亲子之间，如同爬山，我们大人只不过是先上山了，不打击，用他的节奏慢慢鼓励、适当等待，总有一天，他能自己爬山。第二，面对情绪冲突，一离二吸三凉水。离就是离开那个情绪的现场，如果孩子和你在那个现场快要发飙了，那你先换个空间，离开之前你就说，我先去冷静一下，我也会回来的，不要让孩子觉得妈妈抛弃了他或者爸爸怎么样对待他。吸就是深呼吸，当你深呼吸，眼睛闭上，你整个人都在陪伴你自己，你把自己从身边很多任务解放出来，这个深呼吸能让我们看到自己，看到自己很重要。第三，就是凉水，洗把冷水脸冷静一下的意思，用一些理智性的事情，让你的大脑从情绪脑切换到理智脑，有时候切换到现实频道，或者有个隔壁邻居来叫一下你，都能协助你回到理智，不要让情绪变成脾气，有时候情绪多了就变成破坏亲子关系的部分了。

四、吃好和睡饱

以前我老学习，我学各种流派、各种疗法，但是我对自己的孩子，有时候还是要发脾气。我的老师就说，如果你总是学习，但好像还是不太有效果，这个时候就代表你太累了，特别需要休息，你可以去陪伴自己。像我今天我来之前，我陪伴了一下我的嗓子，因为暑假，我是一个做机构的人，暑假我的嗓子几乎是不停工作的，所以到了 8 月底，我的嗓子已经差不多很累了，今天还有麦克风，已经很好，我们昨天在博物馆，没有一个麦克风，差不多 100 个人，所以全靠嗓子。我在路上，我就跟我的嗓子说，嗓子，今天又要辛苦你了，然后这个时候嗓子，身体是有感觉的，当你关注你的肩膀，也试着把注意力转到自己的肩膀，它是会舒服一点点的，你感觉你的两个面颊是否紧绷，当你感觉它的时候，它是被你看到的。

五、"电影法"

所谓"第三只眼看事情"指的是，现在我闭上眼睛，把我自己想象成一个在高空中看我的人，看到自己在早上如何起床，如何安排好家中的事情，来到图书馆，来开始互动，就好像在脑海里放一场电影一样。看一场电影又含着另一个隐喻，当你有一些情绪的时候，你走出家门，去接受一些启发，去和别的朋友聊聊天，去看大自然的树，或者说去运动，就出去换个空间的意思。

六、制作好你的情绪转盘

我们也给自己备一个情绪转换的 N 种方法，如同一个预案，情绪来时干些什么能比较有效地缓解我的感受？看一场电影，喝一杯饮料，或者吃个冰激凌，或者说是去购物、去见朋友，比方说，我昨天就做了这么一个工作，我一般做一场活动之前，会做一个准备工作，第一，会把我的孩子安顿好，这是我的转盘的第一个。第二，会把我的场地稍微整理一下，包括我自己平常在家穿个睡衣走来走去，我肯定是服饰上要尊重对方。第三，我会做一个小小的冥想，非常短，1 分钟也可，5 分钟也可。第四，如果我精神不太好，给自己泡杯茶、泡杯咖啡，让我自己保持比较好的状态去工作，这是我的要去搞活动的转盘。比如说你有时候会抑郁，我说的是抑郁情绪，或者有时候你会容易悲伤，面对悲伤的时候，我可以找张三去喝茶，找李四去田野里走走，或者自己去看个肥皂剧，这几个方法到时候拿来用，这些方法越多，到时候可能你容易流动的机会就越大，每个人都有自己的智慧去转换和调整情绪。

最后，分享给大家鲁米的《客栈》，共勉我们在亲子成长中越来越好。

梁 英

浙江台州人。中国作家协会会员，儿童文学作家。曾获"冰心儿童文学奖""谢璞儿童文学奖大奖"，多篇童话入选年度选集。已出版短篇童话集《我也想要一个阿嚏》，低幼绘本《一家人》《一只的故事》，童话教学论《从编故事开始学写作》，亲子教育书《如何陪孩子读绘本》，低年级写话教材《从标点开始学写作》等著作。

如何陪孩子读绘本

最近我出了一本书，书名叫《如何陪孩子读绘本》，是我 10 年陪伴女儿阅读的经历，我把这经历写下来，就写成了这么一本书。今天我准备就绘本亲子阅读和大家分享两个话题，第一个话题是我们为什么要给孩子读绘本？主要讲绘本它到底好在什么地方，会对我们的孩子产生哪些影响。第二个话题就是我们怎么给孩子读绘本。

我们来看第一个话题，我们为什么要给孩子读绘本？在我还不是一个妈妈的时候，我对绘本的认识也是很肤浅的，我是语文老师，并不擅长欣赏图画，绘本文字少，又很贵，但是当我有了孩子之后，我就发现，绘本是一个宝。

第一，阅读绘本能提高孩子的艺术鉴赏力。美术史上的各种绘画风格，我们都可以在图画书中看到，我们一起来欣赏几本不同风格的绘本：《让路给小鸭子》《壁橱里的冒险》《小黑鱼》《神奇的窗子》《和甘伯伯去游河》……我女儿现在读五年级，当她重新翻看她以前看过的一些绘本的时候，她就对我说，妈妈，我以前读的书怎么那么好，里面的插图怎么这么精美。我说是呀，你小时候看的书，给书配图的这些插画师，都是世界上非常有名的插画师。要培养孩子好的鉴赏能力，就要给孩子看好的作品，好作品看多了，孩子的眼光自然就高了。

另外，我为什么那么强调图呢？因为我们大人和孩子的阅读方式是完全不同的，我们大人看书，是直接去看文字的，而孩子的阅读方式则不同，他们是看图的，他们可以不看文字，通过看图，也能把整个故事，大概地给你讲述出来，这种不同的阅读方式也告诉我们，我们要给孩子看好的绘本，来提高孩子的艺术鉴赏力。

第二，阅读绘本可以提高孩子的言语表达能力，我们知道绘本，看看它只有一两千字，但是越是字少，作家越是字斟句酌。

《打瞌睡的房子》，插图很有意思，房子里打瞌睡的奶奶、小狗、小猫等是叠罗汉一样叠上去的，文字也很有意思，也是叠罗汉一样叠上去的：

有一栋房子，打瞌睡的房子，房子里每个人都在睡觉。那栋房子里，有一张床，温暖的床，在打瞌睡的房子里，房子里每个人都在睡觉。那位老奶奶身上有一个小孩，做梦的小孩在打鼾的老奶奶身上，老奶奶在温暖的床上，床在打瞌睡的房子里，房子里每个人都在睡觉。那个小孩身上有一只狗，昏昏欲睡的狗在做梦的小孩身上，小孩在打鼾的老奶奶身上，老奶奶在温暖的床上，床在打瞌睡的房子里，房子里每个人都在睡觉……

我常常越读越快，像绕口令一样，孩子就很喜欢，叫你再读一遍，再读一遍，然后你读上个十几遍，孩子也会念了。

还有一些绘本，它本身就是一首诗，像这本《第一次提问》：

今天你仰望天空了吗？天空是很远很远，还是近在眼前？云看起来像什么？风又是怎样的味道？你觉得美好的一天是怎样的一天？谢谢这样的话语，今天你是否听说过？窗外、路边，是什么映入你的眼帘？挂满雨滴的蜘蛛网，你可曾看见？……

作者用一连串的提问让孩子们感受到了什么是自然之美、生命之真，所以我们应该多带孩子去读读绘本，它对孩子的言语表达能力肯定是有帮助的。

第三，阅读绘本能培养孩子的想象力。想象力是一种能将文字在脑海中形成画面的能力，只有拥有丰富的想象力，我们肉眼看不到的东西都可以用想象看到。其实丰富的想象力不是天赋，是可以培养的。

有一个例子，我曾经给自己班的孩子们上一节作文课，我让孩子们想象各种各样的零食，它们会想出哪些花招来吸引孩子，孩子们一下就说开了，他们说辣条把自己全身喷得香香辣辣的，芬达呢，在自己的头上写上"再来一瓶"，魔法士方便面，要在自己的包装袋里塞上很多的魔术卡……孩子们的发言很积极，想象很丰富，因为这些孩子是我从一年级开始带上来的。而我到外面去借班上课的时候，孩子们说的第一句话就是："老师，零食怎么会说话呢？"后来我就启发呀，启发呀，然后孩子们的思维才慢慢地被打开了。

阅读想象力丰富的绘本，对培养孩子们的想象力非常有好处。很多绘本都非常有想象力，像《小珍的长头发》，小珍的头发很长很长，可以给妈妈当晾衣绳，上面晾满了衣服；可以从桥上一直垂到水里钓鱼；可以当长长的牵牛绳，把牛从地里拉出来……谢尔·希尔弗斯坦的绘本诗《阁楼上的光》《向上跌了一跤》《谁要一只便宜的犀牛》等，更是想象力爆棚，读着谢尔大叔的诗，再看着同样想象力丰富又幽默的画，孩子们的想象大门就被打开了。

第四，阅读绘本还能够培养孩子的理解力。学习语文，要大量读书，你的理解能力在阅读当中就能提升了。我们还可以通过阅读《你好，数学》《数学帮帮忙》《科学全知道》《你好，科学》等这些学科类绘本，来理解一些比较难的数学知识、科学知识等，同样也能提升孩子的理解力。

第五，阅读绘本可以培养孩子的专注力。专心在孩子未来的学习过程中是非常重要的一种品质。静态的阅读，对孩子专注力的培养非常有帮助。有些家长会说，我孩子在家里看电视、看手机，他很认真的，坐在那里一动都不动。电视、手机是用声、光、电等外部刺激来吸引孩子，不利于专注力的培养，一旦没有了这些外部刺激，孩子就会觉得索然无味，很难集中注意力学习。

我以前下班回家，只要女儿愿意听，我就给她一本一本地读绘本，有时候一读就读一个多小时，读到口干舌燥。这样经常读之后，有一天，我带她去参加我们作家协会的读书会，会议很长，她就像一个小大人一样坐在那里听我们大人讲话。现在也一样，看书、做手工、学习，都是非常专注的。

这种专注力，我们也可以通过读绘本的方式，让孩子养成。

第六，读绘本可以培养孩子的好品格。书读多了，很多道理都在这个书里面了，所以偶尔孩子哪些地方做得不好的时候，你稍微提醒她一点，你不需要跟她大吵大闹，孩子就懂了，教育起来就省心了很多。

第七，阅读绘本让孩子成为会思考、有思想的人。这一点我觉得很重要。因为绘本的主题是非常宽泛的，它涉及认知、心理、情感、生活、社会等各个方面。

比如说《活了一百万次的猫》，这个故事讲了有一只猫，它100万年也不死，它死了100万次，又活了100万次，100万个人宠爱过这只猫，有100万个人在这只猫死的时候哭了，可是这只猫，它一次也没有哭过。什么时候它哭了呢？当它喜欢上了一只小白猫，然后跟小白猫生下了很多小猫，当这只白猫在它的怀里静静地死去的时候，它第一次流下了眼泪。这本绘本探讨的是生命的意义，我们的生命因为什么才变得有意义？因为我们有了爱的人，有了家人，我们的生命才变得有意义。我给女儿读这个故事的时候，她还是上小班，当读到猫抱着死去的白猫流泪的画面的时候，女儿的眼圈就红了，她说："妈妈，这个故事等我读大班的时候再读给我听。"孩子其实已经感受到了一种悲伤。

《田鼠阿佛》告诉我们：生活不仅需要物质粮食，也是需要精神食粮的，当过冬的田鼠们吃完了秋天收集的粮食之后，支撑他们活下去的是阿佛在秋天收集到的阳光、词语和颜色。

像这样隐含着很多人生哲理的绘本不胜枚举，而如此深刻的人生领悟，却能够通过非常有趣味的、孩子喜欢的一种方式呈现出来，这就是绘本的魅力。绘本读得多，孩子的思想就会深刻起来，不盲从，有自己的判断，成为一个能独立思考的人。

我与大家交流的第二部分内容是我们怎么给孩子读绘本。

首先讲绘本阅读的几个小误区，现在网络很发达，各种听书 App 可供选择，我们家长的工作也很忙，所以很多家长可能会用听音频来完全替代亲子阅读。我不是说听音频不好，但是你如果完全用听音频的方式来代替亲子阅读的话，那么就会失去很多东西。比如，机械的声音里面没有爸爸妈妈的温度，把孩子轻轻抱在怀里，用最温柔的语调，把故事读给孩子听，应该成为童年时光里最温暖的一个画面。另外，听音频不能及时进行互动，很多音频不配书，孩子可能养成了听的习惯，但是却没有养成一种看书的习惯。

其次就是关于识字。孩子还小的时候，我们家长可能就会让孩子自己拿着书去读，尤其是上了一年级的孩子，学了拼音，家长就会很着急，为了检测孩子拼音到底学得好不好，然后就会拿着那种有拼音的读物，让孩子一个字一个字拼下来，这样做很容易破坏孩子的阅读积极性。

再次，我们读的时候，不要一直用提问来检测孩子。你可以用提问来引导孩子，和孩子互动，而不是这本书读完了，问孩子你到底读懂了没有，不要去考查，因为你只要把孩子的阅读兴趣激发出来，养成了阅读的习惯，阅读量多了之后，他的理解能力自然而然就会提升了。

最后一点是很多家长在讲故事的时候不愿重复。其实重复是一个非常好的习惯，刚才我们说绘本作家的语言是非常凝练的，反复读给孩子听，那些语言就在孩子的心底扎根了。

我提倡亲子阅读。亲子阅读的好处有很多：孩子可以很专心地去听故事，不用在文字与画面之间来回切换；听力会走在阅读力之前，3岁孩子可以听5岁程度的故事，5岁孩子可以听小学程度的故事；增加互动，让孩子进一步感受阅读的美好，在阅读的过程中，享受亲情的温暖。

具体我们怎么做呢？我也总结了几条经验与大家分享。

第一条，如果你的孩子不爱阅读，我们可以给孩子看一些翻翻书、洞洞书，来唤起孩子阅读的兴趣，像《小鸡球球》系列故事就很受小孩子们的欢迎。《小鸡球球帮妈妈做事》这本书里，当小鸡球球提着小篮子去帮妈妈做事的时候，小熊躲在树丛后面说："我要躲在后面吓她一下。"当你往下翻的时候，书页就真的立了起来，小熊喊了一声："哇！"小鸡球球吓了一跳，看书的小孩子会觉得很好玩。还有一本书叫《好饿的毛毛虫》，书页里有一个个小洞洞，孩子的小手指刚好可以钻进去，好饿好饿的毛毛虫，星期一吃了一个苹果，书页上有一个洞，吃完了，小手指可以钻进去，就到了星期二，星期二吃了两个梨，书页上有两个洞洞，小手指钻进去，就到了星期三……

第二条，我们讲故事的语气与语调也不要一成不变，可以根据故事的内容进行调整，有时甚至可以把某个段落唱出来。像《古利和古拉》这套书，里边除了讲述的部分之外，还有一些小诗歌一样的段落，我在给我女儿讲的时候，我都是唱给她听的，我就即兴唱：

"太阳暖融融，春天来到了，灰尘轻飘飘，到处乱飞舞。"

"我们的名字叫古利，叫古拉，在这世界上最最喜欢啥？做好吃的、吃好吃的，古利古拉，古利古拉。"

我这样子给孩子唱多了，她自己在生活当中，比如骑自行车的时候，轮滑的时候，她也喜欢哼一些不成曲调的东西，其实这也是孩子一种创编的能力，哼着哼着，她就会唱出一些很好听的旋律来。有一天晚上，我带女儿去小区玩，她就看着天上的星星，编出了一首歌（播放音乐），我马上用手机把它录下来，录完了之后，回到家，再根据她唱的旋律，记下谱子。她不仅会编中文歌，还会编英文歌，这是她编的英文歌（播放音乐）。孩子的这些创编能力也是在亲子阅读中慢慢培养的。

第三条，我们可以带领孩子一起踏上寻找与发现之旅。《疯狂星期二》，这是一本无字书，8 点钟的时候，池塘里的青蛙们都坐着荷叶飞毯飞出去了，它们经过了很多的地方，老奶奶在打盹，它们飞到了老奶奶的家里，拿着老奶奶的遥控板，青蛙们都在那里看电视。它们还飞到了人家的院子里，把人家晒的被单什么的搞得乱七八糟……然后第二天凌晨的时候，青蛙们跳走了，地上有好多荷叶。警察来了，来调查昨天晚上到底发生了什么事。旁边的猎狗知道，因为昨天晚上它追过那些青蛙，可是猎狗不会说话。答案其实在这幅图里，答案在哪里呢？答案藏在天上的云里，看，云的形状就是一只大嘴巴青蛙。

还有这本《逛了一圈》，也是非常有意思的，从早晨出发到晚上回家，一家人在书里逛了一圈，从头到尾把这本书读完，然后你把书倒过来，又可以从后面开始往前面看，书可以倒过来看，是不是很有意思？去的路上，图上画的是水洼，在倒过来之后，回来的路上，它就变成了烟花；去的路上，图上画的是我们吃饭的餐厅，回来的路上就变成了电影院……很多绘本都非常有创意，我们带着孩子一边阅读，一边去发现书里藏着的小秘密，会给孩子的阅读带来极大的乐趣。

第四条，我们还可以带孩子玩各种拓展小游戏。这两本是我自己创作的绘本《一家人》和《一只的故事》。《一家人》这本绘本里边暗藏着很多故事以外的东西，如分类，认识时钟，建立生活秩序等，可以在读完故事后带孩子们做一些小拓展。如里面写到碗妈妈、碗爸爸、碗宝宝是一家，它们在碗橱里睡了；鱼妈妈、鱼爸爸、鱼宝宝是一家，它们在鱼缸里睡了……让孩子们在生活中找一找，还有什么是一家，它们在什么地方睡了。这就是一个有关于学习分类的小拓展。

看了《一只的故事》后，让孩子分辨什么是"一只"，什么是"一双"，也可以玩一玩"一只"和"一双"的游戏。

最后一条，还可以对孩子进行写作启蒙。如读了《打瞌睡的房子》后，我们可以通过提问来发散孩子的思维，问问孩子："如果让你来编一个有关于房子的故事，你会编什么样的房子呢？"会走路的房子，想吃冰激凌的房子，想要长到天上去的房子，还是老要打喷嚏的房子……然后，我们就可以引导孩子选择一个特别喜欢的，让他继续往下编。比如说《爱吃冰激凌的房子》，房子为什么想要吃冰激凌？是因为天气太热了？还是因为它看到一个小女孩在吃冰激凌？房子后来有没有吃到冰激凌？再比如《老要打喷嚏的房子》，他为什么老打喷嚏呢？孩子可能会说：这几天都下雨，房子感冒了，所以不停地打喷嚏：阿嚏，阿嚏！房子一打喷嚏，又会发生什么事呢？就这样一步一步地和孩子聊聊说说，新的故事就编出来了。这是我女儿编的故事《爱唱歌的房子》：从前有座房子，一座爱唱歌的房子。当它唱歌的时候，会叮铃叮铃响。爱唱歌的房子吸引来了爱唱歌的大象，它们一起在唱歌。爱唱歌的房子和爱唱歌的大象，吸引来了爱唱歌的小猫，它们一起在唱歌。爱唱歌的房子，爱唱歌的大象和爱唱歌的小猫，吸引来了爱唱歌的兔子，它们一起在唱歌。爱唱歌的房子，爱唱歌的大象，爱唱歌的小猫和爱唱歌的兔子，吸引来了爱唱歌的白鹅，它们一起在唱歌。这是一座爱唱歌的房子。

最后女儿还告诉我，妈妈你注意到了吗？整个故事里没有讲到小鸟，但是我的画里面一直有一只小鸟。第一幅图上的小鸟很不开心，最后一幅图上的小鸟很开心，也跟着它们一起在唱歌。我这个故事想要表达的是，快乐是可以传递的。

读了《妞妞的鹿角》，我们也可以让孩子想象一下，如果有一天你长出了像大象一样的长鼻子的话，会发生什么事情；读了《蚯蚓的日记》，我们可以让孩子编一编，比方说《乌龟的日记》《蝴蝶的日记》《蜗牛的日记》等。孩子还没上学，我们可以口头编，编着编着，孩子上了小学，写故事就不愁没想象力，找不到素材了。

读多了，脑子里的故事原型就会越来越多，我家孩子从三年级开始写小说，《天空的声音》，她写了7000多字，这是她三年级的第一部小说，《小蛇的日记》写了12000多字，《猫人》写了13000多字，现在五年级暑假，刚写完一部，24000多字，题目她说还没想好。然后暑假她还开始写英语小说，她发表了很多的儿童诗、童话故事，还包括前面我们这些绘本故事，就是自己画画写写的这种绘本，都是在陪孩子读绘本的当中得到的。

前面讲了这么多，陪孩子读绘本最重要的就是坚持。我的这本书里面有0到12岁的中英文绘本推荐书单可供大家参考。

章国华

浙江金华人。台州市路桥区第二中学语文教师兼教科室主任，浙江省教科研先进个人，浙江省名师网络工作室学科带头人。在省级及全国中文核心期刊发表论文案例 123 篇，被人大复印资料全文转载 6 篇。论文案例课题获省市一等奖多次，出版《初中语文研究 100 篇》《阅读的温度》。"下水作文"获全国大赛一等奖，作文教学"创课"获全国比赛特等奖。

初中高分作文的捷径与路径

我今天的讲座有三个关键词：高分作文、捷径、路径。

在座的同学和各位家长，大家有没有思考过这么一个问题，在中学阶段，写作最重要的目标是什么？我觉得有两个。第一个目标是在中考和高考中能够考一个比较好的分数。第二个目标，我觉得是为未来工作积累一些书面表达的基础。我们有没有想过，以后真正走上文学创作，走上作家写作这条路，是很少的，一个班里可能一个都没有。今天我讲的话题的重点就是在中学考试中如何写好高分作文。

我们先看一个作文题，这是今年刚考完的杭州中考作文题（略），我觉得这样的作文题是不难的，今年和前两年有个变化，就是现在的作文题是不会刻意为难学生的，近两年这个趋势在整个浙江省非常明显。不像前几年，很多作文题让你写什么都看不懂，那是用阅读来为难写作。

题目不难，但要写好却不是容易的。大家看一下这篇作文，你打几分？（略）

高分作文的特点是什么？首先，内容非常切题。其次，语言非常有表现力。最后，对主题有挖掘。再看一下这篇作文，我们很多老师把这篇作文评为满分，大家看看，在我们很多老师眼里，怎样的作文可以打到满分，它的特点在哪里？

大家知道吗？这篇作文是刚读完八年级的同学写的，不是九年级写的。我们同学的作文，差距非常大，有的同学八年级写的完全可以超过九年级。中高考高分作文，凭借什么？很多时候，凭借的是语言天赋，这个同学对语言特别有感觉。当然这篇作文的主题，也有一定的深度，你看，由刚开始说的超常发挥，到后面的正常发挥，刚开始超常发挥当中有正常发挥，最后别人看起来是超常发挥，他认为是正常发挥。他有思辨思维，正常发挥中有超常发挥，超常发挥中有正常发挥。之所以给他打满分，总结两点。第一，文学语言非常有表现力。第二，他的思辨思维还是挺强的。

讲到这里，我想讲一个观点，我们高分作文与什么有关？语言感受力，很多时候是和天赋有关。有的同学，他天生对表现性语言特别有感觉，也特别能模仿这样的语言。

第二个跟什么有关？我觉得跟思维特质有关。有的孩子擅长这种感性思维、文学思维。

思维特质也好，语言天赋也好，这是一个定数，那我们的变数在哪里？

首先，我们要界定什么是高分作文。我认为，高分作文不是没有缺点的作文，而是在切题的基础上，有亮点有优点的作文，包括刚才的满分作文也一样，它也是有缺点的，比如它的有些描写太过了。

其次，高分作文是相对的高分，是相对同龄的孩子，他有某些方面的优势。所以，我看一篇作文很简单，我不喜欢用很复杂的东西去衡量，首先，作文有没有离题，如果没离题，我再看看他有几个优点，有一个优点可以超过平均分，有两个优点可以得高分，有三个优点可以是满分，或者接近满分。

最后，我觉得高分作文的决定因素，一个是天赋，一个是思维特质。在考场上，我觉得，高分作文还是要靠思维。所以，今天我重点要讲的是阅读写作和思维训练，我们能够改变的地方在哪里？现在很多孩子只能写到 42 分、43 分，从 42 分、43 分的作文提高到 50 分左右，这个是可以努力的。对于普通、没有写作天赋的孩子，我们该怎么办？高分作文在考场上有没有一种捷径？

在考场上，两个小时考语文，写作文有时只剩下多少分钟？有时往往30 分钟都不到，因为前面阅读理解太难了，30 分钟写一篇作文，600 字以上的作文，最后的写作情况是什么？仓促地挤牙膏一样，在紧张的考场里，孩子哪有那么多时间去构思，哪有那么多时间去发挥，很难的，不相信，我们在座的家长或者是老师自己写写看。

那考场作文的捷径在哪里？捷径在于我们平时要有所准备。看一下，2018年我的一个学生写过的一篇作文（作文略）。

看完作文，有没有发现，真正好的作文，语言可以写得比较朴素，这没关系，我们可以往思维的广度和深度上去挖掘，去突破。因为很多孩子不善于写文学语言，3年下来4年下来，永远都不善于写文学语言，但这样的孩子在思维的宽度、广度上是可以有一些突破的。

2018年，台州中考就考了这么一个作文题，看一下（略）。刚才讲的《下棋》这篇作文，当年的中考作文是可以用上去的。

再看2019年台州中考作文题，2020年台州中考作文题。再看今年6月刚考完的台州中考作文题，这些都是可以用刚才这个材料的。一个好的材料，经过删减、详略的处理、点题的改变，是可以用到很多作文题中去的，不光是这4年，哪怕台州10年的中考作文，我们都可以以《下棋》这个素材把它写完。我随便举几个例子（例子略）。

大家有没有发现，平时没有准备的话，在考场上临场发挥，真的很难写好一篇作文。但是现在的问题是什么？现在的问题是，很多孩子，初中三年，一篇好的作文都没有，是吧？一个好的素材都没有。你想，平时花了那么多时间去写，连一篇好的作文都写不出来，在考场上，半个小时，你就能逼出一篇好作文来，而且像中考这样的大考，40分钟写一篇好作文就更难了。特别是七年级同学，建议哪怕一个学期，哪怕一年，能够写好一篇作文，都很了不起，但很多同学却不大愿意花这个功夫。

我觉得这是一条捷径，到目前为止，我还想不出一个更好的办法，能够应付中高考作文。

总结一下，考场的高分作文，我觉得有一个捷径，所谓的捷径是什么？变通思维，你要会变通。材料怎么变通，像百变金刚一样变通，把它变通到不同的题目当中去。当然，如果你拥有的素材越多，变通的可能性就越大，变通的选择性也越多。

我觉得，没有难写的作文题，只有想不通的作文题。你看刚才这些题目，你说哪个题目容易写，哪个题目难写，这么多作文题，你想通了都好写，想不通，都难写。有时候，我们出试卷也一样，有的老师说，这个作文题难写，那个作文题难写。其实，一般的作文题无所谓难易，你看台州这3年，台州这10年的作文题，你说哪个简单，哪个难，我觉得都一样，想通了都一样。当然，对孩子来说，特别是参加考试的孩子，变通还是有难度的。

刚才，我们讲了拥有一篇好作文、一个好材料之后怎么运用，现在的问题是怎样写好一篇作文。

大家看看这篇作文，这是上个学期，路桥区七年级期中考试作文题，《时间暂停片刻》，这是一个命题作文。

这篇作文是一个七年级孩子写的，因为期中考试我改作文，整个年级有400来篇作文，我全部看完了，改到这张试卷，我眼前一亮，时间暂停片刻，这个孩子竟然说要到书中去走一遭，到《红楼梦》这本书里走一遭。这孩子的审题思维非常有意思，时间暂停片刻，他跟别人不一样，你看他的选材，他的思维延伸到哪里，延伸到另一个领域，很多孩子选材，就是自己的家人、自己的朋友，在很小的圈子里在转，转来转去，写考试、写学习，这几个大家都写的话题，是吧？这个同学却能够跳出来，跳到读过的书这个领域去选材，这是非常有超越性思维的一个七年级的同学。这一点非常好，这是一个很大的亮点，所以我要鼓励，当时七年级期中考试，我就给这篇作文打了满分，打了40分。

当然这篇作文不是没有缺点。毕竟是七年级，思维的深度和广度还是有欠缺的，最后，我给这个孩子提了几个建议，重新修改。

首先，我建议，考场作文一定要点题，而且要尽量再明确一点。在考场上，一定要让老师一眼就看出来作文不离题，不要让老师花很多时间去找点题。因为老师改试卷的时间是非常有限的，你一定要树立一个观念，不离题是底线，没有这个底线，非常危险，一篇60分的作文，离题了，可能不及格了。只要不离题，一般 42 分左右就有了。然后再看有没有优点，往上打高分。那怎样做到不离题呢？很简单，文中多次出现关键词，在情节、在细节中勾连题目关键词，包括开头中间结尾不断切入关键词。

除了加强切题这一块，我建议在文章结尾部分，在思维的广度和深度方面再拓展一下。原文结尾说，我发现贾府衰落是当时社会一个必然的结果，一切的反抗都难以抵抗封建社会败落的结局，即使时间停留片刻，我也无力阻止这一出悲剧的发生，我本就是书外人，更是破不了书中局。

我觉得写到这里，如果思维再拓展一步，时间停留片刻，我又觉得其实我们没必要改变这悲剧的结局，你改变不了，其实你也没有必要去改变，思维更进一层，为什么没有必要去改变悲剧的结局？正如路遥写《平凡的世界》，写到田晓霞的死，路遥也只能泪流满面，不是路遥不能改变这悲剧的结局，而是没有必要去改变这悲剧的结局。这悲剧本身就有一种力量，有一种悲剧的魅力。正如福楼拜写到包法利夫人吞服砒霜时，他自己嘴里都充满了砒霜的味道。

对悲剧，原文还没有升华，把这个结尾加上去，可能就升华了。广度上从《平凡的世界》到《包法利夫人》，古今中外。从不能改变的悲剧到不需要改变悲剧，到最后品味悲剧，怎么品味悲剧？悲剧就是把有价值的东西毁灭给你看。时间暂停片刻，我想偏离这份纷纷扰扰的社会，亲近一次悲剧，我愿意假装一回书中人，悟一回书中局，我要细细品一回悲剧的美。这里有好几个层次，他可以超越一般的同学，这样的作文拿到中考去评价，也是高分作文，接近满分的作文，比如 57 分 58 分的作文，我觉得也是可以的。

其实这是个思维问题，由改变不了悲剧到不需要改变悲剧到品味悲剧的美，对吧？这就是个思维，连接的思维，你要会连接，所以我有一句话，同学们去好好品味一下，积累素材是基础，激活素材才是核心。

很多家长跟我说，我的孩子也看了很多书，对吧？看书不少，但是对他的写作没有发挥作用。因为你的这些素材是死的，积累是死的，放在那里是死的，激活才被你所用。《红楼梦》这个书，可能不止一个同学看过，其他同学也可能看过，但是你不会去连接，你不会想到这个独特的东西，你不会去联系，对吧？所以你要把自己阅读的素材激活起来，激活，把死的素材变成活的素材，激活素材。所以，我觉得首先要积累素材，没有积累是不行的，积累素材，才能激活素材。

也许有同学说没有看过《红楼梦》这本书，但是你看过很多其他的书，你看过《西游记》《骆驼祥子》，你能不能到《西游记》当中走一遭呢？你能不能到《骆驼祥子》这本小说中去走一遭，写出你的《时间停留片刻》,对吧？

你看过任何一本书都可以，它都可以打开一个非常大的选材空间，对吧？你会发现，写作讲白了，还是个思维问题，作文最核心的还是思维，写作就是思维与认知的文字化过程。我们很多孩子写作选材，书本空间没打开，书本是一个巨大的选材空间，你打开的话，无穷无尽，可以跟任何人不一样，你总看过一本书，印象非常深，这个题材选的多少新鲜，多少鲜活，多少独特，对不对？你跟你同学的现实生活是非常相像的，但阅读的天空是千差万别的，思维没有打开，就不能激活素材。

打开思维，家长可以做一件什么事呢，这个社会有很多东西值得我们去思考。比如一些社会热点，你怎么看，这就是一个很好的思维训练，让孩子学会思考，学会去连接，这是打开思维一个很好的方法。你不要看这些跟作文没关系，其实很多时候作文的思维就是这样练出来的，也可以就某本书、某场电影、感兴趣的话题，跟孩子聊一聊，对吧？

高分作文，还需要什么思维呢？我稍微简单讲快一点，有一篇作文讲的大概是这么一件事情，就是说有个孩子看到有个乞丐，她很同情这个乞丐，想给乞丐两块钱，但是给乞丐两块钱之后，她就不能坐公交车回家了，她又不想给了，因为走路太累了，绕了大半个城，太累了，写到这里，也没什么新意。但是这个孩子有一个地方很有意思。最后她怎么选择呢？她说，我最后没有把两块钱都给了这个乞丐。她把一块钱给了乞丐，另一块钱拿来打电话，叫妈妈过来接一下她。

这个素材蛮有意思，特别是最后这个情节，有新意。她写的初稿看一下，她说，我跑去小卖部，剩下的一元钱打电话，让妈妈来接我回家，当你觉得一个问题两个答案相冲突时，一定有一个 c 选项是两全其美的，只是你未曾发现，就这么一个结尾。

也就是说，她认为，把两块钱都给乞丐，跟把两块钱都拿来给自己坐公交车，都不是最好的答案，而是一块钱给乞丐，一块钱给自己坐车，写到这里，其实已经能够超越一般的孩子了。

初中生毕竟是初中生，他有那么一点点有新意的地方，至少要比平均分超 2 到 3 分。

这个素材是写温州中考作文题的，写有关"问题"这个话题的作文，那"问题"在哪里？对不对？你看，这件事中，有这样几个"问题"：钱要不要给乞丐，对不对？很多乞丐我是不给的，因为我怕他是个假乞丐，对不对？但是你为什么要给这个乞丐，要不要给是一个"问题"。在文中，我发现，这个乞丐乞讨是用目光来乞讨的，这一点让她有好感，他只用目光来乞讨，不像一些乞丐缠着你来乞讨。这个乞丐乞讨得非常有尊严。

第二，怎么给是一个"问题"。我怎么给呢？又遇到了一个"问题"，是不是？我两块钱全给，还是两块钱留给自己？怎么给？最后是给了一块，留了一块对吧？第三个"问题"是什么？给钱这个"问题"背后还有什么更深的"问题"？"问题"背后的"问题"。作文的层次就上去了，这就涉及一个更深层次的"问题"，就是我们怎么在帮助别人的时候又善待自己。对不对？帮助别人又善待自己，我们什么时候帮助别人，怎么帮才恰到好处，我们怎么帮助别人，让自己也能够非常愉悦，这是帮助的一种境界，帮助人是有境界的，帮助人是很有艺术的，或者说很有智慧，帮助人不是乱帮的，对吧？只要一思考，这个作文段位马上就上来了，拿到中考去，肯定也是高分作文，接近满分。最后我给建议做一个修改，我说你再联系一下，我说了联系思维、连接思维，由这个事情你又想到了什么，去年我们在抗疫，抗疫期间发生了这么一件事情，有一个八十几岁的老奶奶，捐款捐了 23.2 万元还是多少，反正是把她积攒了一辈子的钱全部都捐了，结果有人认为老奶奶钱捐太多了，她自己生活怎么办？老奶奶捐钱，其实跟你这个"问题"是同一个"问题"，对吧？都是如何帮助的"问题"。对老奶奶来说，很有可能她帮助别人的同时，自己又成了慈善的对象，帮助有困难的人，自己却成了一个有困难的人，对不对？这应该不是慈善的本意，这也不是慈善的本质，慈善不是这么做的，爱心没有大小，慈善应量力而行。当然，这只是一种思考。

最后，我们可以这样成文：我记得去年疫情的时候，看到过一则新闻，一个老奶奶攒一辈子的钱，总共 20 多万元，老奶奶慷慨地捐出了她所有的积蓄，却让自己日常生活都成了问题，奶奶的善良无私令人敬佩，可是帮助别人时不要让自己也成为需要帮助的对象，做好事量力而行才是正道，在处理问题时平衡好你的善良和理性，这样才是真正解决问题。

你看最后几句话，一下子这个作文层次，思考的广度和深度就出来了，一件小事"以小见大，由此及彼，由浅入深"，它呈现出来了。刚才连接的思维，就是由自己一块钱想到捐款的事情，思辨的思维是怎么平衡理性和善良，助人为乐和善待自己。

所以我觉得像这样的孩子，给他提升一下，是非常有意思的，但是问题是有的孩子写一篇作文，他没有可写点，一个点都没有发现。

我觉得，个性化的经历和思考是最好的可写点。我们现在很多孩子找不到"可写点"，你一旦找到了"可写点"，然后再提升，从广度和深度给你提升一下，那就上去了。

"可写点"首先要找到，这个"可写点"怎么找，又遇到一个问题，"可写点"怎么找？可写点，有的时候，其实背后是与你的理解能力，与你的思考网络是有关系的。

考试拿到一个题目，马上要写，一写就写公交车上让座，写父爱和母爱，就写爸爸妈妈送你去医院，为什么会自动想象到这里？这是惯性思维。所以我有句话叫作：对题目理解的广度和深度决定了你选材的范围，你选材范围为什么会这么窄？因为你对这个题目理解的广度和深度没有达到。

一个题目，理解有多么广，素材选择就有多么广；一个题目，理解有多么窄，只能选多么窄的题材，对不对？你对题目理解的广度和深度哪里来？你的写作理解能力一定是跟阅读理解能力相关的，你没有一定的阅读理解能力，写作肯定是上不去的。有的同学会从普通的选材中跳出来，你看，像刚才《时间停留片刻》这个选材对不对？时间停留片刻，你看他思维的深广度就不一样，他能跳到书里去思维，这跟阅读理解能力有关。

我觉得，很多时候，孩子在八年级之前，还是要多让他阅读，把他阅读理解能力先提升上来，理解的能力提升上来了，写作选材范围才会广，选材范围广，我们再从深度广度上去提升，总之阅读理解能力是写作的基础。

最后还有一个反转思维的问题，因为时间关系，我简单举一个例子。

我们看一下有意思的一个网络片段：我接到骗子的电话，今天是你的生日，只需要你给我汇转 100 块钱手续费，就送给你一部华为手机。

骗子对不对？骗子。继续往下看——

我知道他是个骗子，但我还是给他转了 100 元。

知道骗子还转了 100 元，注意总共两三百个字，但思维的含金量非常高，他怎么转？我觉得这就是个典型的反转思维。

你看：

因为他是今天唯一一记得我生日的人。

给他转 100 块钱，这不符合常识，但是还没完。我们继续看——

过了几天，又反转了，我真的收到了一部华为手机。继续看——

因为骗子说长这么大，你是唯一一个相信过我的人。

很短，但反转的思维含金量很高。可以这么说，写记叙文的同学，你如果把这个片段看懂了，你把这个里面思维的层次和逻辑搞清楚了，你就掌握了所有一波三折情节编织的钥匙。

不要小看这么短一段，它有几次反转，有两次反转，对吧？我们很多孩子在一篇作文当中，能够做到一次反转，就很不错了。

秘诀在哪里？大家看秘诀在哪里？反转的思维秘诀在哪里？其实它就遵循了一个"情感因果"的逻辑。你看，对方是骗子，却还交了手续费，是他傻吗？不是,是因为孤独。因为除了这位骗子，没有人记得他的生日,孤独。这个骗子给了他手机，因为什么？他缺少信任，他被信任感动了。这个反转的背后，情节意外，理由也很合理。它遵循的是一种情感因果、情感逻辑，它不遵循理性因果。如果按照理性因果的话，我们看了这个让你转100块钱的短信，肯定不理他，这是理性因果，对不对？但我很孤独，我宁愿相信他，我孤独到会相信一条诈骗短信。这就很动人，打动人心的地方就在这里，这就是情感因果的力量。很多以情动人的记叙文，都遵循这种情感因果，而不遵循理性因果，这就是一把思维的钥匙。

今天我讲的所有话题,就是思维。主要讲四种思维:变通思维、连接思维、思辨思维、反转思维。

初中高分作文，捷径在哪里？我们用一个素材可以打通很多题目，但是你会发现真正能够用起来，其实是不容易的。思维需要训练，才能成为一种品质，而且需要一个长期的训练。所有的横空出世都是一种厚积薄发，真正的捷径可能都显得特别漫长。大智若愚，大巧若拙，一心想走捷径，却往往绕了最远的路。

我觉得，还是从踏踏实实工作，从自己的思维改变，从点点滴滴生活当中进行思维训练开始。高分作文，应该让我们的思考有角度、有深度，让阅读有厚度、有长度，让心灵有宽度、有温度。

最后讲一个关键词，高分作文的路径在哪里？其实最远的路也是最近的路，最踏实的路也是最短的路，我觉得应该在变通思维中学会变通，在连接思维中学会连接，在思辨思维中学会思辨，在反转思维中学会反转，这可能是一条不是捷径的捷径。

第三辑　历史履痕

蒋胜男

浙江温州人。知名作家、编剧。温州大学网络文创研究院院长，第十三届全国人大代表，第十四届全国政协委员，第十四届中央民革全委会委员，中国作协第九届、第十届全委会委员，浙江省网络作协副主席。代表作《芈月传》《燕云台》《天圣令》《历史的模样》等。

从 "天圣令" 看宋韵文化

今天很开心到这里，来跟大家见面讲座。也刚好是因为来之前，我刚刚得到消息，《天圣令》荣获了新闻出版署 2021 年 "优秀现实题材和历史题材网络文学出版工程" 的入选名单，因为这个是全网全年就只有 7 部，《天圣令》是唯一一部古代历史题材的入选作品，所以我也觉得是大家给我带来了好运气，谢谢。

台州这个地方，其实跟我们温州以前是很像的，以前一直连在一起叫温处台，就是温州、处州、台州，处州就是现在的丽水那一带，而且都是在宋代的时候有一个高度的经济和文化的繁荣时期。究其原因就是宋代开始的时候，因为它是承五代遗风，我们都知道赵匡胤杯酒释兵权，所以他接手的是一个完整的政府，从好处来看，它动荡比较少，从坏处来看，它的利益集团已经板结，所以北宋一开始所谓的 "土地不抑兼并"，并不是他自己制定的政策，而是它接手了一个既得利益集团以后，不得不为之进行的妥协，这也导致了北宋中央财政，很难依靠土地税，这个原因迫使宋代开始大力发展商业，去征收商税。就像现在我们有很多国营单位，但实际上可能宋代的国营单位更多，所有赚钱的部门都是国营单位，甚至汴京城一大半的房子都属于国有，大家都是租房，连宰相都有可能是租房子住。北宋刚开始的时候，北方集团占据大多数重要位置，南方官员是受到歧视的。但后来为了经济促发展，不得已也要任用很多原来南方的这些官员，尤其是像南唐、吴越这一块的官员，来发展经济，所以也带动了江南整个经济，或者是整个北宋经济的一个大发展，到南宋是更加进一步的发展。同时也是因为他接手的是一个士大夫利益集团很强大的王朝，所以宋朝为了有更多自己的人才，它大量地增加了科举，像唐代科举一次就是取士二三十人，北宋一次科举可能就一两百人、三五百人都有，这样的官员扩张，就导致我们说的官员需求大爆炸，所以原来的官僚体系，家族培养已经赶不上了，所以民间的书院、民间的书塾大量发展，民间甚至是底层老百姓的文艺素质，宋代的这些话本、讲书这种艺术也都大量的发展，所以导致宋代整个文化蓬勃发展。所以我们一提起宋朝，我们会想到《清明上河图》，会想到《千里江山图》，这些繁荣是从哪里来的？

《天圣令》这本书里描绘了宋朝初年，王朝怎么样面对五代十国的这种，完全不过三代的历史魔咒，这个历史魔咒已经沿袭了五个朝代，宋朝会不会成为第六个短命王朝？面对几乎板结的士大夫运行的行政机制，和导致五代以来这些武将的权力过大的痼疾，应该如何处理？

实际上宋朝初年的时候，因为五代留下的原因，中央王朝变换太快，很多军队归于将领私属性质，这样就形成了皇帝指挥不了将领，高级军官指挥不了中级军官，所谓"将骄逐军、兵骄逐将"的情况。

我们只知道澶渊之盟的时候，辽人一直打到离汴京城非常近的澶渊，宋真宗想逃跑，被寇准逼到了澶渊前线，然后跟辽人签订了盟约，但是你实际上不知道的是，宋真宗并不是一个胆小的人，他在继位之初，听说辽人南下的时候，他是亲自率了自己的御林军，一直到大名府，就现在北京这一块附近，幽州附近，以非常近的一个状态去进行对抗，甚至是自己站在城头战争的。为什么第一次宋真宗御驾亲征面临大名府对抗辽军，因为他继位的时候，派了他的一个心腹大将傅潜去到北方统领八万大军，准备与辽兵决战，宋真宗为此自己亲临到大名府，结果傅潜的军队没有来，只是当宋真宗回城的时候，辽兵退了以后，傅潜才过来，所以傅潜当场被免职，但是后来又被恢复官职，原因是什么？在史书上你只看到就傅潜胆怯畏战，但是再往前看，宋史个人传，就傅潜个人传里头，你就会发现傅潜这个人是一个特别不怕死的人，在宋太宗的时候，他率着几百人的敢死队冲锋夺城，他身受重伤都不会退下前线，为什么这么一个人到了宋真宗时代变得胆怯畏战？宋真宗罢免了傅潜以后，就任用自己潜邸当中亲自提拔的一个更亲信的将领王超，也是这一次宋真宗自己北上的时候的先行官，实际上那场战斗，就是傅潜没来的这一场战斗是王超指挥的，然后让他去统领12万兵马。宋真宗自己面临去澶渊的时候，他也不是说寇准叫我我就去，他的底气是王超还有12万兵马在萧太后的后路，所以他在亲临澶州的时候，他以为王超的兵马会过来，会把萧太后"包饺子"，结果王超的兵马不动。萧太后为什么当时也愿意签订这个盟约？因为她也知道背后有王超的12万兵马，她当时就是想直插入开封下面，等王超兵马没到，这样的话就先去占领汴京城，如果已经赢了，就可以回去。但是她没想到宋真宗自己到了澶州，战局进入僵持状态。所以这属于宋辽两边的统治者"麻秆打狼两头怕"，都是害怕自己会被对方"包饺子"，所以才签订了澶渊之盟。但是最后大家也会发现这个盟约对他们起到一个非常好的作用，对宋朝来说能保持太平进行发展，对辽来说也是推进汉化发展经济。双方盟约执行了120多年，不要小看这120年，我们新中国建立到改革开放，发展到如今这样的水平，这120年对宋辽、对整个中国来说，它的文化经济的繁荣带来的影响非常大，因为实际上人类自有历史以来，真正的和平期不超过300年，所以这120年的发展是得到了非常大的一个好处。所以我们现在讲起来会用后来者的观点，说为什么宋朝不去收回幽云十六州，如果当时宋朝有幽云十六州，就不会被金兵南下了，或者北宋不会灭亡了，但是谁能料想到120年以后的事情？而且哪怕有幽云十六州，你遇上一个败家的昏君，谁能想到说我120年以后有个败家的子孙，他把家败了，"锅"还能甩到120年前的祖宗上，至少这祖宗给了你120年的和平和发展的时间，所以这个事情我们都是要用当时当事人的一个状况来讲的。

有一个非常有意思的事情，就是我们的历史，我们过去小时候，我不知道大家看的历史，基本上我们不怀疑，我们看的历史，要么去争皇位，要么是后宫斗，要么就是忠臣奸臣，要么是贪官清官，要么是改革和保守，其实到了最后你会发现所有的争议，都在皇帝金殿的事，是在一个房子里发生的事，所有的矛盾都发生在这里。在过去的话，我们是在列强的包围下，我们独立、埋头发展，我们要在发展中排除干扰，我们要保持清廉，我们要走对的路，在这样的历史观上，我们会有这样的一些历史剧。包括前面一直在说，为什么我们现在的历史剧看的人不多了？为什么历史剧的收视率日渐下降？为什么只有叫好的，不见叫座的？甚至说现在年轻人宁可去看一些胡编乱造的东西，也不去看一个认认真真做历史的剧呢？我觉得一方面你可以归结为时代的发展，但另一方面，会不会说我们还在刻舟求剑，我们还停留在过去，我们创作的整体的思维方式，跟不上这个时代年轻人对世界和对事物的看法。

我相信大家在读书的时候，估计在背时事政治的时候，可能是国内新闻和国外新闻一样多的时候，我们是处在一个21世纪地球村的环境，我们是处在一个改革开放的环境，我们出生在改革开放里头，我们是一个5G时代，可能前天卡塔尔小王子头巾一掀，我们就知道，吉祥物的手一招，可能联网互动半个小时内我们就看到了。在这样的一个情况下，我们再用传统的历史叙述的方式，跟现在的当下的年轻人，他的共鸣度是不是不高？包括我们说在写《芈月传》的时候，写先秦，我的主角是秦国的太后，按照传统的写法会是怎么样的呢？我的主角一定是最正确的，秦国一定是代表着最正确的方向，包括商鞅一张口，诸子百家全部一起滑跪的，然后秦国军旗一张，六国君王个个都是又猥琐又愚蠢，不是蠢就是坏的这么一个状态。这样的一个状态故事来说，当下的年轻人会有一点共鸣，但没有那么强，他的确是有爽感，但是这个爽感跟是不是历史剧的爽感，其实没有什么区别。我们看历史剧看的是什么？我们会不相信，我们会不相信为什么只有你一个人是对的，所有人都是错的，所有人都是蠢的，我们不再相信这样一个方式。

人类面临历史的十字路口的时候，一定是这个世界上所有的精英都在想办法，都在找路，都在试错，都在踩雷，最后有一些走上对的道路，但不表示那些之前探错路的很多人，他就是蠢的，他就是坏的，不需要你去了解，根本不需要你去明白的，只要嘲笑和批斗就好了。如果我们秉持这样的思路，我们在下一个人类的历史的十字路口，我们只会走上过去那个愚蠢的角色一样的路，我是对的，然后按照这个路子走下去了，成为历史的炮灰。而你只有足够去尊重每一个人，去研究每一个前人踩过的雷、踩过的坑，去研究他在选择这条路的时候，他的思维逻辑，他的判断原因，你才能够知道什么叫作"以史为鉴，可以知得失"。在过去，我们是有一个目标，我们朝着这个目标去赶超。而现在，中国发展到这样的一个体量，中国在全世界，它是一个举足轻重的超级大国，我们现在讲的不是超英赶美，我们在讲人类命运共同体，中美两国的大国都到了这个体量的时候，我们不再是说跟我意见不一样的都是坏人，那是幼儿园小朋友的思维，幼儿园小朋友走路被椅子绊倒了，他会把椅子踢一下，说这是个坏椅子，两个小朋友跑过来，啪，撞到了，请问哪个小朋友是个坏蛋？最终我们以成人的思维，我们两个人相撞了，不同的利益群体，因为不同的意识形态、不同的传统文化、不同的利益诉求，甚至不同的行为，发生碰撞的时候，不是说他是坏人，我要代表灭霸消灭他，而是我们尽量把不愿意坐到谈判桌上的人，让他坐到谈判桌上，然后我们一起来聊解决方法，哪怕他不愿意坐下来，但你把他拉到坐下来，哪怕他不跟你谈，你也是成功了。这就是我们当下中国对世界的思维模式，和我们对于历史故事，对什么样的历史故事，他会有所共情的东西。

包括《芈月传》，为什么会有黄歇这个人物？不是为了出来跟芈月谈恋爱的，当然电视剧过多地渲染了恋爱的部分，包括秦王也是这样，我就觉得谈恋爱多了，虎狼之君的味道少了，也包括黄歇初恋情人味道浓了，春申君的味道浅了。但是我设置黄歇，设置义渠王，芈月成为大秦太后，甚至一统天下的时候，你会发现很多意见不一样的人，包括屈原，她的老师，包括黄歇，她的爱人，对她来说，他们代表着过去，在楚国的自己，属于楚国的那一部分，属于故国的那一部分，属于自己身上分割出来的一部分，理念这块的冲突，也是属于秦一统天下的时候，六国、诸子百家对于维持现状的那一部分人，跟一统天下的思想这块的对抗。

也包括为什么去写《天圣令》？表面上看是写刘娥这个女性的一生，

但是我为什么要写她呢？我不是要写她，我是写这个时间点，写宋朝建立以后，从太宗、真宗、仁宗三朝，从宋朝是如何摆脱这个五代三世而亡的魔咒里头走出来，从一个像五代一样的分裂政权、分割政权，成为宋朝整个南北一统的，并且绵延数百年的大国，这才是有意思的故事，它会是一个历史时代的群像，在这个历史群像里头，很多人的意见不一样，政见不一样，对事件的看法不一样，但它里面没有简单的幼儿园小朋友的，不跟我玩的都是坏人的这种思维模式。我们的文学创作，我们的历史创作，要走出"不跟我玩的就是坏人"的这么一个思维模式了。

话说回来，为什么写这个故事？这个故事我当时写的时候开玩笑，我跟朋友说，这是我写过最穷的女主角，就是出场最穷的女主角，我之前不管写武侠或者是写历史，你像芈月，虽然她一生波折，她还是个楚国的公主，像萧燕燕，她一出来就是属于贵族家的女儿，但只有这个故事，女主刘娥，她是一个四川逃难的难民，她一个小姑娘，当时为什么从四川走到汴京呢？当时才十三四岁的一个小姑娘，怎么样一个人走到汴京？很大的一个原因，就是当时四川，就是蜀中一直在发生兵乱，宋太祖虽然当时灭了后蜀，但是他对当地老百姓没处理好，所以一直在发生兵乱，这个兵乱一直延续到后面的……李顺起义以后，他派了张咏去治理蜀中才得以平息。这个故事还是从兵乱开始逃难，所以我说自己的故事女主角一开始就是个狼灭，就是个狼人，第一场她是一个从死人堆里爬出来，啃生肉、喝生血的川妹子。她在跟这些难民、跟野狗去拼刀子，去抢吃的，什么都吃的这么一个状态下，她进入汴京城，甚至是在瓦肆卖唱，在王府为奴这样的一个经历。所以她跟传统我们要写的一个女主角，可能一开始傻白甜，慢慢地就被人家害了，她就开始黑化，然后获得了胜利，我觉得这个对小姑娘的误导是很大的，就是你智商不够，黑化了也没用，你智商不够，你是个白的，人家欺负你一下，你黑化了，人家打你就更有理由了。这个典型的故事，我不知道大家有没有看过，《金瓶梅》里头有一个很有意思的角色，叫作宋惠莲，好像是西门庆的三姨太还是四姨太，她有一手好厨艺，可以把猪肉炖得特别好吃，西门庆常常在来了贵宾以后，叫她去做这一道菜，这个人就是属于智商不够，还特别喜欢黑化的，然后每次她一黑化就被暴揍一顿，甚至是所有的人可能揍她一两顿，她永远是一个企鹅群里的豆豆，什么叫企鹅群里的豆豆？这是一个段子，假设一个记者去采访一堆企鹅，说企鹅平时干什么？企鹅说三件事情，吃饭、睡觉、打豆豆，问到最后一个人说，你平时干吗？吃饭、睡觉，他说你不打豆豆吗？那企鹅哭了，说我就是豆豆。宋惠莲在《金瓶梅》里面就是一个企鹅群里的豆豆，甚至是到了丫鬟春梅后来上位以后，还特地把宋惠莲买过来，一天三顿地打她，一直打到剧终，为什么？实际上大部分的人，你在很多的时候受到了欺负，在法治社会，你是可以报警的，因为很多的时候，法律是保护弱势群体的，但是弱势群体没有足够的力量，大部分黑化的时候，你要有智商和能力，你要各方面都比别人强的话，你就不会受欺负，你如果要报复别人，你在各个方面又扛不过别人的话，你会更加受欺负，要改变这个局面，有救济的情况下，你可以去报警，你去申请帮助。

而《天圣令》这个故事里头，刘娥对人对事的态度，她一开始是一个小野狼、小刺猬，对谁都充满了攻击性，而且还算是非常聪明的一个小姑娘，但是她对人对事的态度，随着她走进王府、走进皇宫以后，她的眼界、格局、心胸逐渐打开的话，她对人的态度是渐渐收拢的，她会一次比一次更宽容，甚至对于我们来说，可能一次比一次更顺了，为什么？这跟我们原来理解的所谓的宫斗剧的思维方式是不一样的，但是我们要知道你在一个社会里头，你越要往前走，你越要多帮助别人，你才能够得到别人的帮助，小孩子才会带攻击性地去保护自己以为强大，成乇人的强大是拥有更多帮助你的人，同时拥有更多帮助他人的能力。

同时这个故事，为什么我会那么去描绘？因为写芈月，写的是大争之世，周边的环境已经战乱频繁几百年，你必须要时刻保持一种战斗性，也包括萧燕燕，她对任何事物的勇敢和这一块的勇气和能量，因为在辽国那个时代，你面对草原文化的时候，你要推进新的改革，你要拥有不熄灭的勇气和能量，而在宋朝，对于老百姓的感觉来说是从藩镇之乱开始，它一直就是各个州军阀占据，然后互相攻击，大战小战已经一百多年，在这样的情况下，如果对我们来说，以牙还牙这种思维方式只会让宋代变成五代以后的第六代，而只有克制，并且把所有的人都拉到这一张叫作"克制"的桌上，你才能够赢得这一局棋。所以宋代整体的政策，他对武将是杯酒释兵权，是高官厚禄，用财富、用利益去交换他们手里的兵权。用文人的话，你要在过去战争这么多年的打压下，你要鼓励文人勇敢地站出来，参与国家的事务，参与社会的重建，所以宋太祖是不杀士大夫的。所以在这样的一个大时代里头，这样的一个角色，刘娥身上其实就是那个时代的缩影，从乱象中露着牙齿、露着爪牙走出来，杀出一条血路以后，你就要穿上衣服，成为一个文明人，你要克制自己每一次的攻击的欲望，把所有的人拉到和平和发展这一张桌子上。

像前几年中国当时经济发展一定体量的时候，特别流行一句话，叫作修昔底德陷阱，据说是一个新兴的大国，一定要跟原有的一个大帝国之间来一场大决战，要么死一个，要么两个一起死。这一套理论我们也知道是从哪里来，但是人类的政治经验中，对两个大国之间的相处情况并不只有修昔底德陷阱，中国历史上还有一个澶渊之盟。当时辽是一个大国，实际上辽比宋，可以说早了几十年，宋崛起以后，宋辽之间发生过数次大战，最后变成一个澶渊之盟，并且双方把这个盟约维持120多年，实际上一个重点就是宋有了制衡辽的力量；第二，辽在向着汉化去改革、去发展，而且当时双方的，不说统治者，就是统治阶层整体的上层，他都有这个意愿，最大的意愿就是我不能够再来一场大战，把盘子打散了，又恢复到五代割据的这么一个状态，这对于他们来说是当时压倒一切的重要的一个使命，所以才会有澶渊之盟。

中国5000多年的历史，它很有意思，你会发现中国是地球上唯一有延续的几千年的文化、人民、土地、血脉，它几乎不变的这么一个国家，在人类的新的历史十字路口，在大家的体量都发展到一定的强度下，是不是这个世界不再只有一种文化去主导。为什么说我们现在要恢复中华文明？它不是一个政治口号，是我们真正可能需要向我们的历史去寻找解决当下危机的政治智慧。人类的发展与整个宇宙中，你会发现就短短几千年，甚至可以说近期短短几百年，发展到这个程度，它是令人吃惊的。过去很多历史不能拥有当下，更不能拥有未来，但是有时候你会发现，很多在21世纪人的行为模式，你都可以依然追溯到原始人的状态，你会发现我们现在为什么不如过去了？为什么不如过去自在？为什么不如过去自由？它很有意思，你知道原始的时代，它在春暖花开的时候，猎物丰盛的时候，果子丰盛的时候，原始人在洞穴口，把一口大锅烧得热热乎乎的，他就会叫来来往往的这些野人、游荡的人，甚至对面洞穴的人过来，我家有肉汤喝，我们是有爱、热情、仁慈的好伙伴。冬天来了，雪花下了，没有猎物了，洞穴里面的人把锅一端，先把我这个核心族群的人保住再说，至于外来的流浪的野人，一脚赶走，手赶不走，用脚踹，踹不走，拉进来放进锅里一块炖，你会发现原始人当下还有。

所以写历史有什么用？在最早的时候，我们可能先告诉你一些有意思的故事，然后告诉你谁成功了、谁失败了。但是我们如果只限于这个东西，在历史面前，你永远是小学生，你只有到了社会里头，进化了以后，你自己重新去看，你要进化成这个时代的中学生和大学生，很多就不是学校的课本里头告诉你的，那就得需要你自己去思索，历史这本大书不仅仅是几个故事和几段意义，去背诵，小孩学会了背书，成年人应该学的，是我们前进中的经验，所谓以史为鉴可以知得失，是你自己知得失，不是叫你听得失，知之为知之，听之为听之，不知为不知。知识知识，你既要知道，还要识别，很多人在某些方面是知道分子，不是知识分子，熟练地运用着昨天晚上自媒体刚刚告诉你的消息，然后你就会觉得我比你的消息快人一步，这个没有用，你必须要知道昨天晚上给我的100篇推送当中，他写文章的意图是什么，这个东西放到社会上，它会引起怎么样的一个东西？就是你在每一件事情上都是三个人生自问，你是谁，你从哪里来，你到哪里去，这写的是什么？打算做什么？然后它的结果会是什么样？

我们说看书是什么？看书是跟很多的人交流不同的思想和看法，只有老年人才会每天只看《四郎探母》，只看《狸猫换太子》，然后每天哼着那段唱腔 100 遍，他只会在自己熟悉的旋律里头找到感觉，找到愉悦的感觉。而我们现在很多的互联网小说是怎么样，你会觉得看 100 篇和看一篇没有什么区别的时候，我就希望大家能换一个频道，你看言情的书，好歹你看看军事，看看现代的都市，它会给你的大脑皮层不一样的刺激，而不至于觉得今天宫斗、明天宫斗、后天宫斗，今天霸总，明天霸总，后天还是霸总，这样子的话，到了今后可能小说不足以满足你，你就去刷短视频了，最后你会发现所有的故事都只有大强和小美，到了最后，你会发现你的世界也只剩下大强和小美，至少我觉得这样是挺无趣的，也挺可怕的。

我觉得所有的故事、所有的好的文学作品，不在于告诉你说《天圣令》讲了主角怎么样遇难成祥，怎么样可歌可泣，怎么样爱比石坚的故事，我更希望大家去看主角故事以外的种种解释。有时候想历史是一条长河，两岸的景色美不胜收，而主角，我为什么挑了芈月，或者挑了刘娥，或者挑了萧燕燕的故事，或者是你从影视化里头看到这个故事，我觉得更多的是希望你在这个故事里，打开你对这个时代、对于这个时代历史的兴趣，这个故事只是把你引导下，告诉你，你以前从来不看先秦的，或者你从来不看辽国的，或者你从来不知道或者是你没看过宋代历史，你为此对于这个时代、对于这个文物、对于这些文化、对于这些东西，开始感兴趣了，而不是每天都看《四爷很忙》《雍正在谈他的第 101 次恋爱》故事。

何方形

浙江台州人。1984年毕业于浙江师范大学中文系，现为台州学院退休教师。先后主持浙江文化研究工程《浙江山水文学史》《三台宋文》，出版《中国山水诗审美艺术流变》《唐诗审美艺术论》《戴复古诗词研究》《王士性研究》等专著五部，在《浙江社会科学》《民族文学研究》等刊发表中国古代诗词、山水文学、地方文化等方面的论文近五十篇，获台州市哲学社会科学成果奖四次。

宋 韵 漫 谈

　　首先讲一下什么叫宋韵，宋韵这个概念有点复杂，三言两语不一定讲得清楚。我个人觉得现在的生活就是宋韵，这是总体上与宏观上。中国文化分为两种，一种叫唐型文化，唐代以前的基本上属于唐型文化，宋代以后的基本上就属于宋型文化。实际上我们现在的生活在自觉不自觉中，包括你所说出的话，实际上就是宋韵文化，已经很少有唐文化。我们一般把唐文化叫唐音，把宋文化叫宋韵。唐代总体上比较张扬，比如李白说"天生我才必有用"，就是唐代文化；宋代苏东坡的才华不在李白之下，但他很少说这样的话，很有名的一句叫"腹有诗书气自华"，这就是唐型和宋型的差别。唐代人张扬、乐观、健康、向上，再换一个词来说叫狂妄。宋代以后开始内敛、自省，比较理性，各方面考虑比较周全。苏东坡的意思是，我把书读好，我相信气质在生活各个方面都能显示出来，所以为什么说我们现在生活就是宋韵，你在生活中更加理性，实际上就是宋韵。

　　李白的"飞流直下三千尺，疑是银河落九天"，那就是唐代人写的庐山诗，苏东坡这首大家也都知道，"不识庐山真面目，只缘身在此山中"。唐宋的两大高手来到庐山，写的都是七绝，但是角度、定位、诗性、风格完全不一样。李白是浪漫、想象、夸张，苏东坡是哲理深邃，这是我们现在所能看得出来的最大的差别之一。从此以后看庐山，那就完全是另外一种感觉，我们现在叫作宋韵。

　　只有学唐经典而入，才能得宋精髓而出。我们现在讲宋韵，不能单单讲宋代文化，应该从唐代开始讲，唐诗原来在不同地方都讲过，我就不讲，但是你一定要学唐代的经典而入，也就是你要学苏东坡，就必须从李白和杜甫而入，你不懂李白与杜甫，单单讲苏东坡那不行，他的精髓是出不来的，所以我觉得宋韵比较有机地融合了唐音，而唐代的文化很难包括宋代。现在我们中国人可能也很看不上自己宋代以后的文化，但实际上西方，包括日本，研究中国的历史，推崇宋以后的近代化趋势，现在我们讲现代化和近代化，宋代以后开始走向近代，就是朝世界格局的。

　　整个讲座分为两个部分，第一部分叫宋韵文化，第二个部分叫三台宋韵，就宏观上讲一下宋韵文化，微观上讲一讲我们台州的宋代文化。关于宋韵，我想从文化的角度分为三个方面讲一讲。第一是文化心态，唐人和宋人完全不一样。唐代人往往难以解决出处进退问题，有机会做官就张狂，一旦人生遇到挫折就很低落，往往走向极端。李白最为典型，有机会做官就"仰天大笑出门去，我辈岂是蓬蒿人"，没想到到首都以后，生活了三年，742 到 744 年，这三年干什么呢？什么官都没有，我们现在都知道李白做过很得意的、经常回忆的一个官，叫供奉翰林，所以说我们现在叫他李翰林或李供奉，这是唐玄宗专门为李白定制的一个官。唐玄宗很有意思，看你这个人特长是什么，为你打造一个官。我们台州人都要感谢他，郑虔是我们台州人最应该感谢的古代人之一，我认为作为台州学院的学生，要感谢三个人，第一个就是唐代郑虔，第二个是宋代朱熹，第三个是清代刘璈，这三位是我们台州教育事业上三个里程碑式的人物。郑广文的到来，才有我们台州真正意义上的第一次教育。郑广文的官叫广文博士，就是唐玄宗专门为他设了一个单位叫广文馆，任命为博士。我们现在这个博士是学衔，古代的博士是一种教职，像我们这里叫教授，大学教授在唐代叫博士。我们知道韩愈在国子监当过四门博士。广文馆博士这个官留下来，所以广文馆一直有。李白当供奉翰林，这个官在我印象中就没有了，就是给李白设置的。供奉翰林这个官翻译出来是什么意思呢？就相当于文化部专业歌词创作员。我们前几年一位阎肃老先生，《敢问路在何方》《红梅赞》等都是他写的，他就是我们文化部的专业歌词创作员。供奉翰林完全偏离了李白的方向，所以后来就说我不干，叫自请还山，我回去当道士了。李白离开长安的时候"五噫出西京"，就是感叹不完，和当年的"我辈岂是蓬蒿人"完全不一样，但这就是李白，有做官就狂妄、得志，一旦没做官，觉得人生就一片黑，这社会怎么会这个样子。

苏东坡比李白要惨得多，既没有李白那种狂妄，也没有李白动不动觉得人生彻底没希望了。他到每个地方都觉得很好，我们知道他到广东的时候写过一首诗，"日啖荔枝三百颗，不辞长作岭南人"。把我贬到岭南还觉得很好，李白最多就贬到夜郎。

中国古代贬官文化很有意思，贬到什么地方很能反映一个时代的文化。唐代贬到岭南基本就等于判死刑，贬到海南岛，那就不用说了，贬我们台州，现在如果把它翻译出来，相当于判处死刑缓期两年执行。我又回过来讲郑虔，郑广文当时五十六个人被抓住，一等罪就是弃市，这是古代最惨的。你们路桥都有市场，把你弃到市场，什么意思？把你抛弃到热闹的街道，这是古代一种刑法，把你砍为两段，扔在小商品市场门口，不能收尸，这叫弃市，像董卓就是这样子的，干什么呢？让你子孙后代没有脸面。第二等叫赐尽，一般赐你回家去了断，这是我们现在电视剧经常看到的，一杯酒、一根白绫、一把宝剑，回家去搞定，这很体面，为什么呢？你可以好好地死了，死了以后可以安葬，还可以敲锣打鼓送出去。再下面就是三等罪了，以郑广文为代表，远贬，不是一般的贬官，贬到比较远的地方，比如唐代的台州和宋代的岭南。明代的时候一般贬到更偏远的地方，明代如果到我们台州来，那就不叫贬官，算是很有面子的一个地方官。清朝初年就贬到黑龙江的宁古塔了，清朝中晚期贬到新疆的乌鲁木齐、伊犁等地，那才叫远贬，纪晓岚就贬到过乌鲁木齐，那个时候叫迪化，林则徐贬到过伊犁。

苏东坡贬到广东，他觉得不可怕，但是后来贬到海南岛，他也知道自己肯定完蛋了，但他不像李白一样说那种丧气的话。没想到两年以后苏东坡没有死，宋哲宗死了，而宋哲宗没有儿子，最后由赵佶，也就是哲宗的弟弟当了皇帝。宋徽宗是个书画家，宋韵文化和他很有关系。宋徽宗当了皇帝以后，就问有一个叫苏轼的人到哪里去了，人家说已经贬到海南岛去了，这个时候就特赦，但是很可惜，苏东坡在1101年那一年，66岁，身体不行了，所以他从海南岛回来的时候，没有回到开封，回到我们现在江苏的常州就去世了，农历的七月二十八日，夏天，像我们现在差不多，一个66岁的老头，所以他就走不到开封了。但不管怎么样，宋韵文化心态很重要。所以宋代知识分子总体上就比较励志、比较平和，苏东坡贬官的地方，在当时北宋的东西南北，最东到过现在山东蓬莱，他实际上总共5天就回去了，据说运气很好，就看到了海市蜃楼，他觉得很满足，他是这么一个人。他到过最北的定州，就是现在的石家庄正定，这是北宋最北边，然后贬到过海南岛，所以他到过整个北宋的东西南北，他整体上来讲还是比较理性的。

宋代以后，慢慢地就开始面对现实，面对现实就是一种宋韵文化。

第二个讲一下文化形态。我们现在一般讲一个人有没有文化，4个字：琴棋书画。宋代以后能做到，唐代也能做到，但重点不讲这4个字，唐代人要突出某一方面，比如说杜甫叫诗圣，李白叫诗仙，王维叫诗佛。宋代以后，我们一般讲一个人有文化就讲4个字，琴棋书画。实际上真正素养上面还有一个字，叫诗歌的"诗"，诗歌的"诗"才是形而上，琴棋书画还是形而下，中国古代人真正有没有文化，看你能不能写诗，能不能把诗写好，然后再来考察第二个层面。

唐朝最突出的就是诗歌，宋代以后，应该讲诗词文赋样样精通，苏东坡就最典型，所以从这个角度上来看，我们中国文化最高的是宋韵，宋韵文化最高的人物就是苏轼，只有苏轼才能真正做到诗词文赋样样精通。但是按照苏东坡自己的说法，有三样相对差点，第一样是喝酒，酒量有限，第二样是唱曲，第三样就是下棋，围棋不怎么样。我们知道东坡肉，他的喝茶，他的佛学，无所不通，他的诗肯定是宋代最好的。他的文章是唐宋八大家，乃至整个中国文化素养应该是最高的。除了喝酒、唱曲、下棋以外，大概就无人能比了。

实际上李白的文章写得不错，李白的书法，你百度搜索能搜到李白唯一传世真品，叫《上阳台》，一看这是个大书法家，但是我们很少讲李白书法。杜甫的文章也写得很好，但是我们一般讲到李杜就是诗仙、诗圣。而到苏东坡，你就很难说他的诗词、文赋、书法、绘画，谁比谁好。明代徐文长也是诗词、文赋、书画都很好。所以苏东坡以后，我们讲一个中国古代文人，一定要诗词文赋、琴棋书画，再加上天文地理、鸡毛蒜皮，这16个字加起来才叫很牛，而唐代以前我们不讲这个，李白、杜甫就讲诗。

杜甫的赋，这里简单讲一点。杜诗风格沉郁顿挫，这原来是杜甫对自己赋的风格的评价。杜甫的赋在当时比诗的地位高。唐玄宗就是看上杜甫的赋不错给他做官。

唐代人喜欢牡丹，唯有牡丹真国色。牡丹雍容华贵，唐代牡丹诗很多，还有武则天的各种传说。唐代的东都在洛阳，这和洛阳牡丹有关系。宋代以后写梅花。现在我们会打麻将的人知道，麻将里面有梅兰竹菊，梅花放在第一名，如果麻将发明于唐代，第一名就是牡丹。宋代以后的人都会写梅花诗，几乎不大写牡丹，而唐代最牛的就是牡丹诗，这是唐音与宋韵的差别，唐代人喜欢牡丹，这是国家的气势，宋代人喜欢幽雅，幽而雅才叫美，叫幽香。梅花还有一样东西，叫偷春色而先开，春天还没有到，先有梅花，给你带来春天的气息，真的春天到了，我就悄悄地离开，就有一种气势。

唐诗宋词元曲，为什么会这样？这是一种必然，在唐代肯定就写诗，宋代人就必须会写词，元代人就会作曲，这和文化有关，其中一个很重要的概念叫市民文化。唐代没有市民，一定要注意，唐代有城市，但是没有市民，比如唐代的长安，我们知道很大，120万人口，长安是没有市民的，长安只有这几种人：皇帝、皇室人员、国家政府工作人员、军人，以及为皇室人员、国家工作人员和军人服务的人员。宋代以后，慢慢有了市民，就在城市里生活，我不是军人，我也不做官，我就做点小买卖，我就在都城生活，路桥肯定宋代开始有的，唐代以前不可能有。从城市的功能而言，唐代以前属于政治与军事城市，宋代以后变成经济为重的城市，到元代以后就变成商业城市，元朝以后城市主要就做生意，路桥肯定一样的道理，临海具有唐宋两种建筑格局，路桥不可能有唐代风格。唐代实行宵禁，晚上不能有人走动，为政治、为军事服务一定要保证安全。宋代以后坊市制名存实亡，你要走动就走动，要唱就唱，想喝就喝，国家还鼓励你到正规的酒店去喝，这样就不至于漏税、逃税。宋代有一个法律很有意思，叫设法卖酒，设法引诱你到这些地方去消费，国家就能赚到钱。

喝酒以后写出来的作品一般就叫词，词是醒酒的工具，你喝多了，在迷迷糊糊之际写一首李白的《望庐山瀑布》，好像氛围什么都对不上，所以应该写什么呢？"寒蝉凄切，对长亭晚，骤雨初歇"，词的感觉就出来了，所以这种词一般在老酒喝差不多的情况下，就是酒醉未醉之间所写，这时候忽然写一首像杜甫的《咏怀五百字》，没法想象，也绝对不可能。

到了元代以后又多了一样东西。宋代的酒楼茶楼除了买东西是要钱的，就玩玩不用钱，而以后发现，你就坐在这里，好像不买点什么东西，我不就亏了嘛，所以坐在这里也分为两种，普通的叫瓦肆，就坐着喝喝的免费，搞一个雅座出来叫勾栏。瓦肆就一片瓦的瓦，像瓦一样聚集起来，肆是"4"的繁体字。我们小时候在农村看电影，几千几百人，电影结束，"哗"一下散光了，这个叫瓦肆。如果搞了一个雅座，里面就要另外买单了，也会提供比较上好的说书艺术什么的。唐诗是朋友之间自我娱乐的，宋词是喝了酒以后娱乐的，元曲是花钱娱乐的，你要听我一曲什么曲，拿钱来。

李白最典型地表述了我们中国的文化，杜甫的诗歌追求变化，所以我们讲李杜两个人都生活在唐朝，实际上这两个人过的是两种生活。宋代以后，从李纲到文天祥等发现杜甫伟大，我们想说的话，他都说光了，我们想要写的类型，他都写光了，所以宋代以后，杜甫的地位高过李白，到了明代以后更远远超过李白，所以才叫诗圣。我们知道孔子才叫圣，圣就是至高无上、无可跨越，圣一般包括两方面，一是品德方面的圣，二是自己这个行业、这个专业里面的圣，所以我们孔子叫圣人，比如王羲之叫书圣，司马迁叫史圣，杜甫叫诗圣，因为中国的文化叫诗歌文化。有一本书叫《唐人选唐诗新编》，就唐代人选唐诗的选本，你去查一下，唐代没有人选杜诗，我们现在叫排行榜，每年或者每几年排出来，唐代现在还保留下来的，几乎没人选杜甫。唐代最崇拜的人是王昌龄，然后李白，王昌龄排第一，但我们现在文学史里面讲王昌龄，就是二流作家的一个普通人，李白、杜甫各一章，王昌龄一帮人，王维、孟浩然一帮人，高适、岑参一帮人，也就是这几个人相当于是第二个层次的代表人物，这就是我们现在接受以后的结果。

第三个讲一下艺术构想。我讲两个方面，第一个是唐代人很喜欢宏观题材和自然山水，宋代人很喜欢在书斋生活，这就是琴棋书画了，因为每天琴棋书画生活，你写诗歌，自觉不自觉地就出现弹琴、书法。第二个，现在小朋友都听说过陶渊明，而在唐代以前，陶渊明是没地位的，刘勰的《文心雕龙》，对所有作家都讨论到，但是没有一个字讲到陶渊明，为什么呢？在刘勰心中，陶渊明什么都不算。钟嵘《诗品》只列陶渊明为中品，评价是"古今隐逸诗人之宗"，陶渊明不算正经的诗人，隐居的人、不想写诗的人，这些人玩玩的，这个里面你写得最好。

王维、李白、杜甫三个人对陶渊明评价各有高低，王维对他的评价最低，王维觉得陶渊明这个人诗歌不怎么样，人品更差，也就是人格分裂，又想人家的钱，又死要面子，这个人有问题。杜甫有时候认为陶渊明的诗歌写得不错，"焉得诗如陶谢手"，我的诗歌什么时候写得像陶渊明、谢灵运那么好，但是有时候又说"颇亦恨枯槁"，陶渊明的诗歌没法读。

陶渊明的地位，现在看起来那么高要感谢宋代人，特别是苏东坡。苏东坡说曹刘和李杜这些人，诗歌是很好，但我努力努力，是没问题的。但是陶渊明的诗歌，我这辈子怎么努力也不可能达到。苏东坡贬到海南岛就带了陶渊明诗集和柳宗元诗集，把这两个人奉为二友。我被贬到海南去了，就每天读读你两个人的作品，模仿模仿，像临摹书法一样。苏东坡准备一生把陶渊明每首诗都临摹一遍，叫和陶诗。苏东坡有一个诗歌集，就叫《和陶集》。

苏东坡的学生黄庭坚，我们叫苏黄，黄庭坚当然要尊重老师的观点，黄庭坚本人最崇拜杜甫，他认为杜甫是世界第一的，但是我老师这么崇拜陶渊明，又不能不给老师面子，所以也说陶渊明的诗歌确实很好，这样陶渊明的地位就推动了，以后陶渊明的地位就接近于杜甫。所以现在我们讲南北朝的诗歌，就把陶渊明提得很高，我个人觉得谢灵运比陶渊明写得好，因为我主要是研究谢灵运的，好多人都觉得陶渊明很好，为什么？你是受人家的影响，因为我们现在接受文学是陶渊明比谢灵运好，实际上王维说的话是有一点道理。《宋书·谢灵运传》载谢灵运自称"宜参权要"，说得很实在。

"小楼一夜听春雨，深巷明朝卖杏花"，这句诗很有名。我主要想讲第三联，一般人就不知道了，"矮纸斜行闲作草，晴窗细乳戏分茶"。就是宋代人习惯，喜欢写喝茶。宋代人喝茶叫分茶，不是我们现在喝的茶，我们现在喝的茶是散茶，就是茶叶倒进去就可以了。宋代分茶很复杂，具体我也没经历过，据说灵隐寺的和尚已经重新开发出来，成功了。

宋代的七律要写好第二联，也都很成功，第三联就放弃，没法写了。唐代七律第二联很好，但是第三联一定要更好，没有最好只有更好，宋代人没有底气，比较内敛，像苏东坡碰到杜甫，杜甫《登高》写成这样，我是没机会的，我也放弃第三联，只好写第二联，所以我们讲田忌赛马，上驷对中驷，中驷对下驷，下驷对上驷，也就是我输一个，争取赢两个。宋人第三联都回到写实，所以七律都是第二联最有名。包括陆游的另外一首诗，"山重水复疑无路，柳暗花明又一村"，第三联就回到写实了，我认为可以叫断崖式下降。"桃李春风一杯酒，江湖夜雨十年灯"，黄庭坚也放在第二联。我把第二联和杜甫比比看，能不能赢你，实际上就是心里没有底的表现，这就是宋韵，内敛到极端就是没信心。

下面我们讲第二个部分，"三台宋韵"，就是台州的宋代文化。台州文化是中华文化的浓缩与精华，甚至可以讲没有台州文化，中华文化可能就走样。中华文化就三样：儒、释、道。儒、释、道三个文化都是重要发祥地、形成地或转折地的，在中国，除了台州再也没有哪一个地区了。中国有300多个地级市或地区，少有资格讲这句话。浙江比我们台州牛的很多，杭州有资格吗？杭州就是灵隐寺，要杭州拿出一个对中国佛教产生影响的地方，没有，我们天台就把杭州干掉。道教，杭州也有，但是我们有南宗，道教就分为两个宗，南宗、北宗，北宗我们就知道，丘处机这些人，南宗就是我们天台山的桐柏宫，以紫阳真人为代表。儒家也一样，作为儒学大师来说，宁波、温州出的层次比我们高，但是朱熹待那么长时间的核心地，宁波与温州是没有的。

什么叫宋韵现在讲不清楚，有人认为宋韵就是理学，这两个字可以对等，因为唐代没有理学这个概念，儒释道三教并重。唐代最后产生了三大诗人，李白、杜甫、王维，诗仙、诗圣、诗佛，各代表了儒释道一个方向。韩愈认为中国的儒学在孔、孟、董仲舒以后，五百多年没有人，现在就由我扛大旗。但是我们现在好多人不认可，说韩愈的儒学驳杂，什么东西都有。到了宋代以后，朱熹的理学我们认为是最正宗的，为什么？朱熹是把佛学、道学全部结合到儒学里面，形成一种新儒学，我们一般叫理学，所以这个理学就是宋韵了，因为唐代没有这个思想，唐代儒释道分开了。

唐代的三大诗人都是儒释道融会兼通的，你不要以为李白就是道教，李白也信儒，也有佛家思想。好多人认为杜甫是正宗的儒家思想，也不一定，杜甫文章里写了很多对道教，尤其对佛教的崇拜，李白入道教入了两次，所以李白道家味更浓，但实际上杜甫佛道味都很浓。好多人认为朱熹就是老夫子，实际上不是这样，朱熹说过，如果没有更多精力投入研究儒学的话，相信自己就是高僧，与佛学渊源很深，很有佛学素养，后来把对佛、道的精研用来贯通研究儒学，创立了一个新的思想体系。

朱熹对台州的贡献，在中国文化史上无人能比，郑虔因为时间比较久远，不是很清楚，但他创立的教育推动台州文化走上正轨，贡献最大的就是朱熹。朱熹于乾道九年提举天台山崇道观——道观的"观"要读第四声。崇道观现在叫桐柏宫。提举的话你可以不用去，国家把工资奖金发到你家里，但朱熹真的来了，第二年到了黄岩，受杜家邀请讲学。过了几年，朱熹再到我们这里提举浙东常平茶盐公事，这次对你们黄岩、路桥的贡献特别大。这个官名比较长，我简单解释一下。当时浙江一带分为两个省级单位，两浙东路治所在绍兴，两浙西路治所在苏州，现在划属浙江的有杭嘉湖，加上一个严州，严州以后叫建德地区，现在已经撤销了。两浙东路相当于现在宁波、温州、台州、绍兴、金华、丽水、衢州7个地区。这个官把它翻译出来相当于浙东财税局局长，是管国家税收的，古代主要税收来自茶、盐、米、酒。古代没有工业，没有宝钢，没有移动公司。

朱熹到台州以后，首先是奏免丁捐。丁捐是按照人丁分税，你家里几个人，每年向国家交多少米、多少布。丁捐不但免了，还倒贴我们台州钞票，兴修水利，救助百姓。然后设立社仓，就像我们的居委会，在居委会里面设立粮仓，实在没有饭吃，国家就免费给你提供。然后在北宋基础上整修路桥、黄岩到温岭之间的河流，现在温黄流域的河流大部分来自朱熹以后的改造。当然在朱熹之前有罗适，是现在的三门人，他是造了很多闸，朱熹修建了几个。金清这个名字就是朱熹取的，因为按照中国五行理论，金生水，金为水母，金就是你的母亲，所以洪水过来，遇到你母亲很不好意思，所以叫水遇金则清，所以命名为金清。我们知道很多地方的江边要造大铁牛，就是用铁铸的，铁就是金属，古代不可能用黄金来造，铁就象征金，所以用铁牛来镇水。

朱熹到过我们台州三次，每次都做出重大贡献，比如编写《资治通鉴纲目》。

"朱唐交恶"不知道你们有没有听过。朱熹在台州期间很遗憾，和当时台州知州唐仲友的关系没处理好，这是朱熹的遗憾，是唐仲友的遗憾，是我们台州的遗憾，我觉得也是中国文化的遗憾，甚至是世界文化的遗憾。为什么要提到这个高度认识？因为朱熹和他两个人关系没处理好以后，我们中国人，以后话本小说《拍案惊奇》里面有的，叫文人争闲气，这两个人不断向宋孝宗互相举报，现在叫互掐。宋孝宗这个人很老实，胆子也很小，后来说算了算了，两个都滚，所以这两个人都离开台州。这两人都是当时的大学者，唐仲友对我们台州，尤其对临海贡献特别大，临海的第一座浮桥就是他造的。这两个人如果合作，强强联合，朱熹可能就在我们台州扎根了，朱熹的理学最后就完善于我们台州，那台州地位就高了，但是很可惜，朱熹以后一直不幸福，最后到了武夷山，创办武夷精舍培养学生，实际上他的思想核心应该形成于我们台州，但最后完成就到了武夷山。那里现在还有一堵墙，我去过，大概这么高，据说就是当年武夷精舍遗留下来的，正宗的宋物，所以武夷山被批为世界文化遗产有这个因素。这堵墙如果在路桥找到，也有可能成为世界文化遗产。武夷山本来是一个自然遗产的主体，是整个中国东南部最高的山，动植物比较丰富，这个都很重要。但它直接成为世界自然、文化双重遗产，其中文化遗产一个重要的因素就是朱熹的理学定型于武夷山。你看好多人包括辛弃疾，这些人去看他，提升了这个地方的文化品位，朱熹自己也写了很多武夷山的诗歌。

当然唐仲友一个主要的事情，黄岩、路桥人都知道，有一个女孩名叫严蕊。这个事情的真相很复杂，我就不讲了。反正不管怎么样，唐仲友后来默默无闻了，对他自己也产生影响。就像我们现在，因为各种原因，所以在当时几个大的思想家，吕祖谦、陆九渊、陈亮、叶适这些人作品基本上都保留下来，唐仲友保留下来的很少，很可惜。

叶适和路桥的关联相对更大一点，因为叶适到过路桥，路桥还有他的衣冠冢。叶适是吕祖谦的学生，比朱熹晚一辈差不多，因为朱熹生于1130年，他是1150年，差20岁。他是温州人，他的高考是第二名，我们现在叫榜眼，宋朝没有榜眼，明清以后才有榜眼这个说法，当然榜眼也没有，榜眼那是民间的说法，古代高考没有说状元这个字的，进士第一，我们民间叫状元，进士第二叫榜眼，进士第三叫探花，好像就没有进士第四了，进士第四有另外一个说法，叫传胪。叶适最后回到自己老家办教育，中国古代的知识分子都这样，中晚年实在没有作为了，就跟孔子学，孔子、孟子的思想，叫得天下英才而教之，这是中国知识分子伟大的一个地方。我觉得当老师就应该这样，很满足，我今年教书差不多40年了，马上就退休，40年来多多少少也教了一些学生，当然有没有英才，有没有教出英才，那是另外一回事，反正当老师很快乐。孔子这个人的目标是玩政治的，但是玩不转，怎么办？回来当老师，孟子也一样，所以朱熹、叶适这些人，大概都是这样。

作为我们台州人一定听过这三个人：陈耆卿、吴子良、舒岳祥，宋代的文化或者是我们中国的诗歌，如果没有这三个人，中国整个诗歌史可能断绝，提到这个高度来认识。三台宋文为什么值得研究？你们好像觉得我在瞎说，我这个浙江文化研究工程《三台宋文》的提要已经写好了，给我们人文学院院长看，院长就说定位比较准确，用词也比较精到。为什么？因为我们知道唐诗、宋诗都很厉害，元诗成就也很高，但是原因在哪里？舒岳祥的学生及学生的学生所作才是真正的元诗。他们这些人到了元代的首都以后，元代开始重新有诗歌，如果当时舒岳祥死了，他的学生戴表元没有培养出来，那戴表元的学生袁桷就没有了，中国诗歌史可能差不多要从 0 开始，这样整个元代的文化就大大降低。

叶适的学生是陈耆卿，陈耆卿的表弟是吴子良，吴子良本来跟陈耆卿学，陈耆卿后来说没有必要跟我学，我教不了你，你直接跟我老师学，我们就重新回到表兄弟，师兄师弟。后来吴子良看到舒岳祥，舒岳祥当时很年轻，吴子良一看你素养在我之上，他说我好好教你，我相信希望就在你身上。但是很可惜，不久宋朝灭亡了，所以舒岳祥觉得对不起老师，那怎么办？舒岳祥和文天祥是高考同年，所以当时文天祥抗元的时候，希望他一起参与，舒岳祥说他不参与，我们知识分子手无缚鸡之力，元兵那么多铁骑，打不过的，所以他劝文天祥，你是状元，你比我更牛，我们回家去，办学校，隐居家乡，找几个好的学生来教，让自己没有实现的理想，通过学生来实现，开花与结果。文天祥不理他，国家都灭亡了，你还教什么学生？所以两条路，我个人觉得这两个人都很伟大，文天祥是我们中国知识分子的脊梁、中国知识分子的骨气，他屡败屡战、屡战屡败，忽必烈当时劝他活着，你投降吧，他说我不投降，我再投降也没什么意思，他中间一次本来和忽必烈谈好了，我出家当道士，忽必烈本来同意的。但是有一个家伙最坏，中国有个概念叫奸臣，所以我觉得中国和美国比，最多的是奸臣，奸臣比美国多，但这个奸臣比一般的奸臣还坏，叫留梦炎，留下来的留，做梦的梦，炎热的炎，是衢州人，留梦炎这个人才是真正的奸臣，他比文天祥早几年高考状元，也当过宰相，也当过枢密使，一说元兵来了，他马上就投降，他是老投降的，他逃跑，从杭州逃回自己老家，一到衢州又马上投降，投降以后继续当宰相，继续当枢密使。忽必烈当时和文天祥谈好以后，留梦炎就对忽必烈说，万岁爷你要想清楚，文天祥留着后患无穷，他如果回去的话，你知道他下面会干什么，知道吗？一语点醒梦中人，忽必烈觉得不可留，所以文天祥最后还是被杀了。当然，杀文天祥还有其他一些因素。

　　第二个我们讲一讲台州文化的核心，硬气精神在宋代形成，形成了以后基本上就定型了，宋代记载台州人都具有硬气，浙江有硬气的就两个地方，绍兴与台州，所以"台州式的硬气"这个话由鲁迅先生讲出来，那才伟大。你看衢州的留梦炎是奸臣中的奸臣，朱元璋当皇帝的时候恢复科举考试，如果这个学生叫留什么的，就必须要写保证书，绝对不是留梦炎的子孙后代，不是他同宗的人，否则绝对不能高考。朱元璋说如果我生在当时，把他碎尸万段。我们台州人除了贾似道好像有点问题以外，历史上都是正人君子，水平不见得高，正人君子体现出台州人的硬气。你看吴芾，吴芾本来和秦桧关系很好，原来就是哥们儿，但秦桧当了宰相以后，吴芾和他基本上就断交了，这也是我们台州人的硬气。秦桧当过温州知州，所以秦桧在当奸臣的时候，好多温州人跟着他，也干稀里糊涂的事情，我们台州人和秦桧基本不来往。秦桧和我们台州也有很多渊源。陈克也是这个时期的硬气代表，具体就不讲了。王居安是现在的温岭人，那时候属于黄岩，他这个人到底人品好不好有争议，他主要在杀韩侂胄的过程中是有点问题的，但是不管怎么样，就是宁波的一个大奸臣史弥远专权的时候，宁波出了一整串的奸臣，就史弥远这个家族，他的家族连续几代人都是奸臣，奸臣之家，这个在古代很少，中国古代奸臣成系列的大概就史弥远这一家。他是和王居安，还有临海的钱象祖，这几个人合作把韩侂胄给杀掉了。韩侂胄被杀掉以后，大家都玩不过史弥远，所以钱象祖、王居安，最后都回来，但是回来也好，保存了我们台州人的硬气，你如果再和他玩下去的话，也变成奸臣了。因为杀韩侂胄还是有理由的，说为了国家、民族的利益把你干掉，干掉以后，你如果继续做官，那就是奸臣了。你看《宋史》对王居安的评价，这就是我们讲的台州式硬气了，"天子改容"，就是皇帝都被他脸色吓白了，说得比较体面一点叫"改容"，"憸奸侧目"，一般的奸臣碰到王居安当场就吓死，这就是我们台州人的硬气。

第三个方面讲一下宋韵的表现——文艺风采。戴复古一首诗写巾山写得最好，也是我们台州最好的宋诗之一，"双峰直上与天参"，有的人认为这个字应该读成三，三的繁体字，也对，"僧共白云栖一庵。今古诗人吟不尽，好山无数在江南"。它总体上不是唐诗，而是宋诗，为什么呢？后面就是宋诗，前面两句有唐诗的味道，"今古诗人吟不尽"，提到理性的分析，这就是宋诗。

杨蟠是我们章安人，你们现在到杭州去，叫苏堤春晓，以为这个堤就是苏东坡搞的，实际上主要是杨蟠搞的。因为苏东坡当时是杭州知州，杨蟠是通判。按照我们中国人的习惯，把功劳都记到一把手身上。苏东坡只是一个设计的，真正内行的是杨蟠。

舒岳祥这个人真的很伟大，我觉得这也是一种伟大。

还有一个人叫王所，黄岩人应该都知道。他比文天祥高考迟一点，但是两人关系很好，文天祥当年希望他能够参与抗元活动，王所也没去。

第四个简单讲讲，本来想重点展开的，流寓文化，我觉得这是我们台州宋韵的主要表现之一。宋高宗到我们台州的时候，一大批人跟着过来，包括高宗自己就到了金鳌山，你们有机会真的去走走，就在椒江的对面，56 米高，但是很了不得，我本来想写一本书，叫《金鳌山文化》。宋高宗在1130 年的正月初三到正月十八，在我们这里 16 天，登上金鳌山写了一首诗，很有气势，其他几首也很好。宋高宗人很猥琐，品格低俗，但是诗歌很气派，书法很有气势，所以人品、诗品、文品很难说清楚。宋高宗是个逃跑专家，中国古代要说谁跑得最快？宋高宗。由于跑得快，跑到我们台州，最后跑到温州，到温州后不敢再住陆地了，就住在小岛上。金兵骑马厉害，但船不会坐，我住在岛上，他就上不来了。本来瓯江有两个岛，东屿与西屿，后来把这两个小岛填平，所以现在江心屿变成了一个大岛。谢灵运写过一首诗，"孤屿媚中川"，我的船从中间穿过很漂亮，现在中间穿不过去了，就为了给宋高宗拍马屁给填平了。

葭沚这个名字也来自宋高宗，刚才一个老师也讲到，我们这里好多地名都和宋高宗有关系。宋高宗书法在临海挂了一幅"忠孝之家"，这个字和他父亲不像。我们知道宋徽宗的瘦金体，他也算书法家，中国皇帝里面字写得最好的人之一。

李清照简单讲一讲，她是追宋高宗追到我们这里，她讲得很清楚，到了台州、黄岩、章安，然后到了温州，又回到绍兴。李清照从她老家济南逃过来，一路追宋高宗追不上。李清照在我们台州写了两首词，一首叫《清平乐》，这个字特地强调一下，一定要读（yuè），不能读成（lè）。《渔家傲》基本上认为也写于我们台州。

文天祥后来到过黄岩，到过临海，他写了一首《过黄岩》，他是改名了，具体就不讲了。文天祥的《夜潮》就写我们椒江。文天祥曾经隐居在仙岩洞，那时候属于临海，后来被叛徒出卖，所以他跑到黄岩、路桥，一直跑到温州，也到江心屿，但后来一直到福建去了。

注：本文为基金项目"浙江文化研究工程"《三台宋文》（22WH04-1Z）成果之一。

李志超

甘肃会宁人。毕业于清华大学历史系，现在北京的初高中教书。喜欢读书，喜欢旅游，总是想知道自己未曾经历的世界是什么样子，也总是在探索着思考世界的本质。

神 入 与 想 象

——历史学习的策略与路径

　　要说历史学习的方法，先从我入职说起吧。2014年清华毕业后，我进入了"北京十一学校"工作，新教师的最后一次培训是主管人事的副校长跟我们老师座谈，我们那一届入职的老师比较多，只清北就占了40多个。清北毕业的学生，有一个特点，就是问问题比较尖锐，所以交流的时候很热烈。趁着热烈的氛围，我跟副校长也提了一个问题。我说招聘的时候，学校说历史是可以开设选修课的，为什么我在课程体系里面却没有看到历史选修课？副校长解释了设置选修课的原则和方法，最后也给我提了一个问题，说志超，你开设历史课，是想把所有的学生都培养成历史学家吗？

　　我觉得好的领导不是管理，而是启发和引导老师，所以说为什么十一学校好呀，主要是领导好。领导的这个问题对我的影响就很大。我当时没有回答这个问题，但觉得当历史老师，当然是希望学生对历史感兴趣，都能从事历史研究，这能体现出一个历史老师的魅力或者成就。但后来随着教学的发展，随着对教育慢慢地深入，我发现我错了。做历史老师，并不是要把所有学生都培养成历史学家。原因很简单，这个社会上不需要那么多从事专业历史研究的人，社会对历史专业研究的需求没有那么大。那为什么要设置历史课？普通人为什么也要学习历史？今天我想把这个问题抛给我们在座的各位听众，大家觉得为什么我们普通人要学习历史？我们的听众可以分享一下你的想法。

　　听众：……（方言）

李志超：好的，谢谢您。就像这位老人家说的，很多事情都是慢慢发展来的，所以了解历史，才能了解来龙去脉。当然还有好多的理由都支持我们学历史，比如，有学生认为学历史能够了解到很多古今中外的故事，可以为社会交往提供很多共同话题，容易形成广泛的人际关系。当然有的学生也很直接，说学历史不为别的，就是为了满足虚荣心，上知天文下知历史，其他人会很佩服自己。我觉得这些都没错，都是对的。

那么我的理由是啥呢？我觉得也很简单，就是学习可以训练人，可以培养很多的能力，而这些训练和能力恰恰是我们在日常生活中都可以用到的，能够让我们的生活过得越来越好。教育就是学习，就是把老的经验、现在的经验，在你进入社会之前都传递给你，然后让你进入社会当中去，历史学习也是这样。

让我们再思考一个问题。世界上最紧缺的资源有人说是钱，有人说是石油，有人说是土地，有人说是空气，但是我觉得最紧缺的资源是时间，是生命。时间是一种不可复制的、不可以再生的资源。那么，在时间有限、生命有限的情况下，怎么拓展时间或者生命呢？我觉得历史是可以的，历史可以让我们间接地参与到过去的经验中，从而拓展和丰富我们现在的经验，达到拓展生命的目的。

说一个《吕氏春秋》里的故事。卫国有一个王叫卫懿公,这个国王喜欢鹤,所以花了大量的钱去养鹤，让鹤担任大臣和将军，所以导致老百姓特别不喜欢，说治国理政，你也让鹤去，打仗你就让鹤去打吧，后来有一个少数民族来攻击卫国，把卫懿公杀了，把他的肉全都给吃了，并且把肝脏割了下来。

这个事情对现代社会的人来说，是不可能想象的，人竟然真的可以吃人肉，这么残忍，但是在古代社会，却是有可能发生的。这其实对我们认识人和社会就是一种扩展，人的幽暗性和底线往往超出我们的想象。当然，这个故事让我们不仅知道人具有幽暗性，同时也有很多个体可以去追求精神魅力。卫国有个大臣叫弘演，卫国被攻破的时候他正好出使他国了。等到回来后，国家没了，主公死了，跟谁复命呢？他就在坟前复命，然后把自己的胸腔剖开，把国王的肝放到了自己的身体里面。相当于做了活棺材，把这个肝保存下来了。这个行为听起来也很残忍，毛骨悚然的，但是彰显了人对于使命，对于国王的一种忠诚。所以我觉得学历史最大的一点好处，就是可以了解到我们在有限的生命里无法体验和见识到的很多情境，从而让我们的个体生活，甚至是整个人类的这种文明变得更好。

除了对于生命和经验的拓展之外，我觉得历史还可以培养人对于时间的敏感性，因为历史是一门跟时间有关的学科，它对抗的是记忆和遗忘。其实记忆对于人类是很重要的，但不是最重要的。遗忘才是最重要的，因为我们忘掉的是大部分，记住的是小部分，所以遗忘比记忆更重要，你忘的少，其实就是对历史的尊重和理解。学历史的人，对于时间的认知，往往跟其他人是不一样的。个体的生命里，50年很长，但放到历史的长河里面，50年其实很短。1秒钟很短，但是1秒钟有时候又很重要，为什么？很多历史的变化就发生在历史人物一瞬间的冲动中。

同时，但凡学过历史的人，一定会对现实抱有审慎而怀疑的态度。因为我们会发现，史料是非常不确定的，因为历史发生了之后，留下来的东西很少，我们要用这些非常少的东西去还原以前发生的事情，非常困难。而且我们还发现，留下来的很多事情，或者留下来的很多资料，往往是不靠谱的。这是我觉得学历史对于普通人最有用的三点：对于经验的拓展，对于时间的敏感，对于历史发展审慎而怀疑的态度。

学习历史对我们都很有用，但是不同人学习历史的方法和目的是不同的。我认为主要有两种。第一种是我们很多人都持有的学习历史的构想，叫作知道历史，所谓知道历史就是只是获取已有的历史知识，就是我学习历史了。这种方式用到的一种学习能力就是记忆。所以初中和高中老师经常给学生强调一个字：背，早上背、晚上背、天天背，这样就把历史学好了。第二种学习历史的构想就是探索历史。我不是只听别人告诉我一些历史事实，而是要在听的过程中，去探索历史，它为什么这么发生？它背后的人是怎么想的，发生了之后，对于未来又会有什么样的影响？这种往往要求直接进入史料。这种历史学习的构想用到的能力就非常多了，比如，要有最基础的原始文献的阅读能力，要有分析的能力。还要掌握一些方法，比如说要根据时间把事件列出来，然后找因果关系。还要把这个事件，放到整个历史的大脉络里面，找它的意义，找对历史的发展影响。第一种学习构想是最普通的，第二种学习构想要求比较严格一点。我们要提倡第二种学习构想。第一，这种学习构想能够让我们走进历史，理解历史。第二是现在学校的历史学习，包括中考和高考，越来越倾向于第二种。

为什么我们要探索历史？因为只有你深入历史，去探索历史、理解历史，才能感觉到历史的魅力。比如很多人对荀彧印象很深刻，因为荀彧是个很有智慧的人，但是如果你只知道这一层，就很难理解荀彧，因为你不知道他怎么厉害。只有去阅读原始史料，把他放到具体的历史情境中，你才会发现荀彧很厉害。东汉末年，天下大乱，董卓率领西凉兵到了洛阳，荀彧很早就看出了时代的变化，所以他就劝乡亲们离开颍川。因为颍川是个四战之地，一旦爆发战争，各处的军阀，一定会在这个地方打仗，所以赶紧离开，不要停留。但是很多人都犹豫，眷恋家乡，不想离开。恰好冀州太守韩馥派人迎接荀彧，所以荀彧就带着他的宗族离开了。等到后来的时候，董卓就派遣他的大将李傕等人出关掳掠，留在颍川的人基本上就被杀完了。

荀彧总是能够提前判断历史的变化和形势，然后做出处理，保全自己的生命，所以他对形势的了解和判断是相当强的。如果大家去读《三国志》的话，你还会发现荀彧特别会选人，他不跟随袁绍，也不跟随董卓，而是跟随曹操。他跟随曹操的时候，曹操特别落魄，被别人打来打去，但是荀彧认为曹操一定会成功，所以跟随了他。他后来给曹操推荐的人，都是本来很普通的人，但曹操用起来后发现果然都是人才。

学习历史还有一些基本的方式，无论是大人读书，还是小孩子学历史，其实都可以用。第一种是直觉观察式学习，就是利用人的好奇心和感性的思维去学习历史。第二种叫信息接触式的学习，就阅读文字的信息去阅读，去提取信息，然后再把这些知识通过自己的逻辑推理，还有理性的思维运用。

第三种是探索研究式的学习，用来解答学生的疑惑，也对学生专注力的要求会更高一些。第四种是综合运用式的学习，这种要求能够把旧的知识用到新的环境里面去，同时把新的问题解决掉，然后你的新的认识又能够去帮助你理解旧的这种认识。

除了这四种基本的学习方式之外，我觉得研读历史还应该有四种精神，第一种叫作怀疑。我觉得所有的人应该要理解一点，就是所有的历史，包括我们现在所见到的事实，其实都是可以值得怀疑的，当然这种怀疑是审慎的怀疑，为什么呢？前面我说过了，史料的形成有很多的主观因素，它往往是不可靠的，我们自己现在追忆以前发生的事情，你就会发现你记不清，那么几千年前的事情，就更有怀疑的必要了。除了主观因素外，史料太少了，历史给我们留下来的缝隙太大。第二种就是神入，就是要试图去同情的理解，或者是充满温情与敬意地去理解古代人，试着从他们的角度去理解他们的处境，去理解他们的做法，这个就叫作神入，这样才能够让我们自己也增加很多的判断能力和经验。第三种就是要去理解。因为有古今差异，所以我们其实很难理解古代人，所以我们一定要试图最大化地去理解古代人。第四种就是要做一定的推断。我觉得每个人都是希望能够有自己一些新的东西和判断的，这个过程当中就要去推断历史，用我们的想象和推断去弥补历史的缺失，把这段历史弥补起来，这也是一个点。

我举几个史料里面的例子，第一就是怀疑，很多史料其实是要怀疑的。《史记》肯定大家都知道，中国历史著作里面或者史料里面最牛的一部，鲁迅叫作"无韵之离骚，史家之绝唱"。但其实《史记》里面有很多的东西也是虚构的，这就是为什么我们会觉得《史记》读起来特别好玩，因为《史记》的文学色彩、语言实在是太强了，所以《史记》很伟大，但是它伟大之处就在于它既有史料价值，也有文学价值，它塑造了整个中国人的记忆。

我们来看一下关于吴起的一段史料，这段材料特别像小说，矛盾有，转折有，高潮也有，语言也特别精练。吴起当将军的时候，经常和士兵一同吃饭、一同睡觉，然后睡觉的时候也不设席子，大家都知道中国人古代是没有床的，中国古代人睡觉都是席，席地而卧，床是到了魏晋南北朝的时候才传到中国的。所以他睡的时候连席子都不设，基本上士兵怎么睡，他就怎么睡。走路的时候、行军的时候怎么办？也不骑马，自己亲自背着粮食，然后跟士卒一起劳动。如果我们把这个话当成是真实发生的事情，我觉得这就有麻烦了，为什么？吴起作为一个将军，如果说他连马都不骑，自己背粮食，这可能就不是将军了，这个将军可能就非常不合格了。但是大家看一下这段话，我们读的时候特别想要相信他，为什么？因为我们希望将军都是这样的，当官的都是这样的，都能够体贴我们下面人，都能够身体力行。但是我们从一个理性的角度判断，司马迁记载的吴起的行为一定是不存在的。

同时我们用战国初期的一般理念去推断的话，这个事情也应该不可能发生。因为吴起是春秋末战国初的人，春秋末战国初是个贵族社会，贵族社会最大的特点是啥？就是阶层的差异性很强，上面的阶层和下面的阶层基本上是不接触的，或者说是隔阂感很强。某个社会阶层的人，享有什么样的衣食住行条件，都是规定好的。所以古文里面有一句话，叫作"肉食者鄙"，就是说只有当官的贵族才可以吃肉，你如果是平民老百姓，你是不能吃肉的，你有肉也不能吃，你必须把肉给上面的人。吴起是个将军，所以吴起肯定是个贵族了，当时的士兵，由于战国时期战争激烈，战国时期的士兵已经不是贵族士兵了，是平民士兵，甚至很多人是罪犯。按照当时的这种社会规范的话，一个贵族肯定不会跟下层的这种阶层，或者说是跟这些士兵一起生活，这是不可能的。当然也有人说可能他会突破这一点，但是我觉得不太可能，这句话其实就已经让我们可以去怀疑他了。

所以我说司马迁的行文真的具有文学色彩，比如他这样抽象地跟你说一下，紧接着就给你举一个具体的事情，说"卒有病疽者，起为吮之"，说有一个士兵生病了，长了一个疮，古代的时候医学条件不发达，你要长疮不处理的话，它可能就烂掉了，烂掉了你可能就会感染死掉，吴起就亲自把这个疮给吸了出来，这是很多人都难以做到的，即使父子之间也难以做到，所以司马迁举了这么一个典型的事例来说明吴起的为人。紧接着后面他就说"卒母闻而哭之"，说这个士兵的母亲听了之后就开始号啕大哭，然后有人就问，说你的儿子是个士兵，将军亲自为他治疗，为他把这个疮吸出来，你不觉得应该很荣幸吗？你为什么要哭呢？然后这个母亲就说不是这样的，以前吴起给他爸爸吸疮，他的爸爸打仗的时候就一个劲地往前冲，从来不知道后退，然后就死了，说现在吴起又给我的儿子吸疮，那我知道他一定就要死了，所以我哭。这个故事大家看一下，就是很好玩，我就觉得这个故事的情节感很强，立马就出现了一个母亲，而且立马号啕大哭，而且立马会有人很配合地追问她，你为什么哭？这个故事性太强了。那我们就可以去怀疑它，为什么呢？首先这个事情有没有咱不管，即使他有，大家可以想一想，这个事情一定是发生在战争前线的，发生在战争前线的一个事情，他的妈妈居然很快就能知道，当有人说这个故事很有可能是他妈后面知道的，有人告诉她知道的，那也可以，就是说这个事情有一个时间的差距，可能他妈妈后来才知道的这个事情，既然后面才知道的这个事情，她为什么会说出这么一句话？"妾不知其死所矣，是以哭之。"这个信息传递得会有这么快吗？这个故事的时间性上其实就有问题了。然后我们还得怀疑，这个信息到底是怎么传给他妈的，既然这么短的时间，你就知道这个消息，也就是这个孩子还没死，还没上战场你就已经知道了，那怎么传给你的？飞鸽传书吗？600里加急吗？那应该都不可能。假设这个信息也能传到母亲这儿，但是战国时期的士兵，很多都已经是下层平民，而且当时的文化肯定是没有普及的，但"其父战不旋踵，遂死于敌""妾不知其死所矣"，这明显是一个很有文化的人说的话，一个普通士兵的母亲，她的思想高度我们就不说了，能不能说出这么有高度的话，我们不说。就这么有文采的话，应该不是他妈说的，至少司马迁加工了。所以这个事情就值得怀疑，我不说它是真还是假，但是我最起码是可以怀疑的。

这个故事如果让我判断的话，它是真还是假了？我估计是假的，是后面的人慢慢编的，就是口耳相传，你传给我，我传给你，你添一层，我再添一层，慢慢添到司马迁那个时代的时候，就添成了这个样子。但这个故事有没有用呢？大家一定要注意，所有值得怀疑的事情并不是说它没有价值，而且它有可能是有价值的。这个故事我觉得最起码能反映一个事情，吴起这个将军在带兵打仗的过程当中，应该是非常关心士兵的生活状况，这个事情应该是有的，只不过后来以讹传讹，传着传着就传成了这个样子。

第二种基本的精神就是神入。神入就是我们尽量去理解古代人，还原历史的情境，用历史的思维去理解历史。当然最简单的一点，就是我们在读历史的时候，尽量把这个故事想象出来，或者是把它还原出来，或者是把你自己代入那个历史场景中去。你刚读的时候，你会发现好像很普通的一个故事，但是如果你代入了之后，你会发现这个故事很有趣，而且很能够传递历史人物的特征。这个故事关于谁呢？是关于刘邦的，刘邦大家也都知道，是西汉的开国皇帝，而且这个人是中国历史上唯二的平民皇帝，就是由普通老百姓，最后做成了皇帝，所以这个人他即使做了皇帝，也带有很多平民的色彩。这是《张丞相列传》里面的一段，说周昌，和刘邦一起光屁股长大的发小，后来成了刘邦的股肱大臣。这个人为人强力，而且口吃。有一次"昌尝燕时入奏事，高帝方拥戚姬"，说周昌趁着刘邦听音乐的时候，进去给他汇报事情。大家想想，刘邦怀里面抱着一个自己最喜欢的女人，然后前面是跳舞的，还有音乐，这时候周昌这个人居然进来跟他汇报国家大事。我们普通人，即使是这样，你心里面也会很烦，对吧？刘邦当时确实很愤怒，周昌说了之后，刘邦听都没听，拿起手中的酒杯就砸了过去。大家想想那个时候是青铜器或者铁器，直接就砸了过去。我估计周昌自己就不是想汇报事情，就是不想让刘邦好好地听音乐。他其实是在用这种方式劝谏刘邦。大家想象一个当皇帝的人，听到别人说话，不高兴了，拿起手中的东西就开始扔，就可以砸，这个行为方式其实就是跟我们普通人很像，皇帝的轻率和平民的色彩很强。然后周昌这个人也是很有意思，皇帝砸了，按照我们了解的古代大臣应该怎么办？皇帝砸了，你就受着，你跪在那赶紧赔礼道歉。可周昌不是，周昌转过身就跑了。但这还不算最好玩的，最好玩的在哪呢？

刘邦很生气，砸了人，结果他还看见周昌跑了。他就更生气了，于是他就开始追这个人。这不就是小朋友打架的状态吗？我打你一下，你跑了，然后我追着你。刘邦后来就把周昌给追上了，追上还给骑到周昌的脖子上去了。一个皇帝，一个指挥30万大军打仗的皇帝，居然去追一个大臣，追到了之后还骑到人家脖子上，这不就是过家家嘛，这不就是小孩子！刘邦骑到人家脖子上后，还让人家回答问题，说我是什么样的人，我是什么样的皇上？周昌这个人还是很直，脖子扬起，就明显说我不服你，我就是不服你，说陛下是"桀纣之主"，桀和纣，这就相当于什么？这就相当于骂人了，说一个皇帝是桀纣，那是什么人？你是要灭国的人了。如果说普通的人骂刘邦，刘邦肯定就怒了，但是周昌骂，刘邦反而笑了，就把周昌给放了，后面反而更加忌惮、害怕周昌。

大家看一下这个故事里面，我们如果仔细地去想象或者神入的话，你发现特别有意思，而且这个故事当中很能够体现出周昌和刘邦的这种个人和时代的特点，平民社会、平民政治取代了贵族政治以后，这种平民色彩淋漓尽致地显现了出来。而且刘邦他虽然是个痞子，有社会下层的风范，但这个人大家可以看到，他确实是特别豁达的。

第三点就是要试着去理解历史。因为我们说历史是有古今差异的，尤其越远的历史，我们理解起来其实越困难。这是《论语》里面的一则小故事，叶公告诉孔子，说我们村有这种直的人，他的爸爸偷羊，儿子就会去做证或者告发他，我们把这种叫作什么？直。然后孔子说，我们这个村子不是的。如果爸爸偷了羊，儿子会为爸爸隐瞒，如果儿子偷了羊，爸爸会为儿子隐瞒，这个叫作"直"。这个事情争议很大，就是什么是直，但是我自己觉得没必要争议，之所以会争议，是因为我们没有使用历史的方法去理解历史情景。大家注意一下，首先这两个人，一南一北，这是地域差异，地域差异往往会造成观念的差异。叶公是南方人，孔子是北方人，而且孔子是鲁国人，叶公是楚国人，鲁国比较保守，倾向于周代的文化，南方相对落后，所以旧文化的束缚会少一些。所以这一南一北，理解事情是有差异的。孔子说的是"礼","父为子隐，子为父隐"，属于西周时期的"礼"的规范，因为西周时期是个血缘贵族组成的社会，在血缘贵族里面，一定是父子关系要搞好，对不对？所以要讲究孝，要讲究血亲关系，血亲关系就是你再怎么着，我都要维护你，所以它属于一个私人领域的东西，在这样的一个私人领域里面，从亲情的角度讲，孩子犯了事情，我作为爸爸一定是要给你隐瞒的，父亲犯的事情，我作为儿子也是要给你隐瞒的，这是人之常情，这个人之常情，孔子说这就是"直"，就是你最直接地表达了你的第一想法和感情，这就叫作"直"。

但是我们都知道，到了春秋末期的时候，这种分封制已经在崩溃的阶段，血缘关系慢慢地变成地域关系，也就是郡县制的这种关系，人和人不再讲血缘关系了，讲的是地缘关系，在地缘关系里面，父子的这种亲情关系其实就会淡一点，尤其是在治理社会的时候，礼已经明显落后了，法作为一种新的治理国家的这种规范开始登上历史舞台。法开始在中国历史上起作用，恰恰就处于孔子和叶公这个时间段。楚国作为后进国家，应该在这个时候已经开始用法在治理国家，用法治理国家的话，就是当你的行为侵犯了别人的财产的时候，我一定是要用法去惩罚你的，无论你是什么样的人。大家现在就能理解为什么"其父攘羊，而子证之"，叶公认为是"直"，包括这个儿子也会这么去做。这其实就是他已经处于一个私人领域到公共领域，由礼变成法的一个阶段了，所以这两个同时代的人，其实体现了地域差异和时代的差异，一个是进取的，一个是保守的，所以这两个人说的话，其实都是符合当时的社会规范的。

当然还有一种精神，就是推断，尽可能地去做一些推断。这也是《史记·秦本纪》里面的一段材料，讲的是秦国的祖先，这段材料很短，但这段材料如果我们从历史的角度去推断的话，其实可以推断出很多的历史信息。秦人的祖先，《秦本纪》里面说"帝颛顼之苗裔孙"，苗裔就不是直接的子孙，是后世的子孙。这一段话肯定是不可信的，太早了，不可信，为什么不可信？不可信之后有没有可信的了？有，秦的祖先一定不是华夏民族最初的人，因为他说他是苗裔孙，他是很偏很偏的一支，这就证明秦的祖先一定不是起源于中原，一定不是华夏族，一定不是黄帝和炎帝这个部落产生的，但他又说他是苗裔孙，大家会发现他一直在攀附，我不明说我不是，而且我还要说我是你的子孙，这是为什么呢？这个其实就是秦在追溯他的祖先起源的时候，已经开始把自己向一个强大的部落靠拢了，也就是向华夏族开始靠拢了，也就是这个时候华夏族的观念已经得到认同了，周边的民族都得认同。说他的祖先叫什么？叫女脩，女脩是个女的，大家看一下很好玩的一个事情，就是但凡中国人或者世界人类，追自己的祖先都不会追到爸爸，都会追到妈妈，都会追到母系，无论是周部族，还是商部族，还是夏部族，都会追到妈妈，不会追到爸爸这，为什么？这跟以前的历史有关系，爸爸是不确定的，妈妈是唯一可以确定的，所以都会追到妈妈这儿。追到妈妈这儿之后，说女脩掌握了纺织技术，关于秦人的部落，大家如果了解历史的话，都知道秦人其实是不擅长纺织的，我们了解到后来的秦人最擅长的是干吗？其实是游牧的部落，但这个时候大家看一下，最早追的时候，说他最早的祖先是一个纺织，纺织这种生活方式和游牧这种生活方式、放马这种生活方式，是完全不一样的。这是为什么呢？这个原因就在于女脩或者秦人的最早的部落应该是在东部地区，农业比较发达，他掌握了纺织技术，而这个时期应该是新石器的后期，因为纺织技术最早在中国出现就是新石器的后期，也就是说秦人的记忆可以追溯到新石器时代，是比较靠谱的。为什么他们后来去放马了？是因为在商周时期，秦的部落被迁到西部守边疆去了，在守边疆的过程当中，他的生活方式就发生了变化，这是从这个里面可以推断出来的信息。

还有说"玄鸟陨卵，女脩吞之，生子大业"，他的男性祖先追溯到谁呢？追溯到大业这个人，这个人和女脩到底差了多少辈，其实我不知道，但这个里面说了一个很好玩的，说有一只燕子生了一颗蛋，然后这个女脩把这个蛋拿起来之后吞了，吞了之后就生了一个人，这个孩子就是秦人的男性祖先，叫大业。这个故事挺好玩的，但是如果说我们历史知识稍微丰富点的话，我们就知道这个历史故事跟另外一个历史故事特别像，甚至是一模一样，这就是跟商人的祖先起源是一模一样的，商人也认为自己的祖先是他的妈妈吞了一只燕子的蛋，然后生了商的祖先契。那为什么两个部族的起源传说是一样的？我们从这儿就可以推断出，秦这个部族应该是深受商部族的影响，或者它的文化可能是同源的，或者说很近，所以它在追溯历史起源的时候，它不小心的或者是有意的，为了拉近跟商部族的关系，就把商部族的起源给挪过来的。而这个故事，其实我们会发现我们日常生活当中也会经常用，就是我们有时候会无意识地把别人的事情说成自己的事情。

这后面还有一个故事，就是"禹平水土"，大禹平水土这个事情基本上是确认了的，是历史上真正发生的事情，从这我们也可以推断出，秦这个部族真正地融入华夏部族当中去，应该就是在大禹这个时期，也就是夏初，夏初的时候，他给大禹打工、干活，帮助他修沟渠、平水土，所以他才融入中华的民族当中去。从这一个短短的历史的史料里面，我们能够推断出很多的历史信息。当然我们普通人没有这么多的背景知识，无法做出这么多的推断，但是我们不妨试着去做推断，包括我们的推断不一定都是正确的，但是我们可以去试着推，包括我现在做出这些推断，也不一定是正确的，但是我们可以去试推，你推的越多，你所得到的历史信息就越多。

潘　润

浙江温州人。台州学院人文学院讲师。2015 年毕业于南京师范大学，获历史学硕士学位。2020 年毕业于上海大学，获历史学博士学位。中国古代史专业，主要研究方向为先秦史。近年来发表论文《从清华简〈系年〉看戴氏取宋的开始时间及其历史意义》《从高青陈庄遗址看齐国起源的"西来说"与"东来说"》《"唐以强亡"现象的外部因素研究和现实意义》。

战国时期越国的兴衰及其影响

本讲内容包括五部分，首先是战国早期越国的强盛，其次是战国中期越国霸权的衰落与退却，接着是战国中晚期之交的楚灭越之战，然后是战国晚期楚国对越国故地的整合，以及最后一部分战国时期越国历史对秦末汉初历史进程的影响，横跨了两百多年的整个战国时期江东一带越国的历史。

首先我们这个讲座从这个对联开始，大家知道这是明代一个非常著名的对联，就叫"有志者，事竟成，破釜沉舟，百二秦关终属楚；苦心人，天不负，卧薪尝胆，三千越甲可吞吴"，是强调励志的一副对联，描写了大家都非常熟悉的两个成语，第一个叫"破釜沉舟"，第二个叫"卧薪尝胆"，就是秦汉时期项羽以八千江东子弟，最终破釜沉舟亡秦必楚的故事，还有春秋末期越王勾践卧薪尝胆，最终灭吴雪耻成就霸业的故事。但是大家注意到这两个故事中间其实隔了200年，第二个是春秋末期，第一个是秦末汉初。对于这两个成语中间的200多年战国时期的越国历史，人们的了解较为模糊，所以就是今天要讲述的主要内容。

而我们要了解战国时期的越国，首先就需要了解越国在战国时期之前的背景，就是春秋末期的勾践灭吴以及称霸中原的故事。公元前496年越王允常死后，吴王阖闾乘越国国丧的时候偷袭，结果在今天嘉兴一带的槜李之战，被新登基的勾践打败受伤而死。《左传》里面提到槜李之战具体过程，就是勾践派死士在阵前通过自杀的方式打乱了吴军的部署，最终大败吴军。

槜李之战的结果使吴国被迫推迟了灭越，于是在三年后的夫椒之战中，吴王夫差才打败了越王勾践，迫使越王勾践投降，后来就是越王勾践卧薪尝胆的过程，逐渐恢复了越国的国力。而此时的夫差被勾践的这种低调的做法所迷惑，置越国威胁于不顾，北向争霸中原，最后在艾陵之战中歼灭了齐国十万大军，并且在黄池之会当中取得霸主地位。但是这时越王勾践趁吴军主力外出的时候，袭击吴国都城姑苏，打败了留守都城的吴国部队，最后在公元前 473 年灭吴雪耻，成为春秋时期最后一个霸主。

勾践在称霸中原的时候，积极与中原各国来往，与周天子还有中原诸侯友好相处，更好地维护自己的霸主地位，而且也干预了当时中原诸侯的一些事务，比如说郳国以及我们所熟悉的鲁哀公奔越的故事，反映出越国当时在中原地区有非常强大的霸权。

最近的一个重要发现是 2018 年在郳国故城发现了郳国夫人的墓葬，但这个夫人墓葬明显来自越国，很有可能战国早期的郳国国君的夫人是来自越国的女子，这就反映出郳国上层贵族与越国之间的那种密切的联姻关系。

我们前面说完了越国在中原地区的霸权，这就涉及一个非常著名的问题，就是越都琅琊。我们知道，在先秦西汉的史料当中并没有提到越国迁都琅琊，对此最早的记载来自东汉时期《越绝书》《吴越春秋》，还有《汉书·地理志》，提到了勾践在灭吴之后北上迁都琅琊。而对于这一地点，传统观点一般认为位于今天山东的著名景点琅琊台。但是这里有个问题，因为琅琊台那个位置距中原实在是太近了，真的适合作为越国的都城吗？有很多学者一直对此有很多怀疑，甚至以此认为越国从未迁都到中原琅琊。于是 2005 年绍兴文理学院的两个学者，一位是张志立先生，还有彭云研究员，就对连云港的锦屏山的九龙口古城进行了考察。之后通过一些史料记载，比如《后汉书》里面"张步起琅琊"这一句的章怀太子注，认为越都琅琊的位置并不在今天山东青岛一带，而是应该位于连云港的九龙口古城。

这是战国时期越国的地理位置，大家可以看出九龙口古城位于今天连云港一带，就是今天的欧亚大陆桥的东边。它那个位置和位于越国最北方的琅琊台相比，九龙口古城更靠近越国腹地。这种避免与齐国过于接近的地理位置，连云港比琅琊台其实是更合适的。所以因为这一点，张志立和彭云两位研究员认为越都琅琊的位置，更有可能就在今天的连云港，而不是最北边的琅琊台。这个观点其实在现在得到了很多学者的认同。

关于越都琅琊是在连云港而不是琅琊台这个观点，在我看来有三个最主要依据，第一是琅琊台位于齐长城下，过于接近齐国，作为越国都城确实不合理。第二是九龙口古城有大量与越国有关的印文陶等考古发现，而琅琊台到目前为止并没有发现越国遗迹。第三也是最重要的依据是 2008 年的清华简当中有一篇叫《系年》，其中就记载了传世史料中所失载的战国早期越国与齐国之间的大规模冲突，证明了越国迁都琅琊的一个重要目的是在海上与齐国争霸。这种与齐国不断的大规模战争说明越都琅琊的位置不可能与齐国过于接近，更应该位于连云港而不是山东。

最后在越国走向灭亡后，越都琅琊也逐渐衰落，并最终成为秦国的一个县。而位于山东境内的琅琊则在齐国统治下不断繁荣，并且成为秦始皇东巡的重要地点。于是随着历史的发展，后人逐渐遗忘了越都琅琊的真正位置，将其与同名的齐国琅琊相混淆，直到今天。

关于前面越国迁都琅琊的一个重要目的是参与中原的争霸。关于越国在战国早期如何参与中原争霸，这个主要在清华简当中对此有一些记载。战国早期越国作为大国的对外战争中，最著名的事迹是在晋齐争霸当中协助三晋攻打齐国，比如说公元前 441 年，越国就参与了大规模伐齐，迫使齐国建造齐长城。还有公元前 430 年，越王朱勾也亲率大军伐齐，一直攻破了齐长城的句俞之门，这成为三晋伐齐当中一个重要的战役。比如说清华简《系年》第二十章和第二十三章，明确记载了越国在战国早期的两场非常著名的战役，这也反映出越国在战国早期的强大国力。

越国在战国早期不仅仅是参与到了与齐国之间的战争，还参与到了与楚国之间的战争。在进入战国之后，越国与楚国爆发了大规模的战争，比如说越王朱勾刚继位，楚国就灭掉蔡国，两年之后又灭掉了莒国，然后楚国与越国之间战争不断激烈化，特别是《墨子》，就记载了战国早期楚国与越国在长江上大规模的水战。

总之，战国早期越国的国力依然非常强大，墨子对其总结认为，战国早期越国与齐国、晋国、楚国同为大国，当时天下的局面是"南有楚越之王，北有齐晋之君"，等于说越国也是一个非常强大的国家，这说明，越国的国力在战国早期其实要超过在后来成为七雄的秦国和燕国。

既然战国早期的越国国力那么强大，为什么后面还是衰落了？首先战国中期越国霸权衰落退却。公元前379年，越国被迫将都城由琅邪南迁到了姑苏，宣告了勾践以来越国在北方的海上霸权的结束。而在迁都后仅仅过了三年，越国就发生了内乱，越王翳被太子诸咎所杀害，之后诸咎也被杀害，然后就不断发生《庄子·让王》和《吕氏春秋·审己》当中记载的战国中期越国的内乱，庄子把这总结为"越人三世弑其君"。这反映出随着内乱和国力的衰弱，战国中期，越国的势力由中原争霸全面向江东地区退却。

越国从中原向江东退却后，在战国中期不断衰落，最后就是战国中晚期之交的楚灭越之战。关于楚灭越之战，最初来自《史记》中《越王勾践世家》的最后一段文字，记载了战国中晚期越王无疆北伐齐，但是齐国又派使者去说服越王应该去伐楚，最后越国就听信了齐国使者的谗言去伐楚，导致了越国的灭亡。

这个记载认为，这个时间是在齐楚徐州之战的时候，但是许多前辈大家比如杨宽先生以及李学勤先生的相关分析，认为这段记载其实并不是在齐楚徐州之战，而是在战国中晚期之交的楚怀王时期，其真正发生时间应该是公元前311年。这场战争的背景是前一年齐国因为燕国的子之之乱而大规模侵略，最后导致战国七雄之间的大混战。首先齐国干预燕国内政，但是又被赶出了燕国，这就是越王无疆在恢复国力之后兴师北上伐齐的背景。

而同时期齐国在面对燕国的征伐当中，也将越国的军队引向因为张仪的诈楚同样陷入孤立的楚国。当时楚国因为秦国派遣张仪到楚国，去诱使楚国与齐国绝交，陷入全面孤立，于是就在丹阳、蓝田之战惨败于秦国。楚国在与秦魏韩三国大战的同时，越国也派人对魏国进行了战略支援，比如《竹书纪年》里面就记载了越国派人来支援魏国，同时也祝贺秦武王的登基。

但是越王无疆对局势的判断，其实出现了严重的错误。早在公元前319

年，楚国就已经在今天的扬州一带筑城来逼近越国与中原之间相联系的邗沟，战国中期晚段淮阴运河村战国墓已经有楚式的漆器取代了淮安高庄战国墓的原始漆器，也反映出此时淮安一带已经为楚国所占领。于是楚国就利用越王无疆伐楚的机会调兵攻打越国，大败越，杀王无疆，取得战争胜利，最后实现了楚灭越。

当时张仪在与楚王的谈话当中也提到了这场楚灭越的过程，里面提到"且大王尝与吴人五战三胜而亡之"。这一记载与《史记》当中"大败越，杀王无疆"其实是可以对应的，从楚国自身"阵卒尽矣"的巨大损失，也可以看出这场亡国之战的惨烈。楚灭越之战又过了五年，在公元前306年，楚国派昭滑到越国，最后引发了越国的内战，于是楚国完全夺取了江东地区，并设立了江东郡。

韩非子对于楚国江东郡的描述当中的"五年而能亡越"，说明楚国夺取江东是在楚灭越之战后第五年，也就是公元前306年。值得注意的是，前面的"五战三胜而亡之"和这里的"五年而能亡越"，两个都用了"亡越"的提法。楚国在公元前311年楚灭越之战当中已经杀死了越王无疆，而五年后的306年楚国夺取江东这两个事件都给予越亡国的打击，都被视为越国灭亡的标准，这就说明楚灭越是一个长达五年的连续过程。

江东郡的设立是长三角历史上一个重大事件，标志着长三角地区开始进一步接受先进的中原文明，长三角华夏化进程进一步加快。苏南浙北地区在之后2000多年不断得到开发，逐渐成为中国的经济中心，直到今天。

这里我们分析一下，越国在战国时期为什么会衰亡？我们知道，越国作为春秋时期最后一个霸主，在战国早期依然拥有强大的国力。那它为什么会衰亡呢？首先是因为越国实行了分封制与落后的政治制度。由于百越民族长期处于政治上落后的状态，断发文身，并没有接受中原的先进文明，导致在灭吴之后，越国也没有实行中央集权，而是大力推广分封制，比如说在吴地就分封了一些王，包括宋王、摇王、荆王、干王、烈王等。但是在推进分封制的同时，越国也没有建立起礼义廉耻、父慈子孝的政治理念，以至于父杀子、子弑父的悲剧不断发生。在中原变法图强的时候，越国却从来没有出现过变法，最后就陷入"越人三世弑其君"的内乱之中，从而加剧了越国衰落。

其次，越国在生产力水平与文化上严重落后于中原，以至于其在弱肉强食的残酷的战国时代难逃衰亡的命运。落后生产力的水平又缺乏先进的铁制工具，就只能拉大越国与中原之间的差距。比如说在楚越战争时期，越国在战场上就已经处于"楚之兵节而越之兵不节"的不利地位，同样在战国时期百家争鸣的氛围当中，越国在文化上也严重落后，比如说没有一流的诸子人才前往越国讲学，这种文化上的落后发展为越国在文化软实力以及上层建筑方面的全面落后，逐步走向衰亡。

再次，就是吴越争霸的背景并不适用于战国时期，我们知道，春秋时期的吴越两国崛起并称霸中原的历史背景，就是春秋与战国之交正好处于一个转型期与过渡期，秩序被打破，新兴的阶级崛起并试图夺取国家权力。各国都处于混乱状态下，政治稳定的落后国家吴国和越国就得以先后崛起。但是进入战国后，中原国家先后完成了三家分晋、田氏代齐等巨变，升华为拥有更为进步的稳定的国家共同体的时候，留给越国的战略机遇期已经结束。面对不断变法图强的中原国家，故步自封的越国只能走向衰亡。

最后一个原因是海上文明与陆上威胁的矛盾，以及严重的战略失误。越王勾践迁都琅邪，存在严重的战略失误，他所追求的海上文明与国家所现实面对的陆上威胁的矛盾加剧越国衰亡。越王勾践迁都琅邪的目的是通过自己的海上优势与齐国抗衡，称霸中原中越国在与齐国战争中不断地胜利也反映了这一点。但是越国最大的威胁其实并不是齐国而是陆地上的邻国楚国。当越国在与齐国的战争中不断取得胜利的时候，面对陆地上进攻的楚国就不断地造成重大战场失败，最后越王无疆因为齐使的游说犯下了严重战略决策失误，"释齐而罚楚"，战败被杀，百越文明也被来自楚国的华夏文明取代。

介绍完楚灭越之战，我们看一下考古学视角下的楚灭越问题。首先是江东与苏北战国时期的越国贵族墓葬。综合对江浙两省发现的战国时期越国贵族墓葬的考古发现，可以得出战国时期的越国贵族墓葬有几个重要特点。首先，战国越国墓葬继承了春秋时期土墩墓的特点，但是贵族墓葬也开始主要采用土坑木椁墓的形式。战国越国墓葬的礼器种类为原始瓷器，这是考古发现的华夏民族与百越民族在葬俗上的重要区别。这种原始瓷器成为中国瓷器文化的滥觞，为后来瓷器在中华民族日常生活中的普及，并且成为中国的英文名奠定了基础。

其次，战国时期的越国贵族墓葬一般在墓侧设立陪葬乐器坑，是这一时期越国的重要葬俗，反映了越国对音乐的独特爱好。这个墓葬特别是在鸿山越墓当中也有精美的玉器，是对良渚文化时期玉礼器文化的继承和发展。最后随着越国在楚国压力下不断向东南山区退却，大量越国墓葬中的葬俗也出现在后来秦汉时期的瓯越、闽越的贵族墓葬，比如说温岭塘山大墓，还有闽越王城的贵族墓葬当中，都有墓葬外面陪葬乐器坑，以及不使用青铜礼器等特点，与上述几年在长兴、安吉等地发现的战国时期越国贵族墓葬大体相同。

2015年在绍兴平水盆地发现了战国时期越国王陵，2016年底《绍兴越墓》发表。经过考古队5年的调查，最后发现在绍兴的平水和漓渚等乡镇的11处越国贵族墓地，"中"字形墓葬有6座，很有可能就是战国时期的越国王陵，因为其规模比鸿山越墓的贵族墓葬大，毫不逊色于绍兴印山的越国王陵。而且除了一座"中"字形墓在漓渚镇外，其余6座都位于平水盆地，对比中原地区同时期墓葬形制和规模，平水盆地这些特大型的高等级墓葬，很有可能就是越国王陵，平水盆地应该是战国时期的越国王陵区。从上述考古队的调查结果，我们可以得出以下几个结论：

首先，绍兴平水盆地墓葬越国王陵的发现揭露了越国在争霸中原时迁都琅琊姑苏后的"反葬"习俗。长期以来，考古学者一直试图寻找战国时期越国王陵的位置，绍兴平水盆地王陵的发现证明了越国在灭吴称霸后的勾践、者旨于赐、不寿、朱勾、翳、无余之、无颛七代当中越王都反葬于会稽，并没有葬于琅琊和姑苏，对应于平水盆地的七座"中"字形双墓道大墓，填补了文献记载的缺失。

其次，绍兴平水战国越国王陵只有 7 座越国王陵，进一步证明了楚国在楚怀王时期杀越王无疆后确实已经灭掉越国，不存在"楚未灭越"的情况。

最后就是绍兴的越国王陵作为竖穴土坑墓，与越王允常的竖穴土墩墓不同，反映出越国在称霸中原的战国时期就受到中原华夏文化的强烈影响。

后面我们讲的第四点，就是战国晚期楚国对越国故地的整合。对于公元前 306 年楚怀王夺取江东并设立江东郡后，楚国在长达半个多世纪的整个战国晚期前段都没有对江东实行有效的统治，江东在这半个多世纪中陷入了非常混乱的局面。从考古学角度看，越国灭亡到春申君封于江东的战国晚期前段的半个多世纪里，江东地区的各种文明遗址几乎消失，战国早中期的越国贵族墓葬不复存在，战国末期随春申君迁入江东的楚国贵族此时又还没有出现，整个长三角进入差不多半个世纪的考古发现空白期。

但是对于这一时期许多材料都说明在楚怀王灭越之后，越国依然在政治舞台上被提及。比如说马王堆汉墓的《战国纵横家书》中的《苏秦说齐湣王章》里面提到"楚越远；宋鲁弱，燕人承，汉梁有秦患；伤齐者必赵"，越国被和楚国并称。《谓起贾章》中也有"楚割淮北，以为上蔡启门，得虽近越，实必利郢"，楚越再次并称。《韩非子·喻老》里面也提到了楚顷襄王试图再次征伐江东。楚顷襄王想伐越的时候，认为越国"政乱兵弱"，而庄子当时就认为"王之兵自败于秦、晋"，指的是著名的丹阳、蓝田之战，"丧地数百里，此兵之弱也，庄蹻为盗于境内而吏不能禁，此政之乱也。王之弱乱，非越之下也，而欲伐越，此智之如目也"。楚顷襄王就停止了伐越的想法。

与此同时，善射者也再次在与楚王的劝谏中提到越国，"北游目于燕之辽东而南登望于越之会稽"，这里提到了"越之会稽"。大约在楚顷襄王东迁之后，越国就从中原史书当中完全消失了。这一时期在史书记载中，越国完全作为一个地理名词与其他诸侯并列，并没有具体的事迹。

那么我们应该如何看待这一时期史书中对越国的记载？《越绝书》和《吴越春秋》为我们提供了答案。《越绝书》里面提到了在越王无疆伐楚被杀之后，其子之侯窃自立为君长，之侯子尊，时君长，尊子亲，也是君长。这就说明在楚越之战中，楚国并没有绝越之宗祀，而是保留了直接由王降为君长的越君，延续了之侯、尊、亲三代。

直到半个世纪后的楚考烈王时期越君才被灭。由于江东地区在公元前306年"尽取故吴地至浙江"后就已经被纳入楚国版图，这时期越君的驻扎地应该是钱塘江以南宁绍地区的越国故都会稽，所以善射者才会提到"南登望于越之会稽"。此时的越君并没有自己的独立国家，只是楚国的封君。所以苏秦等人的游说当中才会屡屡提到越国，却只是将其作为地理名词与其他国家并列，并没有具体的事迹。

由于此时楚国并没有在江东地区建立有效统治，江东很大程度上仍然处于"政乱兵弱"的混乱状态，原本越国分封制下的贵族在"越以此散，诸侯子争立，或为王，或为君，滨于江南海上"的情况下，不断混战，加剧了长三角百越文明的衰弱。

比如说《越绝书·吴地传》里面就记载了"巫门之战"，当时越国的摇王杀掉了周宋君并葬在了武里南城。宋王与摇王在今天的姑苏附近发生战争，导致周宋君被杀，而摇王杀了周宋君之后还对上舍君也发动战争，"通江南陵，摇越所凿，以伐上舍君"。不断的战争给江东带来了巨大破坏，以至于曾经的越国都城姑苏在半个世纪后春申君封于江东时已经沦为"吴墟"。

春申君封于江东的时候，他的一个重要的做法是对越国贵族的征服。在战国末期楚考烈王时春申君当政，楚国当时灭掉了鲁国。春申君向鲁国的扩张激怒了齐国，最终导致了楚国在江东的扩张与越国残余势力的消亡。春申君请封于江东时，加强了楚国对江东郡的统治，从而遭到当地越国贵族的抵抗。比如说后汉书注引《越绝书·吴地传》中就提到"有西岑冢，越王孙开所立，以备春申君，使其子守之，子死，遂葬城中"。春申君到来后，越王无疆的孙子开建城让其儿子守卫来防御春申君。面对江东的越国贵族，春申君也建立起军事阵地与越人对抗，比如说《越绝书》里面还有"蛇门南面，有陆无水，春申君造以御越军"。于是经过一段时间的征讨，春申君最终征服了江东地区的越国贵族,并打败了会稽的越君。《吴地传》里面就记载了"越王句践徒琅邪,凡二百四十年,楚考烈王并越于琅邪。后四十余年,秦并楚",《记地传》里也记载了"尊子亲,失众,楚伐之,走南山。亲以上至句践,凡八君,都琅二百二十四岁。无疆以上,霸,称王。之侯以下微弱,称君长"。《吴越春秋》里面也记载了"其历八主,皆称霸,积年二百二十四年,亲众皆失,而去琅邪,徒于吴矣"。《吴越春秋》还记载了"亲,失琅琊,为楚所灭",后面还有"勾践至王亲,历八年,格霸224年"。大家请注意224年这个数字,我们从上面的这些零星记载中可以看出,在楚考烈王时期楚国发动了对越国残余势力的最后战争,夺取了会稽。越君亲战败后"为楚所灭",被迫"走南山",即浙南、福建山区一带。关于这一事件发生的具体年份,虽然《越绝书》和《吴越春秋》中认为越国定都琅琊长达224年是错误的,但是我们也可以将这个224年理解为从勾践迁都琅琊到越君亲败亡的年数。由于《吴越春秋》把勾践迁都琅琊之年定为灭吴后的第二年公元前472年,我们可以推算出这一年的224年后正好是公元前248年,也就是春申君封于江东之年。也就是说,春申君在封于江东后,就通过战争征服了越国故地的旧贵族,并驱逐了末代越君亲,建立起楚国对越国故地的直接统治。

春申君以来楚国对江东开发的最大意义是促进了长三角地区的华夏化,使得中原华夏移民将中原的先进文明技术带到越国故地,使这一地区开始得到飞速发展,并且逐渐成为中国的经济中心。楚国在越国故地的统治促使了楚越文化的融合和越国故地在天下走向一统的大背景下的区域融合。

经过前面200多年越国的衰亡,以及楚国对越国故地的整合,我们讲座进入最后一部分:战国时期越国历史对秦末汉初历史进程的影响。前面我们提到战国时期越国是一个200多年不断衰亡的过程,与战国时期中原相比,越国在不断衰亡,但是这种衰亡过程到了最后时刻秦末汉初,整个局势就发生了完全逆转。随着秦灭楚和会稽郡的建立,江东地区的历史也进入了秦汉时期,而这一时期最著名的就是秦始皇东巡会稽。长期以来,成语"东南有天子气"一直被视为刘邦登基后为证明自己的政权合法性而进行的政治宣传,比如说史记《高祖本纪》里面就提到了"秦始皇帝常曰东南有天子气,于是因东游已厌之",而最后吕后就认为"季所居上常有云气",于是刘邦就认为天子气当然只能是自己了。

按照这一说法,拥有天子气的东南人当然指的就是那位真命天子刘邦,或者这个说法也被认为是南京有"金陵王气"的历史依据,比如说是楚威王埋金陵城民间传说,并被衍生为秦始皇东巡江东时期为泄金陵王气,而且要开凿秦淮河,改金陵为秣陵的故事。我们应该如何理解"东南有天子气"这句话? "东南有天子气"的真正内涵应该是战国时期楚人与越人的反秦势力在江东地区对秦朝统治的巨大威胁。早在战国晚期,面对楚国不断地增大的军事威胁,秦国不断增大军事压力,楚国便通过对东边的宋鲁越地区进行扩张加以应对,成为三楚当中的西楚与东楚。楚考烈王时期,春申君对淮北江东的开发,使这一带成为楚国抗秦战争中发挥巨大作用的大后方。在后来的秦楚之际,更是有大量的豪杰来自楚国东部的西楚东楚,比如说陈胜、吴广、刘邦、项羽、韩信、萧何、范增、英布、孔鲋等。楚国移民向江东地区大量流亡使秦始皇感受到了对秦朝统治的巨大威胁,就成为其公元前210年东巡江东的重要原因。

《史记》当中记载了东巡的具体过程,从今天的咸阳出发,在今天的杭州越过钱塘江一直到会稽去祭大禹,最后就立了会稽刻石,然后再返程。让我们看一下《会稽刻石》,这个是清代的一个知府根据相关的刻本重新刻在石头上的会稽刻石的相关文字。这段文字反映出秦始皇东巡江东的一个重要目的,里面提到了越人当时很多风俗在秦始皇看来是不符合礼仪的,于是《会稽刻石》里面就有大量的要求,要移风易俗。

《越绝书》《吴越春秋》等江东地区地方史著作当中都提到了秦始皇东巡期间为"泄江东王气"、镇压江东反秦势力而大规模施行措施,包括三个方面:首先就是刻石颂秦德,改变越人生活习俗,这就是我们所看到的越会稽刻石;其次就是将会稽越人大量迁往吴地,并从中原向宁绍地区大规模移民来防备海外的闽越瓯越,比如说将越人大规模迁往今天的杭州、湖州一带，然后把大量的汉人迁到今天的绍兴一带；最后还把越国的名字给改了，大越改名叫山阴，就是今天我们所熟悉的绍兴的别名山阴的来源；最为关键的就是秦始皇在东巡期间对吴越王陵的盗掘，最能说明这次出游"泄江东王气"的目的。

关于秦始皇盗掘吴越王陵，陆广微的《吴地记》佚文提到秦始皇东巡到了虎丘，求吴王的宝剑。传说有一头老虎在虎丘上面，秦始皇就把自己的宝剑扔了过去，但是没有砸到老虎，最后老虎也不见了，宝剑也没找到。这段记载人们一直认为是传说，并不认为是真实的。

直到1998年在印山越国王陵的发掘过程中，惊讶地发现了7个一字排开的大型盗洞，将印山大墓盗掘一空。这七座圆形大盗洞对准墓室，反映出两点：第一是7个盗洞可能是同一次盗掘所为，如此大规模的盗掘应属集体所为，有挖坟掘墓的灭祖坟的痕迹嫌疑；第二是盗墓者对深埋地下的墓室结构比较了解，说明盗墓时间距离埋葬时间不会太远。里面发现一件铁锹应该是盗墓者遗留下来的盗窃工具，按照目前认识，这个铁锹在浙江地区出现是在战国后的秦代，说明了这次大规模的挖坟掘墓极有可能是统一越地的秦始皇所为。

秦始皇之所以在东巡江东期间大规模盗掘吴越王陵，最重要的目的就在于破坏江东王气，威慑在江东地区聚集的楚人和越人的反秦势力。吴越王陵不幸成为秦始皇震慑江东地区楚人反秦势力，"泄江东王气"来维护秦朝统治的替罪羊。

而秦始皇在结束江东东巡之后，返回咸阳途中就死于沙丘。由于在这次出游过程中，他在江东的所作所为使秦朝失尽了民心，并没有达到巩固秦朝统治的目的。在秦始皇驾崩后的第二年，项梁、项羽就以江东子弟八千人起兵"渡江而西"并最终推翻了秦朝，从此改写历史。

我们上面提到的楚国对越地的整合，对秦亡汉兴造成了一个怎样的影响？楚国虽然灭亡，但是秦朝统治之下楚国的反抗精神并没有熄灭。首先其中最著名的预言就是我们所熟悉的"楚虽三户，亡秦必楚"。"亡秦必楚"

最早是楚怀王入秦时楚南公所预言的，但是在经历了秦灭六国、实现华夏大一统的情况下，这个预言居然成真了，什么原因导致这样一个完全是100年前的预言在100年后会成真？

江东之所以会成为亡秦必楚基地，与战国时期越国200多年历史有关。江东早在战国末期的春申君时期便已经得到楚国大力开发，进入秦汉之后更是有大量的楚国移民迁往江东，其中最著名的便是项氏家族。值得注意的是，曾经楚国的失败是因为腐朽的贵族政治制度，而这种局面在白起拔郢，大大削弱了楚国的旧贵族势力后就发生了根本性改变，特别在充满朝气的新开发之地江东更是不存在了。项氏家族原本在楚国灭亡之后被迁入作为秦国统治中心的关中地区监视居住，是因为项梁杀人才被迫逃往江东。正因如此，项家在起兵江东后，更是沿用了秦朝各种先进制度，这就成了灭秦大业得以成功的重要保障。秦始皇驾崩后项梁、项羽利用陈胜、吴广起兵的机会起兵江东，真正恢复了楚国的反秦力量。

为什么秦始皇会不顾自己的身体状况到江东来，从而导致自己劳累致死，秦朝被赵高所灭亡？我的观点是越国在战国时期200多年的封闭守旧、无思进取的统治，使江东地区拥有了强有力的灭亡秦朝力量，这种力量就被秦始皇归纳为"东南有天子气"。比如说《汉书·地理志》里面就这样记载江东地区的民风，"吴粤之君皆好勇，故其民至今好用剑，轻死易发"。关于"轻死易发"，大家请注意，前面提到檇李之战中越国的将军士兵就通过自杀的方式来打乱吴军的战线，从而打败了吴军，这就反映出越国所具有强有力的轻死易发的力量。而最著名的记载轻死易发精神来自出土文献，清华简柒《越公其事》中记载了勾践在伐吴前对民众舍生忘死精神的试探。越王勾践故意去烧自己舟室，然后大量的越国民众就舍身救火跑进去，有300人牺牲在火海当中。越王看到群众这么舍生忘死，于是就发动了灭吴之战。这些记载反映出越国所具备的"轻死易发"精神。

面对越王勾践故意焚烧舟室的试探，广大越国民众舍身救火，300多人为之牺牲，充满了以"轻死易发"为标志的爱国主义精神，所以在"十年生聚、十年教训"的卧薪尝胆后就能灭亡比自身要强大的吴国，成就中原霸业。在这种情况下，战国时期越国统治者的封闭守旧、不思进取，就可以使得百越民族的江东民众没有为中原先进的华夏文明所同化，从而更好地使民众在淳朴当中保持来自越王勾践的轻死易发的精神，拥有了新兴民族文化的进取精神力量。同时越国在春秋时期成为周天子诸侯国和中原霸主，还能使其拥有华夏民族的先进思维方式。在保持了春秋时期越国的先进冶金军事科技的情况下，突然接触到来自春申君和秦朝的先进军事制度后，这种力量就会突然迸发，于是就被秦始皇归纳为"东南有天子气"。

经过了 200 年的轮回，历史的车轮仿佛又回到原点，回到了战国初年三晋伐齐时越国国力远比秦国要强大的年代。战国时期越国历史的最大意义，就是将春秋时期吴越民众"轻死易发"的精神保存了下来，成为专制统治下的民众反抗秦朝完备的国家暴力机器的重要力量，从而成功地推翻了暴秦的统治，使中华民族迎来了自由与解放。虽然江东地区在战国时期就因为越国制度落后而一直默默无闻，但在引进秦朝的先进制度后，江东子弟向天下证明了自己拥有多么强大的力量。亡秦必楚在那一刻也在江东由预言变为现实。

总之，战国时期的越国对秦末历史进程的影响体现了特定时代背景下，边疆小国对历史发展的重要作用。战国时期的越国虽然是战国七雄之外一个逐渐走向衰亡的边疆小国，但是在宏观历史体系中，越国通过远离中原核心的总体战的法家体制，为后来秦亡汉兴中江东子弟能够在项羽领导下发挥重要作用保留了重要的人文社会基础，成为"亡秦必楚"得以实现的最重要外部因素。

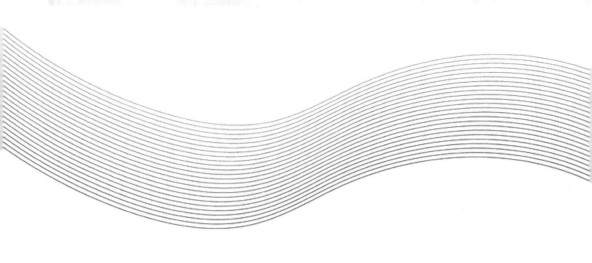

第四辑　语言秘境

娄欣星

浙江台州人。文学博士，副教授，台州市和合文化研究院副院长、台州学院人文学院副院长。研究方向：中国古代文学与传统文化。近年来，已发表论文 20 余篇，出版学术著作 2 部；主持省部级项目 2 项、市厅级项目 3 项；获浙江省第十一届青年教师教学竞赛二等奖、台州市哲社优秀成果奖优秀奖 1 项等荣誉；入选浙江省旅游青年专家培育人才、台州市"211"人才、台州市"三台新秀"社科学者等人才项目。

南官人文大讲堂

跟着唐诗去旅行

今天我们的主题是跟着唐诗去旅行。现在正是暑假，我们的大朋友小朋友可能也都是趁着这个时间想要出去走一走，不同年龄层的朋友们，对于旅行目的地的挑选会有自己的一个标准。小朋友会比较喜欢好玩的地方；年轻人可能想要去一些网红打卡点，到比较容易出片的地方去拍拍照；对于父母来讲，哪些地方可以有益于我们孩子的成长，可能会更多考虑这个方面的因素；对于年纪大一点的朋友们来说，可能会比较想去一些地方走一走看一看。

跟着唐诗去旅行，唐诗可能对大家来说都不陌生，从小开始背诗。那我们在学唐诗的时候，有没有去过这些创作了唐诗的地方，或者唐诗当中说到了一些地点你有没有去过？可能我们在背唐诗过程当中就只是去记忆某一些点，但是具体的他们创作是在什么地方，其中包含的这些故事好像有些离我们很遥远，但其实并非如此。今天我们就来聊一聊跟着唐诗去旅行，可能现在因为疫情的关系，我们没有办法到省外，那今天我们说唐诗可能更多的就聚焦在浙江，来看一看在浙江的唐诗都讲到了哪些点，这些点到了现在，还有没有保存下来，可以让我们去走一走、看一看、学一学？以前，我们对于旅行目的地的一个要求——美景，好看就行。现在，我们对于旅行有了一个更高的需求，会希望在旅行的过程中再纳入更多包含文化层面的东西。我觉得唐诗就是一个很好的载体。

我们讲到浙江唐诗的时候，想必大家对"四条诗路文化带"这个称呼并不陌生。那首先，我们先来了解一下这个文化带的发展规划，这是浙江省在 2019 年时提出来的，大家通过这个图片可以看到，这四条最上面的这一条叫大运河诗路，左边这条是钱塘江诗路，右边这条由北向南的就是浙东唐诗之路，下边这条是瓯江山水之路。4条诗路文化带，大家看这个形状是不是很像一个"文"字。这就指向了打造"四条诗路文化带"的内涵——要有灵魂，同时要有美景；要有历史，同时要有文化。其实这四个内涵也符合我们现在大多数人对于旅行的期待，或者说想要在旅行过程中能够看到既有美景又有历史文化内涵的东西。

今天我们重点来谈一谈跟我们台州密切相关的诗路——浙东唐诗之路。不知道大家对浙东唐诗之路是否了解，浙东指的是钱塘江以东，从广义来讲，"浙东唐诗之路"包含了浙东七州，即唐代的 7 个州，唐代的越州是现在的绍兴，唐代的宁州是现在的宁波和舟山，唐代的处州是现在的丽水，唐代的婺州是现在的金华，还有台州、温州、衢州，这就是"浙东唐诗之路"的范围。从狭义上来讲，是特指从萧山西兴渡口开始，进入浙东运河，经过绍兴、上虞，到了上虞再沿着剡溪到达嵊州新昌，最终到达台州的天台山的这一条主线。可以说，天台山是浙东唐诗之路的终点，或者说是一个顶峰，因为天台山对于唐代诗人来讲，是他们到浙江的一个最重要的目的地，不能说是唯一，但是一个非常重要的目的地。

在这条诗路上有很多诗歌，大家比较熟悉的有"天姥连天向天横，势拔五岳掩赤城"等，那到底有多少诗歌呢？有学者做过不完全统计，有 451 位诗人在这条诗路上创作了 1500 多首诗。关于这 1500 多首诗的作者，我做了一个词频的分析。我们在这么多的作者当中，大家看一看字体最大的是谁？对，是李白。第二呢？白居易，接着还有孟浩然、刘长卿、杜甫、张九龄、刘禹锡等。也就是说，在这 1500 多首诗歌当中，李白和白居易两位诗人在这条诗路上的创作比较多，这是从作者的角度来讲。

接着，我们来看一看在浙东唐诗之路上有哪些地名出现得比较多。在 1500 多首诗中，"天台"这两个字的出现频率是最高的；其次是剡溪，在新昌境内，它是从上虞到新昌必经的一条水路；接着是镜湖，就是现在绍兴的鉴湖；接着是赤城，大多数情况下指的是天台的赤城山；永嘉指的是温州；

越中指的就是绍兴；石桥指的就是石梁，等等。通过这样一个词云，也印证了"天台"为什么能够成为浙东唐诗之路的顶峰，当然这里的天台不仅仅指的是天台这个县，大多数情况下指的是天台山。

我们再来看一看是哪些动词和形容词出现得比较多。左边这个是动词，"相逢"出现最多。我们说唐代诗人来到浙东唐诗之路的目的或者说他在来的过程中，会有很多与亲友相聚或送别的场景，这是一个方面。另外一个方面，诗人到浙东来游历，我们称之为漫游。他们的漫游其实也是寻找创作灵感的过程，所以还有一些"不知""不得""不见""不可"，充满了一些期待的词语，他们对浙东之行充满期待。形容词这里有"风流""逍遥"，这两个词代表了诗人来到浙东的最大感受，或者说他们期待浙东能够给他带来风流、逍遥的感受。

简单地介绍了"浙东唐诗之路"的相关内容之后，我们来聊一聊唐诗旅行我们可以去的一些点。我从这1500多首诗当中选择几个比较重要的点，这几个点不仅是在诗中频繁出现的，也是现在我们去了之后也能够看到的一些点。

我们从绍兴开始讲起。第一个点是稽山探胜，稽山指的是会稽山，稽山探胜的"胜"意思就是名胜，关于会稽山，唐代有一位诗人叫元稹，他当时担任的是浙东观察史，兼任越中刺史。他在会稽时写了一首诗叫《寄乐天》，乐天指的是白居易。白居易当时在杭州做官，他说："天下风光数会稽"，讲到会稽的风光是数一数二的。会稽山，又称茅山、亩山，位于绍兴北部平原的南部。会稽之"胜"包含了两个方面的含义，一是自然山水风景，二是人文历史景观。

先从自然山水景观来讲，在《全唐诗》中，出现了105处的会稽，其中31处讲的是稽山，即会稽山。可以说，会稽山是中国山水诗重要的发祥地。我们简单地看两首诗歌，第一首是李颀《送山阴姚丞携妓之任兼寄苏少府》，从标题可以看出，这首诗是送别友人时所写，作者的友人要到山阴去做官，两句诗"落日花边剡溪水，晴烟竹里会稽峰"，讲到有两个地方是让他最印象深刻的，一个就是剡溪的水，一个就是会稽的山峰。元稹《送王十一郎游剡中》："百里油盆镜湖水，千峰钿朵会稽山。"说到镜湖的水就跟百里油盆一样宽阔，会稽山是千峰钿朵，它有很多个山峰，同时这些山峰的形状就跟花朵一样。

那么，稽山的人文景观有哪些呢？首先是大禹文化，大家对于大禹的印象，可能更多的是大禹"三过家门而不入"的故事。大禹是上古时代一位治水英雄，中国第一个王朝——夏朝的开国之君。相传大禹在绍兴举办了会盟祭祀、婚姻及丧葬等几件重要的大事。"大禹陵"，古称禹穴，是大禹的葬地，背靠会稽山，位于浙江省绍兴市越城区东南稽山门外会稽山麓。可以说是全国唯一的集陵、庙、祠于一体的纪念性帝王葬地，由禹陵、禹祠、禹王庙三大建筑群组成的历史遗迹，不仅具有丰富的历史、人文、艺术和旅游价值，对探寻古代陵墓的秘密，研究古代陵墓的发展演变，对于研究中国古代的历史也有着无可替代的作用。在唐诗中，宋之问《游云门寺》："龛依大禹穴，楼倚少微星。"李白《越中秋怀》："何必探禹穴，逝将归蓬丘。"从题目可以看出，宋之问与李白在怀念越中时都讲到了"禹穴"，可见禹穴在越中是一个非常重要的人文景观，主要用于表现对历史兴亡的感叹。

除了大禹文化，还有一个是越国文化，这幅图是春秋初期各诸侯国的版图，越国，即现在绍兴的大部分。在越国文化中吴越争霸的故事可以说是家喻户晓。司马迁认为，越王勾践是夏朝开国君主夏禹的后裔，夏朝君主少康庶子无余的直系子孙。无余受封于会稽，以掌管看守供奉夏禹的祭祀。越王勾践是禹的后代，他是夏后地少康的庶子，被封在会稽。对于越国来说，它的整个都城都是在整个会稽山当中的，包括军事上的堡垒以及经济上的生产基地等。在唐代诗人的笔下也写到了吴越争霸的历史故事。李白《越中览古》是一种怀古诗，讲到了越王勾践打败吴国后凯旋的场景，"义士还乡尽锦衣"，战士衣锦还乡，这里的"尽"字凸显出战士在衣锦还乡之后的意气风发。另外一方面，"宫女如花满春殿"，很多如花的宫女"满"宫殿，表现的是战争胜利之后一个非常热闹的庆贺场面。最后一句，"只今惟有鹧鸪飞"，前面两个场景是讲越王勾践打败吴国之后归来的胜利场景，最后一句画风一转，讲到越国走向灭亡的命运，现在只有几只鹧鸪鸟在故都的废墟上盘旋，通过一正一反的对比，呈现了一幅寂寞凄凉的景象。作者运用了正反对比的手法，感慨历史盛衰的无常。

此外，还有印山的越国王陵，位于浙江省绍兴市柯桥区兰亭镇，据专家推断，印山越国王陵是春秋时期越王勾践之父允常之陵寝，其时代约在春秋末期，距今已有2500年历史，其规模、气势和形制均为国内首次发现。墓坑是从山顶岩层中往下挖凿而成，平面为凸字形，全长100米。墓道长54米，宽6.5米左右；墓坑长46米，坑底宽14米。墓道设在墓坑东壁正中，全墓呈东西向。

第二个点我们讲一讲镜水采莲，镜水指的是镜湖，即现在的鉴湖。现在我们所看到的镜湖是人工湖，通过这个图可以看得出来，早在汉代的时候，镜湖的流域是非常广泛的，所以水患也非常频繁，当时的会稽太守就发动百姓去筑塘蓄水，水少的时候就灌溉农田，水多的时候就把它放到海里去。现在的镜湖湖长15千米，水质非常好，现在我们说非常有名的绍兴酒是用镜湖的水来酿制的。

镜湖进入诗人的笔下，最早可以追溯到东晋王羲之。王羲之："山阴道上行，如在镜中游"，泛舟在镜湖中就如在镜中游一样，远处的天空和山峰都倒映在湖水当中。唐代诗人笔下对于镜湖的描写最有名的当数贺知章与李白。贺知章有一首著名的诗《回乡偶书》："少小离家老大回，乡音无改鬓毛衰。儿童相见不相识，笑问客从何处来？"这是《回乡偶书》的第一首，第二首则是"离别家乡岁月多，近来人事半消磨。惟有门前镜湖水，春风不改旧时波。"同样讲他离别家乡许久，但回来看到门前的镜湖水时，还是和当年一样。李白笔下的镜湖，在《梦游天姥吟留别》中写道："我欲因之梦吴越，一夜飞度镜湖月。"讲他梦游天姥山时的情境，我想要到吴越去，想要飞度镜湖。所以镜湖在唐代诗人笔下是一个非常重要的景点。

接着，我们来讲一讲苎萝山。苎萝浣纱讲的是西施的故事，苎萝指的是诸暨市南的苎萝山，当年西施就是在苎萝山山脚浣纱的。在先秦时期，"西施"是美女的代名词，到了东汉之后，西施才进入了吴越争霸的故事当中。我们先不说西施到底是否真有其人，但是在整个中国古代历史上，她确实是在吴越争霸的故事中发挥了重要的作用。到了唐代，苎萝浣纱的故事作为唐诗之路上"越州"部分的重要内容，凭吊吴越争霸的历史故事和重要人物，总结历史经验，抒发历史兴亡的感叹。以李白《咏苎萝山》为例，这首诗先讲西施的来历，她出自苎萝山，从古至今的美女当中，她的秀色可以说是数一数二的，就算荷花看到她也会觉得害羞。李白对于西施这个人物的评价："勾践征绝艳，扬蛾入吴关。提携馆娃宫，杳渺讵可攀。一破夫差国，千秋竟不还"，以吴国和越国的战争为背景，从不同的角度赞颂了西施的美丽善良与为国甘愿献身的奉献精神。

在诸暨，西施故里可以说是唐诗之路上文旅融合的典范。作为国家级的 4A 级旅游景区，西施故里以美人文化 IP 来发展旅游，按功能划分为一轴一心六区。一轴为南北穿越整个旅游区的浣江游览带，一心指已有一定规模的西施殿景区，六区指主入口管理区、鸬鹚湾古渔村景区、古越文化区、美苑休闲娱乐区、三江口湿地生态保护区、休闲度假区。去到西施故里，我们不仅可以感受西施文化，也同时能够了解到与西施相关的人物以及诸暨当地名人的历史故事。

接着，我们聊一聊曲水流觞。它其实是汉族的一个民俗，在上巳日，即三月初三的时候会举行祓褉仪式，大家汇聚在河道的两旁，在上游放置倒了酒的酒杯，这些酒杯顺着河流往下游漂流，其间因为渠道或者水流的关系，酒杯可能会停下来，这个酒杯停在谁的面前，谁就要喝了这杯酒，这个过程被称为祓除灾祸。这个传统是汉朝时就有的，一开始它只是一个简单的仪式。到了魏晋时期，这个仪式增加了诗酒唱愁的内容。这个典故最早出自王羲之的《兰亭集》，永和九年三月初三上巳日的时候，王羲之作为会稽太守召集了众多好友到了兰亭，大家围坐在水边，一边饮酒，一边作诗，我们称这个集会为兰亭集会，创作的诗歌结集为《兰亭集》，王羲之为诗集做了一篇序，就是我们熟知的《兰亭集序》。曲水流觞就是文人墨客诗酒唱愁的一种雅事。兰亭现在位于绍兴市的西南，在兰渚山麓，集景幽、事雅、文妙、书绝为一体。我们到了兰亭之后，不仅可以看到曲水流觞的场景，还有乐池、兰亭碑、兰亭碑亭、御碑亭、右军祠、兰亭江、书法博物馆，这个兰亭书法博物馆是非常值得去的。它是我国最大的书法专题的博物馆，如果您对书法感兴趣的话，可以去看一看，这个书法博物馆共三层，1200 多平方米，搜集了 4392 件书法作品，都是和兰亭、王羲之相关的作品，其中有三件是珍贵的文物。那么，曲水流觞在唐诗中是怎么写的呢？鲍防《上巳寄孟中丞》："世间禊事风流处，镜里云山若画屏。今日会稽王内史，好将宾客醉兰亭。"兰亭的自然山水，就像画中一样非常优美，今日会稽王内史王羲之，喜欢邀请朋友到兰亭来做客来喝酒。这里的醉不仅仅是喝酒的醉，同时也是欣赏山水美景时醉心于这个山水美景。

　　我们来到绍兴的最后一站天姥山——梦游天姥。天姥山位于新昌县东南五十里，唐代的时候叫剡县。关于天姥山我们首先要讲到谢灵运，当时从上虞到剡县是走水路的，到了剡县如何到达天台？没有水路怎么办？那就要走陆路，这个陆路是谁开辟出来的呢？就是谢灵运，所以有人提出谢灵运是天姥山的开山之祖，这条路是他走出来的，所以这条路也叫谢公道。天姥山又因李白的《梦游天姥吟留别》而闻名。李白脚著谢公屐，寓意跟着谢灵运的步伐来到了天姥山，所以整首诗在这里就不多做解释，这首诗是李白梦游天姥山。这首诗是创作于李白被赐金放还的第二年，空有满腔抱负但又无从施展，表达了仕途不顺经历下内心愤懑的情感。除了李白，杜甫在年轻时也来过天姥山，其晚年的一首《壮游》："归帆拂天姥，中岁贡旧乡"，怀念当年乘着船从天姥山的山影中轻轻飘过的人生历程。

　　接下来，我们进入台州的部分。石梁飞瀑，位于天台山华顶峰的北坡中方广寺前。石梁飞瀑是天台山的第一奇观，为什么这样讲呢？这是一个天然的石桥，桥后面是金溪与大兴坑水自东南向在这里汇合，从高 30 米的峭壁上直泻而下，形成了一个天然的景观。唐代诗人在看到这样的奇观时，他的诗中是怎么写的呢？一个是会讲到宗教文化，还有一个是讲到自然景观，宗教文化指的是什么呢？在道教中，"桥"经常被看作是连接人与神的纽带。仙人过桥在道教的传说故事中是一个常见的情节。对于佛教来讲，桥是到达净土的一个方法。"见此般若桥，达彼菩提岸"，这个桥就是连接此岸与彼岸的通道。唐代诗人宋之问《灵隐寺》诗云："待入天台路，看余度石桥。"在灵隐寺的宋之问非常向往天台，想要去走一走石桥。这里的"天台路"指的刘晨阮肇遇仙的典故，所以向往天台山在一定意义上也是寻佛求仙之路。

接着我们来讲一讲华顶归云。华顶为什么要用归云这两个词来修饰？天台山有九峰，最高的是华顶峰，其余八峰层层围着这个华顶峰。通过这个图片也可以看得出来，你站在最高峰的时候，眼前的这片云归集在你的四周，所以称之为"华顶归云"，它也是天台山八景之一。在华顶山上，你可以看到一年四季不一样的风景，同时它也融合了道教、佛教的文化。东汉末年时，道士葛玄在华顶上炼过丹，同时也在华顶种植茶树，现在我们在华顶还可以看到葛玄丹井。此外，当时佛教中国化的第一宗智者大师和司马承祯都曾经在黄金洞当中修炼。孟浩然的两首诗："焚香宿华顶，裛露采灵芝"，"福庭长不死，华顶旧称最"，也就是华顶在他们心中已经成为一个长生不死之乡，同时也成为天台山的标志。李白《天台晓望》："天台邻四明，华顶高百越"，什么景点能够代表天台？华顶就是最好的代表。它的高度不仅仅是山脉自身的海拔高度，而且还包含了丰厚的文化高度。

接下来我们来讲一讲赤城山，我们在讲到赤城山的时候，会想起"赤城霞起"这个词，这句话是孙绰《游天台山赋》当中的一句话，它的上下文是这样说的，如果让我挑选两个能够代表天台山的地方，我会选两个地方，一个是"赤城霞起而建标"，另外一个是"瀑布飞流以界道"，为什么要用霞起形容赤城？赤城山是天台山山脉当中唯一的一个丹霞地貌，它的岩石是红色的，很像云霞，很像夕阳，所以称之为赤城霞气。另外一个白色的瀑布飞流，就是刚刚我们所讲的石梁飞瀑。唐代诗人包括孟浩然、李白等人诗中都写到了赤城，"吾友太乙子，餐霞卧赤诚""坐看霞色晓，疑是赤诚标""门标赤诚霞，楼栖沧岛月"等，在讲到赤诚的时候，诗人笔下离不开霞字。在赤城山上还有被称为道教第六大洞天的玉京洞，山顶上还有梁妃塔。

寒山夕照是天台的十大胜景之一。寒山是唐代著名的白话诗人，他写的诗比较通俗易懂。他出身于一个官宦世家，但是科举一直没有考上，所以他在 30 岁之后就到了天台寒岩隐居。寒岩现在位于尤溪，为什么要叫寒岩夕照呢？这个是我们抬头看我们走过这个路的时候，寒岩所在山顶会有泉水飘落下来，在阳光照射之下，洒落下来的泉水就会闪闪发光，所以称之为寒岩夕照。寒山的故事一度传到了美国、英国和法国，他的白话诗很受外国人的欢迎，甚至迎来了比李白和杜甫还要高的声誉。寒山在民间与拾得被并称为"和合二仙"，也就是今天所讲的最后一个点——和合文化。和合这两个字是怎么来的呢？这里简单来讲，第一个"和"，指的是两种乐器融合在一起，本义是和谐协调，两个乐器如何能够做到这个声音的悦耳动听和谐。第二个"合"是下面的一个器皿和上面的盖子合起来，它的意思是闭合、合拢的意思。所以"和""合"一开始是没有放在一起合用的，一直到东汉时才把两个字放在了一起。

为什么和合文化能够在天台传播开来，正是因为天台有这样的一个文化环境，佛教、道教、儒家三者融合在一起，我们称之为由儒入道、出道入禅、禅道双融的三教合一。和合文化不仅是天台山和合文化，还成为台州城市精神，与余姚阳明文化、衢州南孔文化合称为浙江的三大文化。所以说，我们在走这条唐诗之路的时候，更多的是让我们去感受地方的文化，只有我们认同地方的文化，才能树立我们自己的文化自信。

跟着唐诗去旅行，今天只是简单地介绍了十个点，这些点可以串成一条线，成为我们的旅游线路。在旅游过程中去发掘诗路更多的现代文化价值，丰富我们的精神生活，不断满足我们对于美好生活的需求，也希望大家能够通过今天的交流对于诗路有更多的了解，感受台州地方的本土文化，感受浙江千年岁月的风华和文化的底蕴。

海 岸

浙江台州人。诗人,翻译家。中国诗歌万里行"首届国际双语诗歌奖 – 翻译成就奖"获得者,《狄兰·托马斯诗歌批评本》获上海图书奖提名奖。现供职于复旦大学中澳创意写作中心。出版诗集《蝴蝶·蜻蜓》《失落的技艺》、译著《不要温顺地走进那个良宵:狄兰·托马斯诗合集》《贝克特全集:诗集》(合译)、编著《中西诗歌翻译百年论集》等。

不要温顺地走进那个良宵

——狄兰·托马斯诗歌的翻译与批评

今天我很高兴回到家乡，在路桥图书馆"南官人文大讲堂"做一期译诗讲座。讲座前刚播放了英国诺兰兄弟联袂编剧／导演的电影《星际穿越》（2014）片段。凡看过这部影片的影迷应该都记得，影片一再传递一首诗的画外音来烘托影片的主题。这首诗就是狄兰·托马斯写的《不要温顺地走进那个良宵》（1952），一会儿我会分析这首诗的内涵及其音韵特点，也会讲到我的译本为何要将"良夜"修正为"良宵"。今天的讲座内容将分五个部分展开：1.狄兰·托马斯是一个传奇。2.狄兰·托马斯个性化的"进程诗学"。3.狄兰·托马斯与生俱来的宗教观。4.狄兰·托马斯的超现实主义诗风。5.狄兰·托马斯诗歌的音韵节律。在讲座中间我还会邀请到场的听众来朗读几首解读的诗歌：《心灵气象的进程》《穿过绿色茎管催动花朵的力》《不要温顺地走进那个良宵》（英汉双语）等。

一、狄兰·托马斯无疑是一个传奇

1914年10月27日，狄兰·托马斯（Dylan Thomas，1914—1953）出生于英国威尔士斯旺西一个基督教家庭，虽然他后来并未成为虔诚的基督教徒，却从小熟读《圣经》。他一生实践个性化的"进程诗学"，围绕生、欲、死三大主题，兼收并蓄基督教神学启示、玄学派神秘主义、威尔士语七音诗与谐音律以及凯尔特文化中的德鲁伊遗风，以一种杂糅的实验性诗写风格，创造性地运用各种语词手段——双关语、混成语、俚语、隐喻、转喻、提喻、悖论、矛盾修辞法以及辅音韵脚、谐音造词法及词语的扭曲、回旋、捏造与创新，仅用三千六百个有限的诗歌语汇表达出繁复深邃的诗意 ——以超现实主义的方式掀开英美诗歌史上新的篇章。

托马斯打小就自诩为"库姆唐金大道的兰波"，1925 年进入父亲所在的文法学校学习并开始诗歌创作，在随后的十年间留下 200 多首诗歌习作及感想。1933 年伦敦《新英格兰周刊》首次发表他的诗作《而死亡也一统不了天下》，同年伦敦报纸《周日推荐》发表了他的成名作《穿过绿色茎管催动花朵的力》。1934 年发表诗作《心灵气象的进程》———一首后来被诗学研究者命名为"进程诗学"的范例之作。那年他还荣获"诗人角"图书奖，年仅 20 岁的他得以在伦敦出版第一部诗集《诗十八首》（1934）。从这部诗集可以看出，狄兰·托马斯读过同时代英国哲学家怀特海（A. N. Whitehead）的著作并接受其"过程哲学"的思想。这在诗人随后出版的多部诗集《诗二十五首》（1936）、《爱的地图》（1939，诗文集）、《青年狗艺术家的画像》（1940，短篇小说集）、《死亡与入场》（1946，诗集）和最后意欲留世的 91 首诗歌选本——《诗集 1934—1952》（1952）中也有所体现。

1937 年夏，狄兰·托马斯与姑娘凯特琳（Caitlin Macnamara）结婚。1938 年他带着妻子来到威尔士西南卡马森海湾拉恩镇居住，在 1938—1939 年间完成一部半自传体短篇小说集《青年狗艺术家的画像》，其中叠映诗人年少时在斯旺西的回忆和青春期在伦敦的放浪。同年狄兰·托马斯与英格兰诗人亨利·特里斯（Henry Treece）和苏格兰诗人詹姆斯·亨德里（James Findlay Hendry）等，在诗歌界发起"新天启派运动"，"新天启派"诗人集新浪漫主义、神性写作和现代主义为一体，出版《新天启诗集》（*The New Apocalypse*，1939）等。此时正值诗人奥登（W. H. Auden）离开英国出走美国，狄兰·托马斯由此在新一代英国诗人心目中树立起不可替代的地位。

尽管他在文学上不断取得成功，但经济一直拮据，居无定所，好在 BBC 因其嗓音浑厚，颇具播音朗诵才能，开始接受他的供稿和录播，其漂泊生活一直持续到 1949 年。狄兰·托马斯的赞助人玛格丽特·泰勒（Margaret Taylor）夫人帮助他携家人重返拉恩镇，为他买下"舟舍"———一座三层的小楼。据他妻子凯特琳后来回忆，1949—1950年初的几个月是他们一家共同度过的最后一段幸福时光。在这座峭岩之上海浪摇撼的屋子里，他迎来第三个孩子的降生，也体验到别处不曾有过的宁静而灵感勃发的状态。在拉恩镇，他独创了一部声音剧《乳林下》，以自己身处的威尔士小镇为背景，按时间顺序虚构了海滨小村庄一天发生的事。这先是一部为感性噪音而写的富含诗意的广播剧，后被诗人改编成舞台剧，在纽约诗歌中心上演。在拉恩镇，狄兰·托马斯是靠喝酒来与当地人接触的，他以酒精为燃料，点燃转瞬即逝的灵感激情，摇摇欲坠地蹒跚于创作的火山口。随着诗名越来越响亮，他越发害怕江郎才尽，内心深受煎熬，日渐消沉。他的一生似乎都笼罩在深沉的自我忧伤中，这也是催动他酗酒而走向死亡的一个重要原因。

　　1950年2月20日—5月31日，狄兰·托马斯首次应邀赴美国和加拿大做巡回诗歌朗诵。他那色彩斑斓、意象独特、节奏分明的诗歌，配上诗人深沉浑厚、抑扬顿挫的朗诵，极富魅力，尤其他那迷途小男孩的形象征服了大批美国、加拿大的大学生，令他这次美加巡回诗歌朗诵获得空前成功。随后几年里的一次次赴美巡回诗歌朗诵之旅加速了他最后的崩溃——"在酒精、性、兴奋剂以及渴望成功调制而成的鸡尾酒中崩溃，透支他作为一个天才诗人所有的能量与癫狂。"1953年11月5日，不幸发生，狄兰·托马斯在切尔西旅馆"患上肺炎，却被误诊误用大量吗啡而导致昏迷"。11月9日，这位天才诗人在纽约圣文森特医院去世，年仅39岁。狄兰·托马斯像一颗流星划过冷战时代晦暗的天空，作为一代人叛逆的文化偶像熠熠生辉，永不磨灭，其诗人作品的影响力已波及文学、音乐、绘画、戏剧、电影、电视、卡通等大众媒体，整整影响了一代人。

　　二、狄兰·托马斯个性化的"进程诗学"

心灵气象的进程

　　变湿润为干枯；金色的射击

　　怒吼在冰封的墓穴。

四分之一血脉的气象

变黑夜为白昼；阳光下的血

点燃活生生的蠕虫。

　　这首《心灵气象的进程》被拉尔夫·莫德誉为狄兰·托马斯"进程诗学"的范例。早在诗人狄兰·托马斯成名的 20 世纪 30 年代乃至 40 年代，伦敦评论界及读者中间一直渴望有一种概括狄兰·托马斯诗歌的标签，直到研究者拉尔夫·莫德出版《狄兰·托马斯诗歌入门》（1963）、《狄兰·托马斯笔记本》（1967），人们才得偿所愿，开始关注狄兰·托马斯的"进程诗学"概念。近年，威尔士研究者约翰·古德拜教授进一步扩展狄兰"进程诗学"的核心概念，将其定义为这样一种信念："进程愿景主要信奉宇宙的一体和绵延不息的变化，以一种力的方式体现在世界客体与事件中不断同步创造与毁灭。这种思想既重温浪漫主义泛神论的古老信仰，又重读现代生物学、物理学、心理学的发现。"狄兰·托马斯非常熟悉同时代的大众科学，读过朱利安·赫胥黎、西格蒙德·弗洛伊德和阿尔福德·诺斯·怀特海和斯蒂芬·霍金的著作。

　　怀特海是英国著名哲学家，把柏拉图思想、爱因斯坦相对论与普朗克量子力学融为一体，认为世界本质上是一个不断生成的动态过程，事物的存在就是它的生成。他在《自然的概念》（1920）、《过程与实在》（1929）等系列著作中宣称，自然和生命是无法分离的，只有两者的融合才构成真正的实在，即构成宇宙；人类是大自然的一部分，应该将人类经验与单细胞的有机体，甚至更原始的生命体看作同等的构成元素。他把宇宙的事物分为"事件"的世界和"永恒客体"的世界。"事件"世界中的一切都处于变化过程之中，从原子到星云、从社会到人都是处于不同等级的机体；机体的根本特征是活动，活动表现为过程，整个世界就此表现为一种活动的过程。虽然早在 20 世纪 20 年代，"过程哲学"就已提出，但到了 70 年代其影响力波及自然科学、社会科学、美学、诗学、伦理学和宗教学等多个领域，因而它又被称为宇宙形而上学或哲学的宇宙论，尤其为生态哲学家所推崇，后现代主义者更将其看作是自己的理论源泉。

如上所述，与狄兰·托马斯同时代的英国哲学家怀特海曾提出过"过程哲学"。"过程"原文为"process"，但因狄兰·托马斯写过《心灵气象的进程》（*A Process in the Weather of the Heart*）这首诗歌，笔者在诗学层面更倾向于将"process"译成"进程"。1933 — 1935 年间，诗人在写给初恋情人帕梅拉（Pamela Hansford Johnson）的信中就曾提及"进程诗学"（process poetics）。他在《心灵气象的进程》一诗中将生、欲、死看成一体的循环进程，生孕育着死，欲创造生命，死又重归新生；动植物一体的大自然演变的进程、人体新陈代谢及生死转化的进程与人的心灵气象的进程，宏伟壮丽又息息相关，身体内在的"心灵的气象""血脉的气象""眼目下的进程""肉体和骨头的气象"与外在的"世界气象"在各诗节中相互交替。"气象"实为诗人狄兰·托马斯"进程或过程"中的一个关键词。

而在托马斯成名作《穿过绿色茎管催动花朵的力》这首典型的"进程诗学"作品中，诗人将人的生死演变与自然的四季交替融为一体。

穿过绿色茎管催动花朵的力

催动我绿色的年华；摧毁树根的力

摧毁我的一切。

我无言相告伛偻的玫瑰

一样的寒冬热病压弯了我的青春。

驱动流水穿透岩石的力

驱动我鲜红的血液；驱使溪流干涸的力

驱使我的血流枯荣。

我无言相告我的血脉

同是这张嘴怎样吮吸山涧的清泉。

诗人在首节迷恋的是宇宙万物的兴盛与衰败，生与死对立，相互撞击又相辅相成，自然的力，兼具宇宙中"创造"与"毁灭"的能量，控制着万物的生长与凋零，也控制着人类的生老病死。诗人在第二节从微观角度审视，认为人体的血液流动与地球的水气流动相契合，人体的脉管也是大地的溪流与矿脉；"mouthing streams"与其理解为三角洲的溪流，还不如理解为吮吸山涧清泉的"溪口"，或吮吸江河大川入海的"河口"，更与第四节的"时间之唇水蛭般吸附泉眼"相呼应——拟人化的"时间"从子宫中吮吸新的生命，或通过脐带吮吸子宫里的羊水，滋养胚胎的生长；生死"洒落的血"抚慰爱的伤痛，自然的"力"被"时间"所主宰，无限的"时间"主导着大自然的交替，引领人类在生老病死过程中创造永恒的天堂。

The force that through the green fuse drives the flower

Drives my green age; that blasts the roots of trees

Is my destroyer.

穿过｜绿色｜茎管｜催动｜花朵的｜力－

催动｜我－｜绿色的｜年华；｜摧毁｜树根的｜力－

摧毁｜我的｜一切。

首节三行带"f/d"头韵的诗行，在汉译中一般较难体现，我试图采用"穿/催/摧；绿/力"营造头韵的对应。阅读第一行时，我们只将它读作一组意群，不停顿，符合"循环音步"原则；第二行分两组意群，第三行一组意群。第二行的"我"后面需加空拍"－"稍做停顿，才能和谐相应；句尾单音节的"力"也为左重双拍步，其中第二拍是空拍。我将诗行看作是一组组意群，希望在阅读时创造轻松而紧凑的效果，只有使汉译的节奏顺应天然的内心节奏，才能让诗句跃动自由之气，使译诗的节奏抑扬顿挫、起伏有致、意境相随。

三、狄兰·托马斯与生俱来的宗教观

狄兰·托马斯出生于英国威尔士基督教新教家庭，小时候母亲常带着他去教堂做礼拜，虽然长大后并未成为一位虔诚的基督徒，却从小就熟读《圣经》，"钦定版英译本圣经"成为他从意象出发构思谋篇、构建音韵节律永不枯竭的源泉。他酷爱在教堂聆听牧师布道的音韵节律，喜欢把古老《圣经》里的意象写进他的诗篇，尤其沉迷于琢磨词语的声音，沉浸于词语的联想，却又不关注词的确切含义。这使得他的诗集既为读者着迷，又很难为他们所理解；但他写的诗大都可以大声朗读，凡是进入耳朵里的每一个词都能激发听众的想象力，这和读者通过阅读文字去思索诗的确切含义的思维过程截然不同。这些词语有狄兰·托马斯小时候在教堂里耳濡目染的，也有大一点后从威尔士的歌手和说书人那里听来的。1951 年他曾写道："有关挪亚、约拿、罗得、摩西、雅各、大卫、所罗门等一千多个故事，我从小就已知晓；从威尔士布道讲坛滚落的宏大音韵节律早已打动了我的心，我从《约伯记》读到《传道书》，而《新约》故事早已成为我生命的一部分。"所以他的诗篇会不时地出现"亚当""夏娃""摩西""亚伦"等《圣经》人物，经文典故早已渗入他的血液，可以信手拈来。例如，他的巅峰之作《羊齿山》开篇出现的童真的象征"苹果树"，就指向伊甸园里的禁果，"苹果树下"典出《圣经·旧约·雅歌》第 8 章第 5 节："苹果树下，我把你唤醒"，是一种表达男女情爱的委婉语。

1934 年他在首部诗集《诗十八首》中收录的《最初》，诗名就典出《圣经》的首句，那是诗人呼应《圣经·旧约·创世记》写下的几节回声：生与死、黑暗与光明、混沌与有序、堕落与拯救——诗人俨然成为一位造物主；而每一诗节里空气、大水、火苗、语言、大脑的起源却似乎阐述上帝"一言生光"的创世，尤其第四节首句"最初是词语，那词语"（In the beginning was the word, the word）出自"钦定版英译本圣经"《圣经·新约·约翰福音》首句，和合本译为"太初有道"，实为"太初有言，那言与上帝同在，上帝就是那言"。"最初是词语，那词语"也是《最初》这首诗的高潮："抽象所有虚空的字母"，

"呼吸"之间吐出"词语"，语言就此诞生；"词语"涌现最初的字符，就像狄兰·托马斯的诗篇，一唇一音，一呼一吸，"向内心传译／生与死"。

他的诗让读者感知到爱的力量，但也无法逃脱那更可怕的死亡力量，且诗中往往又夹杂着非纯粹的基督教观点。在《假如我被爱的抚摸撩得心醉》一诗的末节，诗人先是借用了古埃及《亡灵书》里"死亡羽毛"的典故——引导亡灵之神（Anubis）把死者之心同一片鸵鸟的羽毛放到天平两端称重量（心可理解成良心，羽毛是真理与和谐之羽，代表正义和秩序），如果良心重量小于等于羽毛，死者即可进入一个往生乐土，否则就成为旁边蹲着的鳄头狮身怪的口中餐。继而诗人又融合了圣诞节与复活节的生死及复活典故，"是我的耶稣基督戴上荆棘的树冠？／死亡的话语比他的尸体更干枯"。诗人更希望现实中他在伦敦的恋人帕梅拉能撩动他的诗篇，"是你的嘴、我的爱亲吻出的蓟花？／……／我喋喋不休的伤口印着你的毛发"。而上述这一切——死亡、宗教和浪漫的爱情都不能撩人心醉。最终，诗人克服了原罪与恐惧，劝诫自己要为人类现实的"隐喻"而写作，期盼写出撩人心醉的"死亡话语"。

相比首部诗集《诗十八首》，诗人在第二部诗集《诗二十五首》里采用了更多《圣经》里的基督教典故或隐喻，追问自身的宗教信仰及疑惑。在《这块我掰开的饼》中，宗教和自然相互缠结的诗意跃然纸上，虔诚的基督徒自然会联想到圣餐上的"饼与杯"及其文化隐喻。自然生长的"燕麦"和"葡萄"，变成圣餐里的"饼"和"酒"，成了基督的身体与血，也成了诗人的身体与血，创造与毁灭蕴含悖论式的快乐与忧伤。"人击毁了太阳，摧垮了风"，"风"既是创造者，也是毁灭者，更是毁灭的受害者；再者，"圣餐"更具有象征意义，是耶稣基督在"最后的晚餐"中献上的自己的肉身；为了制作"无酵饼"、酿出"葡萄酒"，"燕麦"的果实被"收割"，"葡萄的欢乐"被"摧毁"——基督徒从中看到的是基督教信仰中原罪的苦难和忧伤，期待"一起喝新酒的那一天"的到来。

收录于诗集《死亡与入场》中的《拒绝哀悼死于伦敦大火中的孩子》

更是一首伟大的葬礼弥撒曲。诗歌沿袭了诗人喜好双关语、矛盾修辞法、跳韵的风格，起首"Never until"引导长达 13 行的回旋句，句法错综复杂。诗人因一个女孩死于 1944 年一次空袭所致的伦敦大火而作此诗，他拒绝哀悼"这个孩子庄严而壮烈的死亡"，似乎要净化二战期间在人们心灵中弥漫的绝望情绪。创世或末世的"黑暗"宣告最后一缕光的"破晓"或"破灭"，既是开始，又是结束，苦涩的绝望中蕴含希望的尊严。"(锡安)天国""犹太会堂"和"披麻"等出自犹太教的字眼更带给自然元素的"水珠""玉蜀黍穗"和"种子"神性的圣洁。尽管诗人一再"拒绝哀悼"，笔下写出的却是一出神圣的挽歌：

泰晤士河无人哀悼的河水

悄悄地奔流。

第一次死亡之后，死亡从此不再。

四、狄兰·托马斯的超现实主义诗风

20 世纪 30 年代，英美诗坛及知识界陶醉于艾略特和奥登的理性世界，狄兰·托马斯却一反英国现代诗那种苛刻的理性色彩，而用一种哥特式的野蛮怪诞力量去表现普通人潜在的人性感受；其个性化的"进程诗学"，围绕生、欲、死三大主题，兼收基督教神学启示、玄学派神秘主义、威尔士语的七音诗与谐音律，以及凯尔特文化信仰中的德鲁伊遗风，以一种杂糅的实验性风格掀开了英美诗歌史上的新篇章。

狄兰·托马斯一生痴迷于词语的声音节奏、双关语或一词多义的表达，倾心于制造词语游戏、语言变异直至荒诞的境地，可以说他是生活在词语世界、受词语支配的人。他笔下的诗歌意象密集，相互撞击、相互制约，以超常规的排列方式，表现自然的生长力和人性的律动，冲击惯于分析思维的英国诗歌传统。他在写给好友亨利·特里斯的信中说："我制造一个意象——

虽然'制造'并不合适，也许一个意象在我内心情感上得以'制造'，随后我通过应用，拥有了智力和批判的力量——让它繁殖出另一个，由此与第一个意象相矛盾，从而制造第三个意象，繁殖出第四个矛盾的意象，并在我预设的范围内相互冲突。每一个意象都有其自身毁灭的种子，'种子'意象繁殖的每个意象相互矛盾、相互依存又相互毁灭。"

狄兰·托马斯个性化的"进程诗学"理念贯穿托马斯的诗歌创作生涯，从《诗十八首》（1934）、《诗二十五首》（1936）到中后期《死亡与入场》（1946）、《梦中的乡村》（1952），我们都可以读到他对"进程诗学"中"生死爱欲"主题的阐发，且以"意象繁殖"的超现实主义手法呈现。例如，诗人在二十一岁时发表的《忧伤袭来前》中，看他如何描写情人幽会及离别时引发的忧伤心境：

> 铅灰花苞，为我指人所拧动，
> 射穿叶片绽放，
> 她是缠绕在亚伦魔杖上的
> 玫瑰，掷向瘟疫，
> 青蛙一身的水珠和触角
> 在一旁垒了窝。

那是处女膜——"花苞，为我指人所拧动"，子弹般"射穿叶片绽放"——"魔杖"般的阴茎像蛇一样变为一朵玫瑰，掷下蛙胎成灾。诗节典出《圣经·旧约·创世记》：摩西之兄亚伦执掌权杖，替摩西发声，其权杖能发芽开花，更能行奇事，如在埃及法老面前变作蛇，亚伦伸杖于埃及江河之上，能引发蛙灾、蝗灾、瘟疫等。这一连串蕴含基督教内涵的意象与诗中交媾的意象格格不入，这种冲突，制造出超现实主义的"魔力"。

狄兰·托马斯前期的作品大多晦涩难懂，后期的作品相对更清晰明快——尽管某些细节仍然令人疑惑不解；然而，其作品的晦涩难解并非由于结构的松散模糊，而是其超现实主义诗风所致。分析狄兰诗风的成因，一定绕不过弗洛伊德（Sigmund Freud，1856—1939）的思想和20世纪20年代风靡欧洲的超现实主义运动；当时这些思潮席卷西方文学、艺术等各领域，对原本颇具浪漫主义情怀的狄兰·托马斯产生了颠覆性影响，尤其关于潜意识、性欲及梦的解析渐渐成为他诗歌的背景或题材。诗人托马斯认为，超现实主义艺术家既不满足于现实主义笔下描述的世界，也不满意印象主义画笔下想象的世界；他们想要跳入潜意识的大海，不借助逻辑或理性来挖掘意识表面下的意象，而让非逻辑或非理性统御笔下的色彩与文字；他们确信四分之三的意识为潜意识，艺术家的职责就在于从潜意识的深海收集创作的材料，而非局限于潜意识海洋露出的冰山一角。超现实主义诗人常用的一大手法就是并置那些不存在理性关联的词语或意象，希望从中获得一种潜意识的梦境或诗意，并认为它们远比意识中的现实或想象的理性世界更为真实。最后我还想借诗人的一首融合泛神论与天启派视野的《而死亡也一统不了天下》，谈谈他的超现实主义喻体：

> 而死亡也一统不了天下。
> 海鸥也许不再在耳边啼叫，
> 波涛也不再汹涌地拍打海岸；
> 花开花落处也许不再有花朵
> 迎着风雨昂首挺立；
> 尽管他们发了疯，僵死如钉，
> 那些人的头颅却穿越雏菊薪露；
> 闯入太阳，直到太阳陨落，
> 而死亡也一统不了天下。

以诗中第三节后半段源自习语的一个明喻"dead as nails"（僵死如钉）和一个隐喻"hammer through daisies"（穿越雏菊峥嵘）为例，前者显然仿自习语"dead as a doornail"（彻底死了；直挺挺地死了），后者仿习语"push up the daisies"（入土；长眠地下）。它们都是诗人狄兰·托马斯化陈腐为神奇的诗性创造，绝非反常用词或有意误用，而是语义不断更新的结果。比喻实则包含两级指称，即字面上的指称和隐含的指称。当诗人说"(as) dead as nails"，自然不是说"彻底死去"，而是道出一种"僵死如钉"的心态；当诗人说出"hammer through daisies"，表示死去的头颅不会随撒落的雏菊"入土长眠"，而是要像锤子一样用力"穿越雏菊峥嵘"，或者说复活开放——继而拥有了一种神奇的力量，"闯入太阳，直到太阳陨落"。狄兰·托马斯在他的诗歌中创造了大量的超现实隐喻，在那些词语之间、字面意思与隐喻之间产生了某种张力，陈述的新义就被这种张力不断激发；有些隐喻显然不是通过创造新词来创造新意义，而是通过违反语词的习惯用法来创造新义；这些隐喻对新义的创造是在瞬间完成的，活的隐喻也只有在不断的运用中才可能存在。

五、狄兰·托马斯诗歌的音韵节律

诗人狄兰·托马斯一生都创造性地使用音韵节律，像一位诗歌手艺人，在词语上煞费苦心，乐此不疲，倾其所能运用各种语词手段。这位盎格鲁-威尔士诗人虽然只会说英文，但深受威尔士诗歌传统的影响。威尔士诗歌自古带有一种崇拜自然的神秘宗教感，留有凯尔特文化信仰中的德鲁伊遗风。例如，威尔士诗律之灵魂的七音诗与谐音律（cynghanedd）是一种看重辅音和谐配置的复杂格律；还有至今在威尔士依然受欢迎的艾斯特福德诗歌音乐（eisteddfod），也是一种结构严谨、韵式精巧的音乐，常伴有重复结构的叠句，便于记忆和朗诵。初读狄兰·托马斯的诗歌似乎感觉不到这些因素，但还是能感受到他个人信仰的深层张力——一种归于泛神论的神秘力量，以及他独创的一种音节诗风格；而但凡到过狄兰·托马斯诗歌朗诵现场的听众，都会发现他有一门煞费苦心的、清晰地凸显每一个音节的技艺，以传达出威尔士诗律咒语般的魔力。

　　纵观狄兰·托马斯一生创作的两百多首诗歌，从某种意义上讲，他既不是一位纯粹的浪漫主义诗人，也不是一位玄学派意象主义诗人，而是一位善用隐喻等复杂诗歌技巧的诗人。他一生涉猎的诗歌音韵节律大多归为三类。一类是早期传统的英诗格律，另一类是在"笔记本诗抄"时期就开始实践的自由体诗歌，当然也非随意写下的诗行，而是一类合乎呼吸起伏的自由体；第三类当然是综合运用包括全韵、半韵、半谐韵和头韵在内的混合型"交叉韵"，尤其喜欢霍普金斯"仿自正常说话节奏"的"跳韵"和威尔士诗律中的谐音律。狄兰·托马斯的好友丹尼尔·琼斯在1993年去世前修订《狄兰·托马斯诗歌》（2003年扩展版）时，书末一篇"诗歌韵式札记"中总结道："尽管狄兰·托马斯从未彻底放弃基于轻重音的英诗正统格律韵式，但在后期作品中明显用得少了，除非用来写讽刺诗或偶然为之；最后他只在写严肃题材的诗歌时，才运用一种基于音节数而非有规律的轻重音格律韵式；有一段时间他尝试过自由诗创作，也就是说，从英诗韵式格律模式中，或者至少从某种固定的韵式中解放出来。"

　　最后,我再来分析一下这首名作《不要温顺地走进那个良宵》音韵节律:

　　不要温顺地走进那个良宵，

　　　　老年在日暮之时应当燃烧与咆哮；

　　　　怒斥，怒斥光明的消亡。

　　虽然智者临终时方悟得黑暗公道，

　　　　因所立之言已迸不出丝毫电光，

　　　　却不要温顺地走进那个良宵。

　　善良的人，翻腾最后一浪，高呼着辉煌，

他们脆弱的善行本该在绿色的港湾跳荡，

怒斥，怒斥光明的消亡。

狂野的人，抓住并诵唱飞翔的太阳，

尽管为时已晚，却明了途中的哀伤，

不要温顺地走进那个良宵。

肃穆的人，濒临死亡，透过刺目的视线，

失明的双眸可像流星一样欢欣闪耀，

怒斥，怒斥光明的消亡。

而您，我的父亲，在这悲恸之巅，

此刻我祈求您，用热泪诅咒我，祝福我。

不要温顺地走进那个良宵。

怒斥，怒斥光明的消亡。

　　这首诗歌是诗人狄兰·托马斯在 1951 年写给病重父亲的一首诗，首节三行诗的第一行与第三行直抵主题，旨在唤起父亲勇敢面对死亡、与命运抗争的力量；随后四节三行诗列举老年人几种对待死亡的态度，以维拉内拉（Villanelle）诗体向前推进，交替出现首节第一行与第三行的诗句，直至在末节以叠句的形式重现；而这两行诗的关键词形成鲜明的对比："gentle"（温顺）与"rage"（怒斥）、"good"（良）与"dying"（消亡）、"night"（宵）与"light"（光明）。无论是一个"明智的人""善良的人"，还是"狂野的人""肃穆的人"，都不应该温顺地步入死亡。诗人虽然明白父亲最终难逃死神的追逼，却反复地强调"不要温顺地走进那个良宵"；诗行原文"good night"是将"goodnight"

（晚安，再见）拆开来用，兼具"晚安"与"良夜"的双关语功能，既是在与人生道晚安，又是带着一丝慰藉，从容地走向生命必然的终点，而告别之夜也是值得父亲和儿子永远铭记颂赞的"良宵"，又可看作是诗人对"死亡"的一种委婉语表达，借此减少失去父亲的心中之痛；更重要的是，"良宵"体现出诗人"进程诗学"的核心，即生死相融、生死转化的自然观。难怪 2014 年英国诺兰兄弟的电影《星际穿越》一再选用这首诗的画外音烘托影片的主题，希望父亲不要被动地屈从，殷殷劝诫他保持愤怒的本色，"怒斥，怒斥光明的消亡"，要以愤怒来回应光阴的消逝，以生之激情和勇气与死亡抗争，也鼓励或启迪人们不要放弃与命运的抗争，只有体会到"怒斥，怒斥光明的消亡"之后，一个人才能从容地走向生命的终点。这首诗并非写给即将辞世父亲的悼词，而是提醒活着的人们，人终有一死，却要借此了解人生的意义。

狄兰·托马斯创作的这首"不要温顺地走进那个良宵"采用一种结构优美的 19 行双韵双叠句韵体诗，由五节三行诗和一节四行诗构成，首节诗的第一行与第三行押韵，然后轮流出现于其余四节三行诗的第三行句尾，并同时出现在尾节的最后两句句尾，其韵式如下：

night — day — light   [a1 b a2]

right — they — night   [a b a1]

bright — bay — light   [a b a2]

flight — way — night   [a b a1]

sight — gay — light   [a b a2]

height — pray — night — light [a b a1 a2]

当代诗人难以严守文艺复兴以来的固定诗歌形式，放宽了其关于叠句的要求（此处韵式的汉译也未能完全做到）。笔者在翻译这首诗的时候一度也想复制原文的韵脚，也知道有翻译家做到过，但实际效果并非不理想，所以与其凑韵害义，还不如采取斜韵（slant rhyme）的策略，这也符合诗人狄兰常用的诗写风格——擅用非全韵来谐韵，包括元音韵（assonant rhyme）、辅音韵（consonant rhyme）、头韵（alliteration）、半韵（half rhyme）来谐韵。

枣彬吉

浙江台州人。目前系浙江大学外国语学院博士生，在《外国语》、《上海翻译》、Language Problems and Language Planning、SAGE Open 等 SSCI、A&HCI、CSSCI/ESCI 期刊上发表文章 7 篇，主持省级科研项目 1 项，主参校级研究生教改项目一项。曾任浙江大学第十五次党代会代表、浙江大学外国语学院研博会执行主席（2022 — 2023），曾获国家奖学金、浙江省优秀毕业研究生、浙江大学五好研究生等荣誉称号。

南宫人文大讲堂

翻译与跨文化交流

　　非常感谢路桥图书馆给我如此珍贵的机会。在一所地方性的图书馆，邀请我这样的小朋友来谈翻译与跨文化交流，我感到非常荣幸。我一直在关注路桥图书馆的"南官人文大讲堂"系列活动，办得非常好。他们之前邀请过台州籍翻译家海岸老师和南京农业大学的王银泉教授来做过讲座，他们都是对翻译做出贡献的重要人物。希望在前辈的基础上，今天能和大家一起感受翻译的魅力。

　　季羡林先生曾经这样说，"中华文化之所以能常葆青春，万应灵药就是翻译"。他认为，中华文化这条长河，有水满的时候，也有水少的时候，但从未枯竭，原因就是有新水注入。翻译作为一种跨文化交流的手段，它深刻影响着语言、文化和社会等发展。尤其是在新时代的赶考路上，讲好中国故事，传播好中国声音，翻译发挥着重要的作用。今天的讲座主要围绕中国文化"走出去"和台州文化"走出去"这两个重要议题展开。前者是国家、民族的层面，后者则是基于一个地方文化的视角。

　　我们先谈谈中国文化"走出去"。以莫言为例，他在 2012 年获得诺贝尔文学奖。莫言不懂外语，但他的作品在海外表现不俗，也是我们大陆作家里第一个拿诺贝尔文学奖的。而莫言对翻译的认识其实也是非常深刻的，他曾这样说过：

　　翻译家对文学的影响是巨大的，如果没有翻译家，世界文学这个概念就是一句空话。只有通过翻译家的创造性劳动，文学的世界性才得以实现。没有翻译家的劳动，托尔斯泰的书就只能是俄国人的书；没有翻译家的劳动，巴尔扎克也就是法国的巴尔扎克；同样，如果没有翻译家的劳动，福克纳也就是英语国家的福克纳，加西亚·马尔克斯也就是西班牙语国家的加西亚·马尔克斯。同样，如果没有翻译家的劳动，中国的文学作品也不可能被西方读者阅读。

如果没有翻译家，世界范围内的文学交流也就不存在。如果没有世界范围内的文学交流，世界文学肯定没有今天这样的丰富多彩。鲁迅先生曾经说过："世界有文学，少女有丰臀"，没有丰臀，少女就不是一个完整的少女；没有文学，世界也就不是一个完整的世界。由此可见，我们的世界文学研究所是一个多么重要的机构。

莫言对他的译者葛浩文等人是十分信任的，我相信这与他对翻译的认识密不可分。有学者比较过贾平凹和莫言，因为后者比前者在国际上更有影响力。他在文中曾这样谈到，由于贾平凹十分排斥国外译者，他的翻译作品，在很长一段时间，大约从 2000 年到 2012 年这段时间，一直是沉寂的。而莫言则恰恰相反。也就是这种信任的态度，促使他的作品在海外取得喜人的成绩。

习总书记曾在多个场合，讲过"讲好中国故事，传播好中国声音，展现真实、立体、全面的中国"。这几年，国家在这方面投入了大量的财力和物力，但我们的效果仍然不佳。你可能会质疑，国家为什么要花那么大力气去做这件事情？下面，我再举一个例子，你可能就会理解了。大家认识左边这位女士吗？方方，对，方方在疫情期间，她写了《方方日记》。她每天记录疫情期间，在武汉发生的事情。非常有趣的是，这本日记写完没过多久，应该是在 2020 年 3 月 24 日。美国亚马逊马上在同年 4 月 9 日的时候，出来了这么一个封面。而这个封面也立马引起了轩然大波，为什么呢？

让我们仔细看一下，这个封面虽然很普通，就是一个蓝底，也看不出什么东西。但是他首先把《方方日记》改成了 Wuhan diary，也就是《武汉日记》。方方能代表武汉吗？因为这本日记是通过方方个人视角讲述的，但是在翻译过程中，却把标题中的"方方"改成了"武汉"，这是匪夷所思的。我们再来看看更吊诡的事情。左边这个英文版的副标题叫作 Dispatches from the original epicenter。在这个翻译里，译者用了一个隐喻，他把新冠疫情比作地震，而武汉则是这场疫情的最正中的来源，里面的"the"这一个定冠词，更是直接将矛头转向了武汉。这是不合理的，完全是一种误读！因此，这个题目一出来，很多懂一点外语的中国读者，是不买单的。后面在中国网民的抗议下，美国亚马逊出了第二个版本，这个版本相对好一点，但也没有好太多。首先，Wuhan diary 还是被保留下来了。副标题的变动比较大，原先的"the original epicenter"改成了"a quarantined city"，即一座被封锁的城市。不管是冠词还是整个语义，都要明显比上一个版本好太多。

我们再看第二个案例，这是我去年做的一个研究。我们来欣赏这么一组图片，请问大家能猜出这是哪一部作品吗？第一个是英语的，第二个是法语的，第三个意大利语的。我猜你们大概能看出一点名堂。对，这三个都是莫言小说的封面，都选自《红高粱》。但是我们仔细看一下这些图片，跟现当代中国有什么关系吗？第一张图片很明显是一个日本女人，对不对？第二张可能是唐朝或更久以前的汉朝，第三张则是一个非常年轻的亚洲女子。所以其实通过一些图书封面，我们就能了解到西方人是如何看待我们中国的，他们对我们的印象是如何的。很多图书封面，他们在选材上，往往倾向把中国女性和日本女性混为一谈，或者是古代女性。这其实是一种跨文化交流的刻板印象。

再来看一下《西游记》在英语世界的翻译。我们都知道《西游记》是唐僧带着徒弟去天竺取经，这部小说其实到了 20 世纪后半叶才在国外有了第一个全译本，在此之前都是选择性的翻译。我的毕业论文就研究了其中的一个片段。我们看一下右边的一个封面，非常有趣，这是著名英国汉学家韦利的译本，在第二次世界大战期间出版。首先他把标题改了，《西游记》改成了 Monkey，也就是《猴》，并且他还加了一个副标题——来自中国的神话。里面的目录也非常有趣，我把它简单地翻译了一下中文，第一章到第七章是猴王的故事，然后是观音的使命、玄奘的家世、唐玄宗游地府，非常有趣的一个事情，就是唐玄宗游地府，这个片段在我看来，我觉得是《西游记》

里面最无聊的一个片段，但是在研究的过程当中发现，我发现好多译者都选了这个片段，为什么？因为他讲神，讲地府，讲轮回，老外对这个特别感兴趣。所以有的译者专门就译这个片段，把《西游记》的故事换成唐玄宗游地府。接下来他分别介绍了孙悟空、白龙马、猪八戒、沙悟净。而在取经部分，他只选取了三个故事：乌鸡国、车迟国和通天河。如果大家细读这三个故事，就会发现在这三个故事里面，孙悟空是无比强大，基本上是靠自己的力量就能够战胜别人，不需要靠太多的外界力量。从这一点看，你会发现它为什么叫 *Monkey*。通过这个目录，可以直接反映出在韦利的脑海中，他想构建一个强大的孙悟空形象，凸显西方价值体系中的个人主义思想。而这与我们大部分中国人对于《西游记》的认知是不一样的。作为读者，我觉得《西游记》讲的是互帮互助，师徒四人一路艰辛地去取经。但是你看在韦利的版本里，孙悟空神通无比，极具个人色彩。

下面再讲讲《西游记》最新的一个版本，这也是英国汉学家蓝诗玲翻译的。蓝诗玲以 1954 年人民文学出版社以副牌"作家出版社"名义出版的整理本为中文底本，承袭前译余译本，没有沿用韦译本或另选他本。蓝诗玲称 1954 年人文本为"最权威、最值得信赖"的版本。然而，由于早期古籍整理工作处于探索阶段，这一底本讹误众多，在 1980 和 2010 年都进行了较大的修订，这似乎与蓝诗玲的判断有所出入。究其原因，一方面，蓝诗玲如此选择是受到《西游记》英译场域内权威译者的影响。余国藩是《西游记》研究领域的专家，他盛赞 1954 年人文本超越以往任何版本，是"最接近任何原本《西游记》的版本"。直到 2012 年，余国藩在修订译本时仍坚持参考这一底本。同样，英国汉学家詹乃尔在翻译《西游记》时也做出相同的选择，认为这是"今见百回本《西游记》最早的足本"。作为该场域内的新人，蓝诗玲的古汉语水平一般，拥有的文化资本和象征资本有限，加上《西游记》的版本众多，倘若采取"颠覆"策略，直接引入新版本，可能会招致场域内其他行动者（如评论人、汉学家）的反对，不利于新译本的传播与接受。因此，选择 1954 年人文本作为底本可以借用场域内权威译本的象征资本，从而获得更大的翻译空间。

另一方面，蓝诗玲的惯习影响着她的底本选择。蓝诗玲把《西游记》比作水，认为它是一个开放的文本，涵盖了丰富多样的主题，如三教合一、探险、反讽、女性主义等。她希望通过《猴王》呈现原作中的多重声音，让更多的英语读者了解中国文化，减少对中国的刻板印象，这也是当初她决定复译《西游记》的重要原因之一。1954年人文本显然符合她对原作意义的理解和阐释，因为它"不像清代的各种刻本任意删改小说的正文，削去原书许多风趣的韵文"，在内容主题等方面最接近原作的面貌。相比之下，韦译本选用的亚东版读本则反对儒释道的寓言式解读，认为《西游记》不过是一部供人娱乐消遣的滑稽小说、神话小说。这显然与蓝诗玲沟通中西文化的学者惯习与致力译介传播中国文化的译者惯习不适配。此外，基于蓝诗玲对中国政治、历史的研究，她认为由于意识形态的问题，《西游记》在1954年后经历了大量的改写。换言之，她担心后续修订的版本可能无法恢复原作的本真，因而更加青睐1954年人文本。这也说明复译是一个不断求真的过程。

在具体翻译内容的选择上，蓝诗玲指出关于全译还是节译，"我们经过了一番考虑"。为了满足大众读者的阅读需要，蓝诗玲决定节译，从100回中挑选了47回，并最终压缩成36回。《猴王》的体量虽然不及余译本，但远远超过韦译本（30回），做到内容的多样化且不重复，使之最大限度地呈现中国文化的独特魅力。例如，全书中涉及色欲问题的情节大致出现在每10回的第3、4回前后，蓝诗玲只选译了其中一个情节（第53-55回）。对于个别有趣但不符合小说整体的情节，她则有针对性地进行缩译，比如《猴王》第19回的开头用寥寥数语概括了原文第23-26回的内容。此外，蓝诗玲还挑选了许多与女妖角色有关的故事，如白骨精、九尾狐狸、蝎子精、铁扇公主等。值得注意的是，这些女妖与传统的中国女性形象截然不同。她们足智多谋、武艺高超，即使面对神通广大的孙悟空，也能让他束手无策，如蝎子精的"倒马毒"让孙悟空负痛败走。这些内容不管在韦译本还是余译本中都不那么突出，前者避而不译，后者则因全译而未能凸显。

不难发现，蓝诗玲如此选材与她的惯习密切相关。一方面，受其沟通中西文化的学者惯习及致力译介中国文化的译者惯习的影响，她希望在有限的翻译空间内尽可能地保留原作内容的丰富性和复杂性，使英语读者更全面地了解中国文化，实现个人的翻译意图；另一方面，蓝诗玲的女性意识促使她在《猴王》中增加女性角色的分量。她在访谈中称，对于原作中颠覆男权社会的女性主题，作为生育过3个孩子的母亲，她产生了强烈的共鸣。她还讲道"我意识到，最近这数十年来，我可能是第一个《西游记》的女性译者，而某种程度上，我很热衷于强大女性的故事。我希望把这些故事放回去"。与此同时，《猴王》中呈现的多样化和女性化特点也使其与前译有所不同，彰显了复译的"新颖性"。

在正文部分，蓝诗玲的译文十分优美，可读性很强，下面我们一起来欣赏一下她的译文。总体而言，《猴王》介于专业读物和通俗读物之间，与前译本异中有同，同中有异，体现了复译的继承与超越。

在处理文化专有项方面，考虑到韦译本中唐僧（Tripitaka）、孙悟空（Monkey）、猪八戒（Pigsy）和沙僧（Sandy）的人名翻译通俗易懂，在西方深入人心，蓝诗玲决定与他保持一致（ibid.: xxxvii）。但是，在宗教术语翻译上，她坦言自己参考了余译本中的处理（WildChina 2021），以确保翻译的准确性，而韦译本尽量淡化原作的宗教意味，参考价值不大。通过借用翻译场域内占主导地位译者的文化资本和象征资本，蓝诗玲为《猴王》注入更多的文化资本，从而提高其在场域内的地位。然而，这并不代表她一味地采取顺从策略，在其汉学家译者惯习的影响下，她会对前译进行有选择的摄取，使《猴王》在新的语境中创造出新生命。

（1）乃广、大、智、慧、真、如、性、海、颖、悟、圆、觉十二字。（吴承恩 1954:11）

蓝　译：Broad, guang; great, da; wise, zhi; intelligent, hui; true, zhen;

obedient, ru; of nature, xing; of the sea, hai; outstanding, ying; awoken, wu; rounded, yuan; enlightened, jue.（Wu 2021:9）

余 译：They are: wide (guang), great (da), wise (zhi), intelligence (hui), true (zhen), conforming (ru), nature (xing), sea (hai), sharp (ying), wake-to (wu), complete (yuan), and awakening (jue).（Wu 2012a:115）

韦 译：They are Wide, Big, Wise, Clever, True, Conforming, Nature, Ocean, Lively, Aware, Perfect and Illumined.（Wu 1958:19）

例（1）是祖师给孙悟空取名时列出的字辈，属于文化负载词。韦利采取意译策略，过滤了文化异质性，余国藩则采取意译加音译策略，在保留原文语音图式的同时加强译文的可读性。然而，二者译文都存在词性不一致的情况，例如余国藩同时用形容词(wide)、名词(intelligence)和动词(wake-to)来翻译这几个词语。因此，他们的译文没有坚持术语翻译的一致性原则。蓝诗玲在翻译策略上与余国藩保持一致，使译文兼顾求真性和可读性。在此基础上，她通过介词 of 加形容词、过去分词作形容词的方法来统一术语的词性，弥补了前译的不足，体现了复译是"对过去现实存在和当前现实存在摄入、整合的结果"，为《猴王》积累新的文化资本。

（2）一日，祖师登坛高坐，唤集诛仙，开讲大道。（吴承恩 1954:13）

蓝 译：Subodhi climbed back onto his rostrum and summoned his immortals for a lecture on doctrine: a synthesis of Taoism, Buddhism, and Confucianism.（Wu 2021:10）

余译：One day the Patriarch ascended the platform and took his high seat. Calling together all the immortals, he began to lecture on a great doctrine.（Wu 2012a:116）

韦译：One day the Patriarch, seated in state, summoned all his pupils and began a lecture on the Great Way.（Wu 1958:20）

　　例（2）中的"大道"指三教合一，原文通过诗词来解释其中的宗教含义。韦利对"大道"的简化直译是对原文的误读，而余国藩和蓝诗玲的意译"doctrine"则更加准确到位。但在诗词翻译上，韦利直接删除，余国藩保留诗词体例并尽可能地直译，而蓝诗玲通过添加冒号和编译的方法，化韵为散，使其直接融入正文。这一处理方法在韦译本中也比较常见，只是在蓝诗玲笔下显得更加突出。这可能与蓝诗玲在诗词翻译方面积累的文化资本不够相关。她坦言"中国古典诗歌之类的作品可能就在我的翻译能力之外，因为我没有相关的古文学习背景"。另外，蓝诗玲认为"一般情况下英译文越短越好"，中国文学的"行文往往冗长拖沓，想译成优美可读的英文，就得把原文处理得更加经济(economical)"。显然，如果保留原文诗词穿插的结构，叙事节奏会放慢。因此，借鉴韦译本中化韵为散的译法既保证了原文内容的充分性，传达原文中的宗教文化，又使行文更加流畅，不失为一种保险的策略。需要指出，蓝诗玲删繁就简的做法在翻译中国现当代作品时就十分突出，形成独特的翻译风格，同时深受英语读者喜爱，积累了一定的口碑，这促使蓝诗玲在《猴王》中延续以往的译法，通过场域的"同源性"实现象征资本的转化，从而在场域内获取更佳的地位。

　　除了选择性地摄取前译，蓝诗玲还在其女性汉学家译者惯习的影响下，充分发挥自身的创造力，努力保留甚至提高文本的文学性和可读性，赋予《猴王》不同于前译的新生命，注入更多新的文化资本，体现了新译本的时代性。

　　言语幽默是《西游记》文本风格的特点之一。蓝诗玲指出双关修辞（wordplays）在原作中比比皆是，但是如果译成英语，就需要添加注释，否则读者无法理解。但如此一来，原作故意制造的幽默效果就被破坏了。例如，"唐人是我师父，我是他徒弟！我也不是甚'糖人，蜜人'"一句中的"唐人"和"糖人"就是典型的双关语。蓝诗玲选择删除，而韦利和余国藩做了直译处理，并添加了注释。然而，无论译还是不译，原文展现的幽默效果都流失了。

为此，蓝诗玲决定放弃翻译原文中不可译的言语幽默，尝试在其他叙事内容或人物对话中进行适当增译补偿。

（3）他道："此间乃尽头路了。这番回去，如来作证，凌霄宫定时我坐也。"又思量说："且住！等我留下些记号，方好与如来说话。"（吴承恩 1954:73）

蓝译：Looks like this is the end of the road. Hello, Hall of Divine Mists, good-bye, Jade Emperor. The Buddha promised! Then Monkey had a second thought: I should leave my mark, in case the Buddha tries to be slippery about it.（Wu 2021:70）

例（3）描述了孙悟空与如来佛祖打赌时的心理活动，整个故事情节活泼有趣，充满幽默。相比韦利和余国藩的直译，蓝诗玲在此处的增译"Hello, Hall of Divine Mists, good-bye, Jade Emperor"使孙悟空顽皮的形象跃然纸上。此外，她用"slippery"这一措辞来暗指如来佛祖可能会耍赖，使译文洋溢着幽默戏谑的味道，凸显原作讽刺的主题。蓝诗玲增译补偿的做法在一定程度上受其译者惯习的影响。蓝诗玲认为翻译是一门艺术，需要译者的创造性劳动。在译文中传达原作的神韵是译者的职责，即使以放弃忠实对等的翻译为代价。另一方面，与前译相比，这些幽默话语提高了《猴王》的文学性和可读性，使其变得更有特色，从而注入了新的文化资本。

蓝诗玲的创造性复译还表现在赋予《猴王》独具魅力的女性色彩，使之与前译有明显不同，积累了独特的文化资本和象征资本。

（4）想必是个五谷轮回之所。（吴承恩 1954:515）

蓝 译：I suspect behind that door over there is Bureau of Rice Reincarnation.（Wu 2021:232）

余 译：I think it must be a Bureau of Five-Grain Transmigration. Send them in there.（Wu 2012b:281）

韦译：I should think it must be a place of metabolic transmigration.（Wu 1958:222）

例（4）是孙悟空在三清观施展计谋时做出的推断。在"想必"一词的翻译上，韦利接连采用"should"和"must"两个必要性情态动词来加强孙悟空说话时肯定的语气，余国藩则用"must"进行等值翻译。而蓝诗玲在此处做了一定的改写，用"suspect"一词来表明孙悟空当时对自己的推断不是十分确定，一定程度上削弱了孙悟空高傲自信的人物形象。据笔者对韦译本和《猴王》中"must"一词的使用频率统计，前者一共出现 155 次，其中 38 次（24.5%）出现在孙悟空的话语中，而后者仅出现 42 次，且只有 4 次（9.5%）出现在孙悟空的话语中。这一鲜明反差说明蓝诗玲的女性意识在影响着她的翻译策略，是其女性译者习惯的外化，与前文蓝诗玲在回目选择上凸显女性角色的做法相似，同时这也使《猴王》呈现出独特的女性色彩，一定程度上削弱原作中封建社会的男权文化，更符合当代英语读者的阅读期待，从而积累象征资本。

除了内容的创造性表达，蓝诗玲还在文字形式上下足了功夫。具体而言，她采用形貌修辞的表现形式，根据题旨情境来提高译文的视觉效果，增强译文的文学性和艺术性。

（5）龙王见说，不好推辞，即着鳜都司取出一把大捍刀奉上……龙王又着鲅大尉领鳝力士，抬出一捍九股叉来……龙王心中恐惧，又着鳊提督、鲤总兵抬出一柄画杆方天戟。（吴承恩 1954:27-28）

蓝　译：Seeing this was not a request he could refuse, the dragon king immediately ordered one of his commanders (who happened to be a perch) to present Monkey with a large cutlass... The dragon King next ordered another subordinate, one Captain Mackerel, to bring out a nine-pronged fork with the help of an eel porter... He asked Commander Bream and Brigadier Carp to bring out a vast halberd...（Wu 2021:25）

例（5）描述龙王在孙悟空的不断要求下拿出威力更强的武器。在语义内容上，蓝译本与前译本并无太大差别，但在形式表达上独具匠心。从"鳜都司"到"鲅大尉"再到"鳙提督、鲤总兵"不光是人物称谓的变化，更是兵力的变化，蓝诗玲通过标点符号、字母大小写等外在形式的细微变化来传递语义内容的变化，强化了译文的艺术表达效果，充分展现其忠实读者、强调译文可读性的译者惯习。同时，这样的创造性表达也为译文增色不少，积累了更多的文化资本。

听了这么多，大家可能会对我们中国文学在海外的译介与传播的效果比较感兴趣。坦白来说，目前的效果可能没有想象中那么乐观。即便像莫言这样的大作家，他的作品会被国外的编辑修改，并且也没有那么畅销。但是这并不代表我们的文化不行，这实际上在跨文化传播过程中是很常见的，需要时间来检验。下面，我们来看一些成功的案例。比如电视剧《媳妇的美好时代》在非洲卖得特别好，一开始它是一天播两集，后面非洲人民强烈要求一天播三集，并且每周循环播放。后来习总书记在坦桑尼亚访问时，当地民众呼声就非常高，这部剧在非洲十分卖座。还有就是《陈情令》这类的耽美剧，这几年在英美文化圈也十分流行，还有我们的网络文学、李子柒等。再比如麦家，他的国外读者群体是十分庞大的，当时《解密》这本小说在英国出版之前，BBC都为他宣传报道，甚至街头的公交车都为其做宣传。所以，可想而知，《解密》在前期宣传上是非常成功的，这也就促进麦家小说在海外的销量特别好。

最后，我再谈一点——台州文化走向世界。我非常想去研究这个课题，作为台州人，我觉得台州有很多东西值得传播出去。但吊诡的是，哪怕在中国，我们的知名度也不是特别高。在做讲座之前，我特意去看了一下台州市政府官网，官网提供的语种选择十分有限，除了中文，就只有英语、韩语，这是不大符合目前台州的营商环境。我们对标一下香港、义乌还有苏州，它们的语言景观是十分有意思的。身边有很多同学和我反馈，说去了一趟义乌就像是出了一次国。因此，作为台州人，我觉得我们有责任，也有情怀，把我们的文化传播出去，让更多的人了解台州。

作为中国文化的有机组成部分，台州文化走出国门，具有重要的现实意义和实践价值。一方面，我认为作为中国文化的地域化呈现，台州文化"走出去"，是"讲好中国故事，传播好中国声音"的重要内容。这不仅有利"展示真实、立体、全面的中国"，还能积极服务国家重大战略。另一方面，台州文化"走出去"，可为台州塑造良好的城市形象，提升台州文化的国际传播能力，从而促进台州政治、经济、文化等各项事业的繁荣与发展。

需要指出的是，台州文化源远流长，其自身的感染力与影响力，已逐渐构成对外译介与传播的基石。在传统文化层面，台州素以"佛宗道源"享誉海内外，是佛教天台宗和道教南宗的发祥地。发源于天台山的和合文化，体现了中国文化的精髓和被普遍认同的人文精神。在当代文化层面，台州商贸繁荣，民营经济发达，涌现出一代又一代艰苦奋斗、开拓创新的台州商人，留下了宝贵的精神财富。所以我们要深入挖掘文化内涵，坚定文化自信，守护台州本土优秀的文化。

而台州文化"走出去"，是一项重大而持久的工程。这需要政府、企业、高校和民间等各方通力合作，在内容、方式和渠道上，更丰富多元地展现台州文化的精髓，与世界文化对话。具体而言，其一是当地政府应加强顶层设计，做好多层次和多角度的规划，多措并举，确保台州文化持续有效、稳健长久地对外传播。其二是鼓励企业、高校和民间团体等，参与台州文化"走出去"。如以文学外译为例，台州市作家协会可提供文本选材的建议，台州学院可利用高等教育资源，在大学英语教学中，培养翻译人才的后备力量。其三是重视翻译方式的拓宽与传播渠道的建设。机器翻译、大数据时代的到来，使"台州政治、经济、文化文本的平行语料库"研制成为可能，可将技术手段引入文化外译中。这不仅有助于提高翻译效率，还能节约翻译成本。

同时还要尝试构建台州文化的多模态叙事方式，融通文学、音乐和电影等形式多样的传播媒介，以喜闻乐见的方式，让海外读者更加了解台州文化。

作为跨文化交际活动，翻译具有文化建构性力量。它不仅可促进不同民族对话和思想交流，还可维护世界文化多样性和推动构建人类命运共同体。当下，在"一带一路"倡议和中国文化"走出去"的背景下，如何把握时代契机，推动台州文化在海外的译介与传播，已成为我们不懈探索的新命题。让我们一起加油！

第五辑　艺术之旅

蔡一平

浙江台州人。毕业于中国美术学院陶艺系，系台州市工艺美术大师、台州青瓷非遗代表性传承人。师从中国陶瓷设计大师、耀州窑非遗传承人王彩红及省级工艺美术大师汪尚模。从事台州窑青瓷相关工作近 15 年，作品曾获安徽省第十一届工艺美术精品博览会暨徽工奖金奖、安徽省第七届陶瓷艺术精品展银奖、第十五届浙江中国非物质文化遗产博览会银奖等。

浅谈台州青瓷之美

    我先简单地介绍一下自己。我是 2004 年的时候就读于中国美术学院的陶艺系，作为陶瓷从业者已经有十多年的时间了。在大学的时候，我真的不知道我们台州的陶瓷文化原来这么灿烂。我不知道今天在座的大家，对我们台州的瓷器到底有多少了解，大家有去过路桥博物馆的，可以举个手，大部分没去过吗？有对我们路桥青瓷，还有沙埠窑青瓷知道的，举个手，今天真的没有几个知道的，是不是在座的很多人都认为台州是没有瓷器的，好的，那我们今天就真的要好好来讲一讲。

    我们所有人都知道中国是一个非常著名的陶瓷古国，中国的陶瓷在世界史上是占有非常重要的地位，大家现在比较知道的是景德镇的陶瓷，龙泉的青瓷，还有像福建的一些瓷器，知道最多的可能就是景德镇的，还有龙泉的，青瓷、青花瓷，像康乾盛世的，就是清朝以后的这种可能知道的比较多。它是值得我们后人敬佩去学习的，就像景德镇很多的工艺，真的达到了一个很高的程度。中国的陶瓷在世界史上占据重要地位，浙江的陶瓷史占了中国陶瓷史的一半历史，我们台州窑的窑口，也占了我们浙江省里面非常重要的位置，像现在的上虞上林湖越窑青瓷，我们台州，还有德清，他们这一块目前有很多发掘出来的新瓷。

    今天在开始讲我们台州的青瓷之前，我们首先再给大家看一下，就是我们台州还有一段非常重要的文明，因为我们每一个陶瓷史，它其实是相互连接的，就是我们台州的文明发祥地，下汤文化，大家知道下汤在哪里吗？猜一猜，这是我们台州的一个地名，说对了，是仙居。大家看一下我们仙居的下汤遗址，它是浙东南地区目前发现的规模最大、保存最完整、时代最早、文化内涵最丰富的一处人类遗址，这个遗址的时间是非常少的。我们先看一下这张照片，大家看一下，大家应该知道，好川文化、河姆渡文化应该都比较了解，然后跨湖桥、上山，我们仙居的这个，它其实是跟我们河姆渡是同个时期的，大家都不知道原来我们仙居还有这么丰富的一个文化，它是新石器时期，母系社会就开始了，距今有六七千年，从出土的文物看，最主要的就是一些红陶、陶器、陶片。然后我们看一下这张照片，这个我们台州博物馆里面应该是有的，大家平时如果喜欢逛博物馆的，其实仔细去看，其实能发现这些东西，大家看一下这些陶罐，是不是已经做得非常好看了。他们已经摆脱了一个穴居的生活，进入母系社会，这个时候他们甚至已经有稻米出产了，我们的这个遗址是世界稻作文化的一个起源，所以说明我们很多瓷器文化，它跟我们的生活是非常相关的，跟我们先民最早开始的生活是休戚相关的。就是泥土，它也非常重要，大家想想看我们最早的瓷器是怎么产生的？有知道吗？最早的原始社会，他们最早是不是需要喝水？之前的时候他们没有任何盛水的工具，就在没有瓷器出现以前，大家是用手这样捧着去喝水的，是吧？然后后面的时候，下雨天的时候，那些先民，那些老百姓，他们不是赤脚在泥田里面走路，他们踩下去，脚踩出一个坑，他们发现那个可以盛水，就最早是从这里发现，原来这个泥巴可以把水兜住，后面用火去烧制的时候，发现给它烧硬了之后，可以成为一个固定的，就是盛水的这么一个东西，所以其实陶瓷的文化，它跟我们人类日常的生活是相关的，然后就是我们的先民在日常的劳作中慢慢发现它，就是通过火去烧土，它改变了泥土的一个性质。

大家可以看一下，这张是我们台州青瓷分布的一个遗址，目前已经发掘出来的，大家仔细看一下，埠头堂是我们路桥的，现在大家知道比较多的是我们黄岩沙埠。其实瓷器的发展并不是断开的，今天为什么要在讲台州青瓷之前，我们要先来讲一下我们下汤的文化，我想告诉大家的是：台州的瓷器文化，它从新石器时代就已经开始了，然后在东汉魏晋南北朝、唐朝以及到北宋的时候，都达到过巅峰状态。临海、天台、温岭，我们现在都有发现古窑遗址。我们路桥埠头堂，比黄岩的沙埠窑要早 800 年左右，从东汉开始，是台州最早烧造青瓷的地方，那时候的青瓷已经烧得非常好看了。

关于黄岩沙埠窑，有一个传说，叫九龙透天炼华章，这个是什么意思呢？就是说当时烧制瓷器，它达到了一个巅峰的状态，就是我们烧陶瓷它是需要烟囱的，大家有见过窑址吗？见过，现在包括我们烧柴窑的就是那个窑，它的烟囱冲上去，在古代的时候，它规模非常大，然后它 9 条烟囱冲上去，冲到天空上就像火龙一样。当时黄岩的那个窑，据说是有 73 米长，非常长，我到现在也很难去想象这是一个什么样的概念，只知道它是非常壮观的。虽然这是一个传说，但是从侧面说明，当时烧制瓷器是非常兴旺的，还说明了一点，它的产量非常大。大家看一下我们秀岭遗址现场的一些瓷片，我去过现场看过，真的叠得很高，密密麻麻的整座山，这个只是我们竹家岭的一个。大家刚刚看到我们上面的图，有很多个遗址，其实还有很多遗址是没有被发现的，说明当时整个台州烧制瓷器产业是非常兴旺的。

大家看一下这个是什么？看得清楚吗？就是左边的这边，这个是（匣钵），匣钵其实是一个辅助烧窑的工具，把瓷器装到匣钵里面，然后再拿进去烧，这个就代表我们当时瓷器烧制的技术已经进步了。大家知道柴烧它是草木落灰形成的一个自然的釉面，但是我们台州青瓷烧出来，它已经釉色非常稳定了，说明是人工施釉的。

大家看一下我们出土的一些东西，有碗、锅、盂、罐，还有鸡首壶等，最早出现在我们路桥埠头堂。我们古代的匠人是非常聪明的，窑炉是依着山而建的，然后他们的窑尾是设在山头，窑炉的火塘是在侧边的，就这样从里面塞火比较方便。为什么这样建造？是因为它的升温会比较均匀，这样烧出来的瓷器，就能把温度升上去，因为大家知道烧瓷器需要高温，烧窑全靠师傅自己的经验。

接下来要给大家讲一讲台州青瓷的工艺。这是一个葵口的碗，是一个日用器，中间那个是香炉，这个香炉黄岩有一个，一级的文物，是塔里面出土的。这个是粉盒，粉盒是干吗用的？就是我们女人用的，里面装一些胭脂。

大家看看古人的生活其实是很精致的，百姓的生活比我们现在讲究多了，我们现在用塑料什么的，那个时候你看看那些女人用个胭脂盒，上面还要雕刻一些花纹的。大家看看这个鸟，是不是也很可爱？这是一个水杯，给它做成了这样的一个文物。下面是我们非常常见的莲花纹，我们台州窑青瓷里面涉及很多的纹理、纹饰。从我们远古时期开始就有很多的纹饰，纹饰的发展也在不断变化。纹饰其实都是有寓意的，像上面这个香炉，它上面是忍冬纹，下面是一个莲花纹，这些都是寓意着一些美好生活、吉祥的含义。像这个粉盒可能图片看不太清楚，它是一个鹦鹉纹，鹦鹉纹下面我要重点讲一讲，它是我们台州的一个非常重要的，也具有代表性的一个纹饰。

2021年6月，章安也出土了遗址，其实很多没有出土并不代表它不存在，只是还没有被发现而已。

我们今天讲一讲瓷器烧制的一个流程，我们做了很多年陶瓷的制作，工艺上我们是比较了解的。为什么要依山而建？大家看一下，古代的陶工，他是要通过去开采，然后把泥巴从山上运下来的，通过这样人力交接的一个模式。黄岩沙埠或者埠头堂高岭土的含量比较高，高岭土是个什么概念？高岭土含量比较高，烧出来的瓷器会比较好看，因为它里面含钙，现在很多人说骨瓷什么的，国外的骨瓷非常好，其实是因为国外没有高岭土这种稀土资源，老外擅长把这个成分拿去分析，他们把瓷器打破，把里面的泥巴再拿去分析，发现中国烧的瓷器里面，它的钙含量特别高，所以瓷器烧得特别好看，然后他们就用同样的东西去取代了，这个取代的东西是什么？就是骨头粉，他们用的是动物的骨头粉来取代，英国现在有些骨瓷就非常有名，但再怎么有名，大家要知道，其实我们中国的才是原矿，是吧？高岭土是一种非常好的稀土资源，然后这种稀土资源最好的用途在哪里呢？它是用在航母上，航空母舰，它是用在航天里面做零件设备的，因为高岭土可以烧到非常高的温度，烧到1400度以上，我们现在的这些瓷器，像景德镇的，我们烧到的温度其实没那么高，没达到1400多度，我们是烧在1380度左右，这已经是很高温的瓷器了，骨瓷多少温度？骨瓷是在1220度左右。

我们把泥取过来之后怎么样做呢？我们要去炼泥，我们要去泥巴里面把它提炼出来。随便去取块泥，它是做不了瓷器的，做瓷器玩泥巴是不一样的。我们挖出来的土，不同的土，它可以烧成砖，我们房间里面的砖，它是800度的，有些可以烧成瓦，它们的温度又不同，就像我们故宫的那种琉璃瓦，最好的土才是可以烧成瓷器的。

然后大家看一下，这个是釉料，就是我们瓷器上面的，这个就要说到我们台州青瓷了，台州青瓷上面像玻璃质感的青色的釉面，它是通过这个样子弄出来的。我们现在猜想，它这个应该是草木灰的含量特别多，草木灰是不是在窑里面一烧，它烧出来就是晶莹透亮的，然后会把这些东西提炼了，这个就是釉水，这个桶里面就是我们的釉，在经过烧制之前，它看着像一桶牛奶，是不是？你们看一下，像一桶牛奶，去搅一下，我们最后把它浸下去。我们再看一下过程，这个就是把它的坯体做出来，就是我们陶瓷是不是有这样的形状、那样的形状，大家好奇这些形状是怎么做出来的？这个形状就是通过拉坯做出来的，我们现在拉坯机都很先进，大家应该有看过《人鬼情未了》的吧？那个是机器转的，就脚都不用踩的。我们看一下最早的时候古代的是这种，它要脚踩的，他脚踩一下，机器转一下，然后转上去，这样子做出来。这个是倒釉，就是把釉做好的器物弄进去。

大家看一下这个照片，这张图片就是目前如果大家去景德镇的那些古窑址里面去玩，会发现这个是一模一样的，真的就是这一条，他们现在劳作方式还是跟古代一样的，他们晾坯就是这样子晾的，一条很细窄的木板，然后把做好的器物一个个地放在上面，然后拿去晾干，就是这样子扛的，大家看看扛这个是不是也要点技术。通过这样，把器物浸到釉里面，浸好之后，然后再放到这个窑炉里面烧。大家看一眼我们窑炉，这个窑，应该是说今年下半年，黄岩的沙埠窑说要复烧这个龙窑，我不知道它这龙窑到底是有多大，如果真是72米的话，我觉得一窑的烧窑费可能真的是很高很高了。大家看看其实这么一个小窑，上面是有一个顶的，日常有些艺术家的工作室，如果是柴窑，也是这个样子的，但是两边是要通透的，因为我们要往里面投火，通过侧边把火烧起来，现在烧窑基本上是要 4 天 3 个晚上，很多时候还可以在旁边烤鸡烤鸭，现在我们如果说来烧窑的话，就跟古代又有点不一样，现在的小青年烧窑，就先烤鸡、烤鸭或者烤羊，还有烤蛋糕的，其实做一个柴烧节也挺好玩的。像我们现在工业化已经进步的这个时代，我们烧窑，像景德镇那种窑非常大，就是用煤气烧的气窑，它一窑也可以烧很多很多的东西。

　　然后我们下面来看一下我们台州窑一个代表性的工艺特征，它们到底精美在哪里？这个是我们北宋沙埠窑出土的一个代表性的文物，它属于三级文物，但是我觉得它的确比香炉好看。这个属于执壶，我们现在很多女孩子喜欢穿汉服，复原宋韵的文化，我们去这样吃饭、喝酒，就是会用到这个壶。它下面其实是有一个温酒的碗的，叫温碗。据说，这样子的形状是由一个鸡首壶演变出来的。这个是我们中唐时期出现的一种酒器，这个酒器是代表着一种进步，因为在之前，应该说在我们陶瓷的烧制历史里面，没有出现过这个器型，所以这个器型我们现在作为一个代表性的来讲。

　　我们讲今天这个壶，它首先也是跟我们的生活是相关的。大家看一下这个是韩熙载的《夜宴图》，虽然这个壶是跟我们之前的壶有点不一样，大家看到的这个壶比中唐出现的执壶更好，因为它是属于青白瓷系列的执壶。执壶用在什么场景呢？就像欧阳修写的《醉翁亭记》里面一样，它们是用在一些茶室里面。韩熙载的《夜宴图》里，有宫女会在旁边弹奏丝乐的，谈完之后喝酒、作诗，是一个非常享受生活的这么一个状态。

　　大家再看一下，这个是我们黄岩出土的一个青瓷粉盒，这个粉盒我刚刚说了，我们之前在前面的时候也看到过，这个粉盒是女人用的，其实这种粉盒并不一定是进贡到皇室的，是普通老百姓用的。上面刻的是两只凤凰，对称的，古代的很多纹饰，它是有这样一个对称的美感，然后它是用浮雕体现的，这个釉色是绿色的，我们台州青瓷里面的绿色也分很多种。

　　大家看一下，这个就是我们路桥桐屿出土的一个西晋时期的青瓷，从西晋到我们唐朝，其实青瓷的颜色一直在发生变化，我们待会再看下面一张照片，就会发现开始的时候青瓷它的颜色是偏灰一点的，包括泥胎，它是颗粒偏粗的，然后青瓷虎子是非常常见的，非常多，它的形体是硕大的，这种器物其实稍微难做一点。

大家看一下这个，又是一个粉盒，粉盒非常非常多，女孩子用的，它上面用的是一个刻花的工艺，大家发现了吗？我们很多台州窑，青瓷，不管是我们路桥的、黄岩的、临海的、椒江出土的，都用了这个手法，这个手法叫刻花，就是我们拿一把刀，在坯做好的时候，坯还没有完全变得很硬，它没有干，还像皮革一样硬度的时候，我们在上面进行的一个雕刻，雕刻完再上釉，烧出来就是这么一个颜色。在古代的时候，他们会用一些绳纹，然后借助一些模具，是印在上面的，通过印、拍的方式去做出来的。然后大家看这个纹理，我觉得其实是跟我们新石器，包括西晋这里，它们是相似的，所以我们去读陶瓷历史的时候，我觉得大家不可以说给它孤零零拎出来，它不是独立于某一个时代而产生的，它们其实都是相关联的，就算没有中间出土一些遗址，但是不代表它的窑火断了。

我们现在看一下，这个就是我们刚刚说的，是一个非常著名的鹦鹉纹，我们先看一下它的图案，这个是鹦鹉，它就是大头，头比较大，然后也比较可爱，是吧？大头鹦鹉纹。然后像中间的这个，大家看到它的执壶，它是不是其实比我们黄岩、比我们台州窑的青瓷要精致一点，这个执壶目前收藏在大英博物馆里面，这个是一个出土文物，是一个陪葬品，它跟我们遗址发现的这些瓷器其实是不一样的，大家知道像陪葬的，就是埋下去的这种，我们说有些人盗墓什么，这种盗出来的东西比较精美，为什么？因为墓里面埋的可能是皇亲贵戚，这个也从侧面反映了，当时皇家用的瓷器跟我们百姓用的，它的精美程度是不一样的，宫廷用的这些日用具，追求一个尽善尽美，追求工艺上的一个完美，然后它更工整、典雅。我们老百姓的，我觉得从艺术形式上来讲，它更拙朴，更自由奔放。大家看旁边这张照片，就是我们沙埠窑出土的青瓷，就是鹦鹉纹。大家看一下，最早的技法是在我们台州的青瓷里面出现的。什么叫半刀？就是用一把刀刻下去，一边深一边浅，像这个瓷器上，这片纹理上可以体现出来的。

我们今天还是先来讲一讲鹦鹉纹的一个故事。鹦鹉纹它为什么会流行？是因为当时，唐玄宗和杨贵妃非常喜欢鸟，唐朝是一个非常开放的社会，当时岭南人向唐玄宗献上一只全身羽毛洁白的鹦鹉，他们就管它叫"雪衣娘"。鹦鹉也有很多吉祥的寓意，在古代也叫它神鸟，就是古代的时候其实非常喜欢养鹦鹉，像那种士大夫家里，可能这种文人家里，他们的流行趋势，日常也会去养。为什么会去养？因为鹦鹉跟鸳鸯象征着美丽勇敢。唐朝很多器物，青铜器、金器上面，都是有这种鹦鹉纹出现的。因为皇家流行，它后面导致了这个纹理就进了千万百姓家，他们喜欢，然后从上开始到下面流行起来，那就像我们今天明星带领的趋势，有些也是一样的，他们喜欢穿这个衣服，下面可能很多人也去追随。

然后我们看一下，这两个就是台州窑青瓷系里面的制作方法，大家看一下其实是有差别的，包括跟前面的那张。像上面的那个就是浮雕，大家看这个鹦鹉它其实是跟一些草叶纹连接在一起的，下面那个是用刻花的方法做的一个鹦鹉纹，这种刻画花的方法，目前在陕西的耀州窑非常非常多，达到现在一个顶峰，所以说我们台州窑跟陕西的耀州窑，这个技法是特别多，然后这个技法目前在我们国内来讲就是耀州窑了，这个是目前我们自己也在学习的一个技法，因为其实真正要复兴我们台州的窑，我觉得学习技法可能是更重要的，去吸取它最精华的一个部分，我们可以用更好的泥去取代我们瓷器，同时这个技法给它学过来。然后大家看这个技法有一个特征，就是非常流畅，像行云流水一样刻划的一个过程。

然后我们要讲一下这个，这个在我们路桥博物馆里面是不是有一个？有好几个吧？但这个其实不能收回家中，为什么？它是一个冥器，它是一个陪葬品，这个的确不是我们路桥的，因为路桥博物馆，我们拍照片来不及了，没有拍，路桥博物馆里面有，黄岩也有，下面这个就是黄岩的瓷母，这个还被誉为浙江的瓷母，在黄岩博物馆里面是有一个的，它是一个魂器，这个比较早。这个我们简单看一下，早期的青瓷就是这个样子，这是最早期的上面的釉色，它青色烧出来是这样的，然后再到后面，釉色到这样，然后再到我们后面，我们前面看到的釉色，大家发现了吗？它们是不是一步一步在进化的？泥质也变得越来越细，当然这个跟我们的技术也相关，跟社会的进步也是相关的。然后这个瓷母，它有一个故事，传说当时有个黄岩人，当时我们黄岩的遗址还并没有去挖掘，没有开发，然后有一个人就把它捡到了，放到家里的床板下去，听说夜里就在那边做梦，他就是做这种灵异的梦，后面他把它交到博物馆去了。我昨天跟我们的学员也在讲，我们台州其实还有很多地方，遗址其实是没有被开发的，肯定是有的，如果看到这种东西，千万要交到博物馆里面去，因为这个就是祭祀器，它叫魂器，虽然跟《哈利·波特》里面的魂器不一样，但是它的确是，它就是陪葬的，埋葬下去之前，古人可能是要干点什么事情的。魂器里面就有各种各样的（谷仓）。

今天跟大家也讲了这么多，我今天给大家看的，因为时间的关系，给大家看的是都是代表性的纹饰、代表性的一个工艺器型，不代表它只有这么点，其实大家去博物馆里面看，有更多的器物，然后也有更多的故事，它等着我们来读。

最后我想说一下，我们台州青瓷在这个时期发展这么鼎盛，是因为什么？它是因为产生这么一个优秀的工艺的历史，它是一个优秀的团体的历史，因为当时做瓷器非常非常多，它不是说一个人的力量，今天打个比方我把瓷器做得很好，我个人的名气很大，我可能获了很多奖，不能代表我们台州，不能代表这个时代，个人的作品，它一定要通过合作，它才能产生超越古典作品之美的物品，它要非常大的一个量，工艺之美产生的是一个共同的生活当中，我们现在台州青瓷它的历史为什么这么辉煌？就算当时没有记载，现在后人还是给它挖掘出来了，因为它是产生于我们共同生活之中的，我刚刚跟大家也讲过，我觉得古人比我们现在更会享受，像我们现在进入工业社会之后，大家用的很多是粗制滥造的东西，这个碗5块钱一个、10块钱一个，当然时代的进步会让这个价格降下来，但是的确存在很多粗制滥造。很多朋友很关心陶瓷烧制有没有毒，这种是大家非常关心的一个问题。在我们古代的时候，其实都不会存在这些问题，因为工艺之美，它跟我们的诚信都是联系在一起的，大家不会去使用有毒的这种东西，因为当时都是原矿这样挖出来的。这种工艺它没有贫贱之分，也没有贫富之分。这些工艺的美，我觉得其实也是反映了一个社会秩序，社会秩序就是一个道德，像我们也是一样，如果说我们都是被劣币驱逐良币了，没有人会愿意花心思去做一些好的东西了，它就是会被更廉价的东西取代，器物之美还是一种日用之美，它代表了做人的一个诚信，对于使用的人来讲，古代的这种，他们的审美我觉得也挺好的，在良好的社会秩序之下，民众的审美我觉得也是有一定的高度的，我们进入工业化社会之后，我觉得是值得我们去反思的一个问题。用蒋勋先生的话讲，他说这是一个物化的社会，现在判断一个人成功不成功的标准，可能是他赚了多少钱，但是其实这个是有问题的，是吧？所有的成功标准就是赚了多少钱之后，大家对美也没有多大的追求了，今天都忙忙碌碌，我们今天忙忙碌碌地去赚这个钱，都没有停下来去好好想一想我们的生活是为了什么。我觉得通过我们今天大家去了解我们台州瓷器，了解古人的这么一个生活的文化，我觉得也可以让我们的文化慢下来，让我们的日常生活可以变得更美，大家可以去做一些手工的东西，去逛逛博物馆，然后我们台州人也该有一些我们台州人的一个文化自信。

以后大家可以到我们工作室来参观一下，给大家看一下我们陶瓷的制作流程，我作为路桥青瓷的非遗传承人，我们现在需要做的工作就是我们要去复原这一段历史，嵇锡贵老师说过（越窑青瓷国家级代表传承人），嵇锡贵给毛泽东做瓷器的，他讲过，他说我们这一代人需要去做的，其实首先是去修复这段历史，我们可能不一定说马上就能把这个文化给发扬光大，像我们南宋龙泉的青瓷，它断代了200年，我们现在是断代了800年，它断代了200年，也花了三代人的努力去修复，当时龙泉的政府把毛氏家族请到那边，去当了陶瓷研究所的所长，他们现在已经到第三代人了，因为我也去过他们那边，他现在有个姐姐，就是最早的那个所长，现在已经去世了，第二代现在也是国家级的龙泉青瓷大师，下面一代已经产生了。我们台州已经断代了 800 年,我觉得其实我们这代人可能是需要花更多的时间去修复,可能也不是我们这一代人可以做到的,但是我觉得我们也应该非常尽力地去做。我接下来也会去学习这种刻花的技法,我希望以后讲的时候,我们可以让这个技法更生动,甚至下次我们路桥有这么一个展示的地方,让大家不要听着听着就昏昏欲睡了,这个工艺跟大家想的可能有点远,我希望它可以走进我们日常的生活,然后大家以后带着小朋友也可以来玩,我觉得这个才是比我们简单地把这个瓷器复原出来更重要的一个事情。

梁 赉

浙江绍兴人。浙江旅游职业学院智慧康养专业主任。中国社会科学院硕士，韩国又松大学博士。

希腊神话与美学艺术

    首先,请允许我简单介绍一下自己。事实上我与台州的缘分是非常深的,因为我的母亲是天台人,所以当有幸受邀回台州来做讲座,其实我的内心是非常激动的。因为是我半个家乡,所以看到在座每一位,就感觉是我的表哥阿姨舅舅一样非常亲切。我的本科和硕士学的都是社会学,硕士是在中国社科院,并且师从非常有名的中国社会政策的大家,因为我学的是社会学,所以我对周边所有的事物会非常好奇,因为学社会学的人特别想去看看这个世界是怎么样的,所以后面我对于艺术这一块的研究,确实是因为我自己对世界感兴趣,所以我看了很多书,去了很多地方,给了自己一些沉淀,我现在浙旅院当老师,除了去上我自己本职的社会政策、老年社会学之类的课之外,还开了全校性的公选课,就是讲艺术鉴赏讲了好几年了,所以大家要对我有信心,梁老师的输出可不是随意杜撰的哦,还是经过实践考验的。这是我大概的一个情况,想跟大家先来说一说。接下来我们会用大概两个小时的时间一起来学一学,或者一起来讨论分享一下关于艺术、关于美学大概是怎么样的一个概念。

    我们首先来说美学,我觉得它其实是世界范围内一个非常高级的学科,那么我们中国人讲美学或者讲美这个字是从哪里开始的?我先请大家一起来看一看,"美"这个字从结构上来讲,是一个上下结构,从我们说文解字来看,大家想一想美由哪两部分组成?我们小朋友可以想一想美这个字上面是一个什么字?上面是个什么字?羊,很好,上面是个羊,下面是一个大,对吧?羊和大加起来它应该是一个怎样的内涵?所以我们来组词的时候,事实上美最早的一个概念它是从哪里来呢?鲜美肥美,为什么这么说?因为羊我要把它养得大大的，这个时候它的口感非常好，所以美可以组很多的词，不仅仅是我们想象的美好、美丽，还有鲜美，并且从西方的角度来说，它最早也是这样来的。因为西方讲一个人品位好，他用的一个单词叫作 TASTE，我们有英语基础的朋友会知道，事实上 TASTE 是吃一吃品尝一下这个概念，同时他也说一个人品位很好，所以美这个字从一开始弘扬宏大，它其实就是从这样来的，品位很好，口感很好，这是美这个字。

当然这是从我们说文解字或者组织结构来讲，那么美学到底有没有学术上的意义？我们再来介绍一个人，这个人叫鲍姆嘉登，他是一位非常著名的美学家，被称为"美学之父"，他首次定义了美学这个概念，那他觉得什么是美学？他说了一句话，他说在这个世界上所有的事物可以分成两类，一类叫什么？就是你可以去理解的，是用我们的逻辑理性可以去理解的。还有一类叫什么呢？你不用理解，你只要感受就可以了，所以比方说清风明月，我不用理解，我感受就可以了。大家想一想，从它的定义上来说是前者称之为美学，还是后者称之为美学？对，有朋友已经讲了后者，如果这句话比较学术，我们把它变成生活当中的例子，我跟大家再来讨论一下。我放了一张图片，可能看不太清楚，这个人是谁呢，他是李健，大家知道吗？歌手，最近又非常火，翻红了——也不是翻红，人家一直挺红的，那么我为什么要用李健来举例子，是因为李健的太太其实是我们社科院的老师，李健的太太确实是一个非常优雅知性的女人，曾经有人采访李健，他那段话就非常符合鲍姆嘉登说的世界的两种事物，有人就采访他，采访的人是谁？是高晓松，高晓松大家知道吗？就那个以前胖胖的现在变了，就有一句话是高晓松都减肥成功了，你还好意思不瘦吗？他去采访李健，就跟他说："李老师，所有的人都说你的太太是非常美丽的一个女子，你是怎么来理解你的太太的？"李健说了一句话，他说我确实非常喜欢我的太太，我觉得她特别美好，特别喜欢跟她聊天，不仅喜欢她跟我聊天的内容，同时还非常喜欢她跟我聊天时的方式。所以大家想象一下聊天的内容就是我们说的一种事物它是要拿来理解的，对不对？另外一种方式，另外一种东西就是她说话的方式，她的语调、她的声音、她表达的姿态，我不用理解，我仅仅感受即可，而用来感受的这个东西就是美学概念上的。所以我们用一个这样的例子来解释什么是世界上我只要感受即可的事物，这样讲我们有共鸣吗？因为我觉得我们授课一定是我们互相有这样的一个机会来同一个时空里面，所以我们共同来打造，如果大家觉得哪里有不好的不合适的，我们随时可以沟通好不好。

所以什么叫美学？就是李健讲的，这个东西我不用理解，只要说出来，我不用去讲他的意思，他所有的状态我感受即可，所以我们生活日常当中很多概念其实是美学上的，我走出去的时候，比方说春风拂面，这个就是美学上的，我一抬头看到像前几天的超级月亮，我不用去理解这月亮离我有多高多远，就是那种美好的感觉，我直接迎面而来，所以它是感受层面上的，这种层面上的东西就是美学意义上的。

好，那么我们接下来再来讲美学在中国是怎样一个逻辑？中国人的美学我个人觉得其实是存在于我们生活当中所有点滴的，为什么我要来强调中国人是很有美学的精髓的，是因为在前几年的时候，网上我们中国人，小朋友们经常去发一些帖子，帖子的名称是什么？叫作妈妈认为好的装修，然后引起了网上的哗然，因为很多人妈妈的装修都是那种什么，反正非常繁复，就奢华到让我们觉得好奇怪。然后那个时候就有非常多的大家出来说中国人需不需要美学教育，或者中国人老底子有没有美学，我觉得答案一定是肯定的。其实中国人是非常有美学精神的，并且我们把美学放到了生活当中所有的，所以我们的美学称为生活美学和生命美学，这是中国人的美学。

我们来讲一讲中国人美学有哪些，比方说我们所谓的时间美学，我们有非常经典的二十四节气，我们在座的小朋友有没有会背二十四节气的，我小时候是背过的，或者我们的大朋友们有没有会二十四节气的，二十四节气就属于我们中国人的时间美学，我们会根据既定的一些时间去做既定的一些事情，无论是耕种还是收割还是饮食，这就属于中国人的时间美学。而且前几天我们有非常经典的刘德华讲小满，尽管后来很多人都说抄袭或者怎么样，但事实上小满就属于中国人的一种生命美学，为什么这么说？我们有小暑大暑小寒大寒，但我们没有大满，因为中国人觉得其实我要即将到满的状态是最好，中国人不想要最满的状态。所以在我们历史上有一个非常有名的人叫曾国藩，大家知道曾国藩的书房叫什么名字吗？因为我们古代的人，他要给自己住的地方，或者给自己书房都取个名字的。曾国藩的书房名字叫作求阙阁。这个阙是哪个意思？就是有一个缺角，还少那么一点点，所以他对自己的生命美学的定义就是说，其实我们人生不应该是一个最满的状态，因为在一个最满的状态，他慢慢地就要走向亏的，月满则亏，所以他想要的一种状态是求缺，永远在找，可能会有一些缺点，永远是即将到满的一个状态，所以这是中国人的一种美学。

中国人还有美学是什么？一种发自内心的豁达，所以他要去上战场了。我们中国人会说，我们背古诗的小朋友会知道"醉卧沙场君莫笑，古来征战几人回"，所以这是我们中国人的美学。我们在开始讲我们美学，讲希腊神话之前，我觉得有必要先来树立一下国人的信心，对我们中国文化的认同，因为我们根本上去接受各种美的一个根基，是内心本身对我们文化非常自信，因为当你对自己的文化很自信的时候，你才非常能坦然地去接受各种不同的美。真正的文化自信不是把别人的按下去，是我们本身很认同自己的文化，同时我们尊重他们的文化，所以我们讲西方的一些文化，待会我们讲希腊神话讲一些名画之前，我们先来树立一下我们中国人是有美学的，只是可能在某些时候，有一些好的美学没有充分表现在我们日常生活当中，但是我们的文化根基里是有非常深厚的美学精神与美学根基的。

好，我们来讲一讲美它可能包括哪些内涵？我们先来看一幅画，这幅画是中国人非常熟悉的一个画家——凡·高的《星月夜》，但大家知道凡·高是在怎样的状态下画的这幅画吗？事实上凡·高画这幅画的时候，他是被关在精神病院里的，当时在法国圣地雷的一个精神病院里面，关在那里的时候，他每天下午就会跑出去，跑到山岗上然后去画，他说正是因为自己这种情感上双向的一种障碍，所以决定要用最鲜艳最华丽的颜色去表示，他说要让后人知道那个时候他的内心的那种丰富，只是他不被当时所有的人理解，所以很多时候，可能他在那个当下不被人理解，生活中其实有很多朋友也会这样子。你做的一个决定，你做的一个选择，或者你在公司做的一个方案，在某些时候不被人理解，但可能要做一些开创式的事情，当下就是不被人理解，你所有的事情都能被你周边所有的人理解，那是不是意味着我们多么顺从平凡啊，对不对？所以其实没关系，这幅画现在在纽约的现代博物馆里面，我今天讲的画都是能找到的，所以这是我们讲的第一点。美有很多时候可以不被人理解，不需要随波逐流，偶尔我们可以标新立异，所以对于小朋友，我们今天在座有小朋友或者有家长，特别想跟大家说，其实我们本来就是不一样的个体，不需要一定要跟别人一样，别人家的孩子不一定就是你家孩子学习的榜样。

第二个我们来讲的美是什么呢？美应该是生活当中的日常点滴，我再来讲一个案例，这个案例真实发生在我读研究生时一个同学的妈妈身上，他们的老家是云南大理，大理大家都知道，以前我小的时候很经典的一个电视剧叫《还珠格格》，大家看过吗？他们为什么向往大理，说那个地方家家有水户户有花。我朋友跟我说，他说他的靴子坏了，然后他就跟他妈妈说了一句话，说妈你把我那双靴子给扔了，有点坏了，然后等到他晚上回去的时候，他妈妈就在他的靴子上面种上了花，放在他们家门口的院子里，就把这个东西当作一个器皿，当他跟我讲他妈妈这个故事的时候，我触动非常大。我们刚才讲的像凡·高那种，它可能是一个完全在我们看来是跟我们有很大的空间跟距离，好像是不可企及的，但事实上美应该也在平常，我愿意去花一些心思，在我日常的琐碎当中打破我们的忙碌。

我们可以来想象一下"忙"这个字是怎么来组结构的，对，心、亡，非常好，所以如果说你一直在很忙碌的状态下，说明你的眼睛可能开着，但你内心的眼睛闭上了，你是感受不到美的。美应该是在日常当中我愿意去花时间，同时我也去把美好的东西抓取出来，所以美的第二个概念是它应该来自平凡，尽管刚才我们讲美的第一个概念它可以不平凡，但是美的日常它应该是落地的，这是第二个。

那么第三个我们再来讲美它应该是一种克制，这幅图大家应该知道，有一个时尚秀叫"维多利亚的秘密"，走T台的模特很好看，当然我这里不是想让大家有身材焦虑，我只是想告诉大家有很多时候你要去呈现一种最好的状态，也许是要有一些克制和放弃的。我们在美学艺术上非常经典的艺术家们，他们经常提出的一个概念叫作Less is More，就是少即是多。很多时候中国的艺术其实也是这样，我们中国的山水画有一个很经典的东西叫留白，不是给他画的满满的就是好的。所以有很多时候你要达到一种美的好的状态，你有时候是一种克制，我必须要给自己做一些克制和舍弃，才是一个好的状态。

最后再来讲一点，我们在起源上来讲，美应该是千姿百态、千差万别，不知道大家会不会对一个人很感兴趣，这个人叫王晓波，他写了很多很经典的著作，尽管比较早就离开了我们，但是他很经典的一句话就是他说参差百态才是万物本源，就是人的世界应该是不一样的，所以美在最后的节点上应该说的一句话，就是说我应该去尊重他人的美，如果你永远要求他人跟你一样，对不起，你应该追求的不是一种好的美学境界，美应该是一种尊重、一种多元。所以这个案例是什么？是小朋友们特别是女孩子很喜欢的一个厂家或者品牌商叫芭比娃娃，我们可能现在的小女孩不玩芭比娃娃，你们现在玩什么盲盒。我小的时候就玩芭比娃娃，然后在一开始的时候我们对芭比娃娃的接受度都是怎么样的一个角色？都是金发碧眼雪白的皮肤，《冰雪奇缘》看过吗？《冰雪奇缘》里面金发的艾莎很漂亮，然后他开始打造出来的所有的芭比都就是这个样子。后来就有美学家和人类学家致信这个公司提出了怀疑，他就说当你跟全世界的人拿出来这个娃娃都是这个样子的话，你似乎在跟全世界宣告这样的才是美的、才是好的。但他说不是的，其实女性无论她身高还是人种，职业都是千差万别，不是所有的女性都要长成所谓的公主的样子。所以我觉得大公司就是有大的情怀和包容度，收到这个建议之后，当时在他们纪念版就出了一系列不同的肤色，眼睛也是不一样的颜色，头发也是不一样的，职业是不一样的，不同的芭比娃娃，所以我觉得美应该是一种千差万别。

所以我们社科院或者是中国历史上非常有名的社会学大教授叫费孝通，有朋友看过他很经典的书叫《乡土中国》，他有 16 个字箴言。在我的母校在社科院一走进去大大的就是费老的铜像，然后大大的就写的是 16 个字，叫作各美其美，美人之美，美美与共，天下大同。所以我觉得我们为什么要在讲名画之前先来讲一讲，就是说所有美学的人在你的原始逻辑里面，一定要知道，就是美没有统一的标准，要去尊重。

我们先跟大家来铺垫一下，就是我们美学的学术逻辑和它的原始逻辑。我们今天主要来讲的一些内容其实就是希腊神话一些典故，而这些典故跟我们现在留在世界上的画作和另外一个大家可能比较感兴趣的奢侈品品牌、奢侈品艺术、时尚艺术也在美学当中有一个非常大的内涵，所以我们就来讲一讲从我们的希腊神话当中，它有哪些故事在当下依然影响着我们人类的生活。

我们希腊的故事从哪个角色开始讲起？我们先来看一看有一个奢侈品品牌，大家有没有人知道，或者我们来讨论一下有没有点印象说这是哪个奢侈品品牌？这个品牌叫范思哲，这个品牌，其实它来源于希腊神话当中的一个小角色，但这个小的角色却引起了轩然大波。希腊神话当中有一个角色叫作美杜莎，美杜莎是一个怎样的角色呢？我们可以来看，她是一个非常漂亮的女性，但是她出现在我们的视野当中，头发上是一条条蛇，我们可以看这个样子跟刚才的范思哲是不是很相像？范思哲的来源就是来自美杜莎，美杜莎是一个怎样的人呢？古希腊和古罗马留下来的诗句当中对她有不一样的解释，古希腊在神谱当中说她是一个妖怪，因为说她的父亲就是百怪之王，所以她就是一个妖怪。但是在古罗马的诗集当中说她是一个凡人，但无论怎么说，她不是一个神。当她不是一个大神的时候，她长得非常好看，她觉得她不是一个神，但她想去靠近神，在我们东方逻辑里面也有，她会去干吗？去修炼，比如我们非常清楚的一个故事《白蛇传》对吧？所以美杜莎这个角色她也去修炼，她去干吗？她去了雅典娜的大祭司寺庙里面去当一个女祭司。女祭司是怎样的角色？我不知道大家有没有印象，在雅典奥运会的时候，所有的颁奖女性都穿着白色的衣服，头上戴着月桂花环，这个就是希腊经典的女祭司的形象。

然后她去干吗，她就觉得去当女祭司，修炼自己，但这个时候她本来在雅典娜那里挺好的，因为雅典娜大神我们知道，讲到雅典娜本身代表的就是智慧和力量，所以她选的人是没有问题的，但是她预料不到的是又出现了一个人，就是她在雅典娜旁边服务的时候出现另外一个人，这个人叫什么？叫波塞冬，波塞冬也是一个大神，海神，但是历史总是有很多粉色的色彩，反正不知道是波塞冬去找了她，还是她去找了波塞冬，有各种不同的传说跟说法，最后就是他们有一些粉红色的故事，雅典娜发火了，这我们能理解，所以雅典娜就来惩罚她，惩罚她的方式就是让她变成了蛇身。她的头发上全布满了蛇，这个时候我们会发现女性本身是用一种非常正道的方式去解决，去达到她的自致角色。这里插播两个概念，社会学当中说人类其实有两种概念，两种角色，一种角色叫先赋角色，就是说你一出生的时候，你的家庭你是谁的孩子，每个人都有一个先赋的角色，另外一个角色叫什么？叫自致角色。所以其实就是我们会发现美杜莎这个角色她就是很简单的她想改变她的先赋角色，她想通过她的努力达到跟神齐平的一个级别，但是非常不巧的是没有实现，这个时候她就完全黑化了，就变成了一个对所有的神和人都有危害的这样的角色。

很多的现代文学当中讲到她的时候，都把她称为凡人的悲哀，对，她后续的故事是怎么样的，因为她黑化了之后，内心其实有很大的一些落差，所以她就是做了很多的坏事，对神和人造成了很大的危害，这个时候一定是我们会出现一个英雄，就当出现一个恶魔的时候，一定要有个英雄来制服他，所以出现了另外一个人，这个人叫作珀尔修斯，翻译成中国话它的意思是什么？叫金光闪闪。那么珀尔修斯为什么会去杀美杜莎？是因为珀尔修斯和他的母亲当年被他的外公囚禁，就普法修斯的母亲叫作达娜厄，达娜厄是当时希腊神话中一个城邦里的公主，然后达娜厄生得非常漂亮，后来有一个先知，我们知道希腊神话里面经常有这样类似于圣人的先知，就跟国王说你女儿长得很漂亮，未来一定是会有大祸的，如果你这个女儿生一个孩子，可能对你的城邦是有很大的影响的。这个城邦主吓死了，他就想说那不行，我肯定要把她控制起来，不能让她有孩子，然后她做了一件什么事情？他把他漂亮的女儿关在了铁塔当中，但是我们知道你把一个人关起来，能防的是人，但防不住神，我们从小就看孙悟空，他都能72变，所以你防不住神。我们来看一下后面的故事是怎么样的。

达娜厄很漂亮，被关起来之后，所有的远近的人都依然知道她很漂亮，这种漂亮震动了谁呢？我们最大的一个大神叫宙斯，但是宙斯说好听点是一个情种，难听点就是渣男，他对于所有美好的事物过于追逐，所以他干了一件什么事情呢？因为达娜厄已经被关在那里，然后神话当中讲到他化作一道金光，潜入了这个铁塔当中，并且与她发生了粉红色的故事，生出了孩子就叫作珀尔修斯。所以为什么珀尔修斯被称为金光闪闪，因为他父亲就是化作一道金光接近他母亲。

好，现在我们来看三幅历史上留下来的非常有名的达娜厄画，我们来欣赏一下不同的画家笔下的达娜厄是怎么样的，这是其中的一幅，这种美丽其实是比较雍容的，是有一丢丢看起来肉肉的。接下来再来看，这也是一幅达娜厄，能看出来那个人吗？在那里整个人立在那里，烈焰红唇，我在学校里上课的时候，我就问男孩子们，你们最喜欢哪一幅？都喜欢这一幅。因为这一幅的女性在青春期的男孩看来是比较性感的，再来看一幅达娜厄，这一幅是另外一个画家画的，我们待会再来说这三个画家。其实你会发现它跟刚才所有的不一样，它不是金光，而是一个个铜币，金色的钱币，并且有一位老妇人在这里接金币，这其实就是在艺术鉴赏当中非常值得我们去思考的一个话题。不同的画家画同样一个主题，它的呈现形式会完全不一样，大家觉得为什么？为什么你画的花和我画的花完全会不一样，它们都很美。很好，这时我们会发现每个人的生命的轨迹和他背后的环境是不一样的，所以他画出来是不一样的，我们一幅一幅来讲。

这一幅它的画者叫伦勃朗，伦勃朗是一位荷兰画家，他的生平是怎样的？他一开始娶的是一位贵族的小姐，所以事实上他在画这个画的时候，是跟他太太感情比较好的时候，并且他的太太比较有钱，所以他们相对来说生活也是比较舒服的。所以在他笔下画出来的达娜厄其实是比较祥和比较雍容的。这幅画现在是在俄罗斯的圣彼得堡，伦勃朗在画这幅画的时候，整体的生活是比较安逸的。

第二幅画的画家叫什么？叫克里姆特。克里姆特是一个怎样的画家呢？他其实是一个非常经典的象征主义画家，他所有的画都没有那么写实，他人生当中所有画画的主题是爱和性，所以它呈现出来的达娜厄是所有流传下来的达娜厄里面最性感的最有风韵的，而克里姆特本人也是很不一样的一个画家，他是怎样的一个角色？他平时在家里画画的时候只有两种状态，一种状态是裸着，一种状态是只穿件大的睡袍，只穿一件罩衫就在那画。所以你会发现他是非常不羁爱自由的一个人，他画出来的达娜厄就是更有风情的。

最后一个画家叫作提香，提香这个画家是哪里的？是意大利威尼斯。我们可能小的时候都学过一篇文章叫《威尼斯商人》，所以在提香所处的环境里面，非常重要的是商业理性和经济理性。所以在他概念当中，他觉得那一道金光最合适，最符合他们当下的表现形式的是金币，所以他笔下的画出来的金光就是有这样一个跟其他人不一样的，这幅画现在也在，这幅画应该是在伦敦，所以其实我们会发现非常多的画作都是由希腊神画的，只是不同的画家，他在画的时候加入了很多自己的理解，这也很好地诠释了我们刚才讲的美的概念是千差万别的。

那么回过头来讲，这个人是刚才我们说的英雄的母亲，所以无论他的外公怎么百般阻挡，但是抵挡不了大神，抵挡不了宙斯，还是生出了孩子，所以他的外公非常担心，因为先知已经说过这个是有祸害的，所以就要把他和他的母亲流放。在流放的过程当中，他们曾经到了一个岛上，岛主见到这个珀尔修斯的母亲依然觉得她光彩动人，所以他就想提条件，就是否可以跟他的母亲有一些姻缘。当然普尔修斯为了去保护自己的母亲，就跟岛主说，只要你不侵犯我的母亲，你可以提一些别的条件，我可以帮你去满足。所以提了什么条件，跟我们刚才的故事就能连上了。岛主就跟他说，那可以，你可以去做另外一件事情，去杀掉这个全是蛇的大怪物美杜莎，那我可以保你们母子平安。然后普尔修斯英雄的角色，我们刚才说雕塑，这幅雕塑现在在意大利佛罗伦萨的广场上，到现在依然还在，然后他就说好的我就去砍杀美杜莎，他去砍杀美杜莎的时候知道美杜莎有一个很大的特点是什么？她只要看着你，只要正眼跟你相对，你就会化成石头，所以普尔修斯去砍杀她的时候面临很大的挑战，这个时候他怎么办？他只能去求助雅典娜。这个很像我们中国《西游记》里面孙悟空搞不过妖怪的时候，他干吗？他去找原先这个妖怪的主人，对吧，总是留一手的，所以我们东西方所有的文化其实故事都是相通的，所以他就去找雅典娜，他说那怎么办？雅典娜就告诉他一个方法，他说你可以不用正面去砍杀她，你可以背对着去砍杀她，背对着砍杀她那得多厉害，背对着砍杀她给了他一枚什么？大家想想怎么样我才能看到背后的那个人，对，他给了他一个镜子，所以珀尔修斯砍杀美杜莎其实就是背对着砍杀了她，然后拿起她的头颅，但是当他砍杀完之后，他把头颅拿回去给岛主看的时候，没想到美杜莎有非常大的魔力，即使她已经死了，宝箱一打开，岛主一看到依然被石化了，希腊神话里就这样讲的，还给我们留下了这样的一个非常经典的雕塑，在佛罗伦萨的广场。

　　我们讲到这里，其实我们已经讲了几个雕塑和几幅画了，我们讲到了一个很重要的角色。就是从美杜莎开始我们讲到了一个很重要的角色，就是到普尔修斯到达娜厄到宙斯，接下来我们就把我们的经历多放一点在我们的大神宙斯上。宙斯是在希腊神话里面，尽管大家称它为大神，但你去品古希腊神话，尤其是女性去品读的时候，你就会发现天啊，这个世界上怎么会有这么大的一个渣男，就是这种感觉，为什么？因为他就是人神通吃，男女通吃，就这样一个角色，那么留下了另外一幅很经典的画，这幅画叫作《银河的诞生》。银河，我们中国人给银河也编织了很多的故事，中国人讲河的时候会讲到谁？七月初七牛郎织女、王母娘娘，这是我们中国人的故事。所以你会发现中外都是这样，我们没有办法解释，但我们又很好奇，我们都会有这样的神话故事。然后在希腊神话里面银河被称为 Milkway，Milk way 它的前缀是什么？是 Milk。牛奶是什么？我们每天早上喝的牛奶，milkway 是一个怎样的故事？其实是宙斯的另一个孩子的故事，宙斯的另一个孩子和他的夫人赫拉之间的故事，当然这个孩子不是他和赫拉生的，是他跟另外的女性生的，它是一个怎样的故事呢？其实在莎士比亚的故事里面，莎士比亚的戏曲里面，是有一个很经典的人叫安菲特律翁，当然我们所有的男性一定是不喜欢自己被称之为安菲特律翁的，为什么呢？安菲特律翁是一个城邦的邦主，但是安菲特律翁怎么了？他被绿了，他被宙斯给绿了，所以如果你非常有文化的去跟一个人说，你是安菲特律翁，如果他也很懂这个故事的话，他肯定会揍你的，不喜欢这个故事，它是个怎样的故事？就是安菲特律翁有一个太太，也就是说他自己皇宫里的夫人很好看，很好看的时候宙斯又知道了，反正他对天下好看的都知道，然后她好看了之后他干吗呢？他就想说我一定要跟好看的女生发生一些不一样的故事。这个时候人家女生已经是有夫之妇了，然后他就自己又要变一下，幻化成一个角色，跟这个女性可以理所当然地成一些好事，他幻化成了什么？他就把自己幻化成了他先生的样子，所以他就把自己变成了安菲特律翁的样子。这个时候他们就又生了一个孩子，所以我们刚才说了安菲特律翁是一个不好的代名词。生出来这个孩子之后，他的天庭里也就是我们所谓的正宫娘娘叫赫拉，天后非常生气，我们能理解作为女性同胞，就是你的先生去外面有一些不好的事情，并且还生了孩子，她很生气，所以她就用了很多的方式想去害这个小孩，但这个小孩毕竟是天神之后，很厉害，害不死。到了后来这个宙斯做了一件怎样的事情，他说我知道你不断地害我这个孩子，算了你也别害了，我干脆就把这个孩子抱回来让你养。赫拉崩溃了，后来想怎么会有你这样的男人，所以他出现一个故事是什么样的？他把孩子抱回来之后就跟赫拉说这个孩子要长大，但是他离开了他的母亲了，你就像母亲一样养他吧，所以我们所有的概念当中，母亲养孩子非常经典的一个动作就是哺乳，所以就让她去喂这个孩子，换我们是赫拉的话，你也没有那样的大格局，她肯定不愿意，她就发火，所以这幅画它是怎样的一个来源？就是它描绘的就是宙斯把他的孩子抱过来给天后赫拉，天后赫拉在不断地推这个过程当中，所以他说赫拉的乳汁飞溅到天空，所以出现了 Milkway，这幅画叫作《银河的诞生》。而这幅画的画家叫作丁托列托，丁托列托是谁？是我们刚才那幅画的作者提香的徒弟，也是意大利非常有名的一个画家。所以我们去看非常多在西方的历史上留下来的经典的画，就是来自希腊神话。

我们再往下走，这是宙斯的其中的一个故事。我们接下来就会沿着宙斯的故事来给大家分享几幅非常经典的画，这个故事又是宙斯的故事，这幅画在英文当中叫作 *The rape of Europe*。Rape 这个单词是什么意思呢？其实就是掠夺和强奸的意思。所以大家可以想象一下，我已经跟大家说这幅画依然是宙斯的故事，大家觉得这一次宙斯他在这幅画里面，哪个可能是宙斯变出来的，我们这位大哥特别厉害，宙斯这个人我刚才说了，他是男女通吃，人神通吃，而且为了得到美好的事物，他可以变成各种样子。我们在刚才那幅画里面就说，他是变成了人家女生的先生的样子，然后成一些好事。这幅画很经典，这幅画的画家也是提香，就跟刚才我们的画是同一个画家，叫提香，提香这幅画叫作《欧罗巴的掠夺》或者《掠夺欧罗巴》，那么它是个怎样的故事？另一个城邦的公主很漂亮，然后她有一天在干一个什么事情，她就是在水中嬉戏，我们经常发现热的天气里面，武侠桥段里也会有这样的故事，就是个女主在那洗澡对吧？然后宙斯又来了，大情种又来了，他看了之后就觉得非常好看，就觉得这女生长得那么漂亮，但是他当时就在想我如何有机会跟这个女生有接触，他就把自己变成了一头非常漂亮的大水牛，然后也进入这个池塘当中，然后他在池塘当中的时候也不知道这个叫欧罗巴的女士，因为什么就被大水牛吸引了，她就爬上了大水牛的背，这个大水牛就背起她一路狂奔，奔到了一块新的大陆上面，到这个地方的时候，它跟她之间就有了一些故事，有了故事之后，他为了去纪念这个女生，就把这片土地命名为欧罗巴，英文当中是 Europe，就是我们现在的欧洲。

所以所谓《欧罗巴的掠夺》这幅画在我们现在看来，尽管带着很多粉红色的色彩，但是在当年欧洲文化兴起的时候，或者现在欧洲人民在讲其起源的时候，他们是把这幅画放在一个很高的位置上的，因为他们强调的是什么？他们强调的是我们可不是一般人，我们可是天神的孩子，所以就是说他们在一开始的时候并没有欧洲这块地方，在神话当中有掠夺欧罗巴这个故事，然后到了那个地方成了欧洲，然后有了现在的欧洲人自诩为我是天神之子这样的一个故事。

我们可以欣赏一下那个时候在提香的画笔下，其实女性的美还是相对来说比较丰腴与健硕。我们去看非常多的希腊神话当中，无论是雕塑还是绘画，其实女性的美都还是比较健硕的，因为欧洲其实是到后面他们才束腰，把整个都束起来，这个也再来插播一下，大家有点累了，看画看的。我们看非常多欧洲的经典的戏剧或者一些电影的时候，都会发现他们的女生衣服腰是收得很紧的，然后裙摆是很大的，看过这样的情景吗？就腰全部束着，裙摆很大。大家想一想，为什么欧洲他们要让女性这样穿？有没有考虑过这个问题？仅仅是因为漂亮吗？其实他们让女性穿成那个样子，那么大的裙摆跟我们中国的三寸金莲是一样的道理，只是它可能让她看起来好看一点，但其实是一样的道理。因为他们用这个伞骨把女性这样撑起来之后，第一女性其实会变得非常羸弱，我们可以想象，如果给你这样罩起来，你的呼吸系统是很不好的，你心脏功能也会很不好，所以你会非常羸弱。第二个是什么？当家庭当中女性可以穿那么大裙摆的时候，他们在表面上看起来宣扬的是我家族是很好的，因为我的女性不用干活，能理解，你们那么大的裙摆你咋干活，所以你只能是优雅地坐在那里，你每天都只能优雅地坐在那里。所以他们表面上想宣扬就是说我这个很有地位，我家里的太太是不用干活的，但事实上是跟三寸金莲一样，它其实是限制她，她走不了多远，她的呼吸上面束起来很大的裙摆都决定了女性没有办法真正到外面去。事实上我们整个世界上女性有资格有机会走到外面去，很大的一个原因是战争。

不知道大家有没有看过这样的历史，其实因为战争了之后，非常多的男性都到前线去了，有很多支持性的工作没有办法来完成，这个时候大批量欧洲的有过教育的，就家境还是比较好的那些贵族的小姐太太，她们开始走向社会，然后开始有了工作，所以女性的最早的工作角色是两类，一种在纺织厂里面，她要去大量地制造军队需要的袜子衣服，另外一种女性的职业就是家庭教师。就是最早的，所以说我们看欧洲的文学，非常多的女主都是家庭教师，比方说《简·爱》，我相信我们在座的很多人都看过，我的灵魂和你是平等的，这太高级了，讲了我的灵魂。无论你的财富，你的地位跟我有多么大的差别，但是我站在你面前的时候，我们的灵魂是平等的，太美好了。

回归到我们生活当中的美学，我们要去感受清风明月的美好，我们要去感受超级月亮的美好，我们可以说下雪了，乘兴而归，就是我可以去约着看朋友，可以在生活当中去感受这种美好，不一定把它捆绑在某一个看起来很高级的事情上，因为这些所谓的高级在它的源头上依然逃脱不了他们灵魂的这种自由，所以我们最后还是要把这 16 字箴言送给大家，这是我们对所有美学的意义，到最后应该是来尊重差异，我有我的美，你有你的美，我能理解，能尊重，同时我也有保持我内心的那份美好。

苏 畅

山西太原人。复旦大学哲学博士、中国语言文学博士后。研究方向为宗教学及佛教哲学，尤其是天台宗思想。现为台州学院马克思主义学院讲师，台州市哲学社会科学重点研究基地天台宗研究中心学术负责人。主持国家社会科学基金项目《吉藏经典诠释学与佛教中国化研究》、浙江省社会科学青年重点研究项目《智𫖮与吉藏经典诠释学比较研究》，主持并参与市厅级研究课题多项。至今在《世界宗教研究》《史林》等权威及各级期刊发表论文十数篇，出版专著一部。

哲学何谓 哲学何为

今天天气很冷，感谢大家冒着严寒前来，共同讨论"哲学"这个话题。哲学听起来像是很学术的东西，但并非如此，相反，它一定要面向大众，一定是要解决事关生命的实际问题。今天和大家共同讨论三个相关联的问题：第一个涉及"是什么"——哲学是什么？第二个涉及"为什么"——我们为何要进行哲学思考？第三个讨论"怎么办"——我们需要怎样的哲学。不过由于时间的关系，我的重点会放在第一个问题上，后两个问题其实更需要大家独立思考——这一点正是"哲学的精神"。

据说哲学界有一个流传非常广的段子：若想去羞辱一个哲学家，只需要问他一个问题"什么是哲学？"这个问题足以让真正的哲学家感到茫然，因为实难解答，不同的哲学家对人生和世界的思考是不同的，所以他给我们的答案也就不同，因此我们发现很难给哲学下一个公认的定义。不过今天我们还是要稍作尝试，看看能不能把这个问题稍微梳理一下。我们不妨先把哲学放在整个人类文化和文明的脉络里去讨论。

轴心时代的四个伟大思想传统

德国哲学家雅斯·贝尔斯曾提出"轴心时代"的概念，所谓轴心时代，就是人类文明中所有重要思想范式得以奠基的时代，是我们思考历史不能脱离开的"轴"。就像观看一幅卷轴画，画面徐徐展开，必须围绕一个轴心，否则画卷就散了。我们的文明也一样，"轴心时代"为其后的人类行为制定了"思想范式"。这个时代出现很多影响人类文明走向的大师。根据雅斯·贝尔斯的推荐，其中四位最为重要。

首先是孔夫子，他奠定儒学思想传统，联合国将"己所不欲，勿施于人"的儒学原理当作现代世界的伦理学准则，所以说孔子对我们这个世界的影响非常大，他不仅是中国的孔子，也是世界的孔子。第二位是佛陀，开创了佛教思想传统，他生活在南亚，但他的思想影响到整个亚洲，后来又影响波及欧、美、澳，在西方有很多学者，虽然没有宣称皈依佛教，但却终生研究佛教，赞同佛教的思想，因此西方学术界有个专门的名词描述他们，叫"沉默的僧伽"。第三个是苏格拉底，他开创的传统，就是我们今天要讲的哲学传统，苏格拉底是一个希腊人，但同样是世界的苏格拉底，全世界的人都在讨论和研究他，当然包括我们中国，马克思主义思想就是深深植根于苏格拉底开创的哲学传统中的。第四个是耶稣，他开创了基督教思想传统，对世界文化也产生了不可估量的影响。

这四个人被称为人类的老师，其中东方人有两位，孔子和释迦牟尼；西方人有两位，苏格拉底和耶稣。当然，我们现在讲东方和西方，大家千万不要被这个概念困住，我觉得西方和东方在某种程度上都是过时的概念，因为现在讲"人类命运共同体"，我们所有的人都是在西方和东方这些大思想家的思想沐浴和恩泽下生活的，时至今日，人类的思想和行为模式不可逆转地接受了这四位智者的共同指导。而且，越向思想深处追寻，我们就越会发现，人类的思想和感情都是互通的。正如我们中国哲学家所讲的"东方西方，心同理同"。

哲学是"爱智之学"与"无知之智"

我们今天正是打算从哲学传统入手讨论人类思想，什么是哲学传统呢？其特异之处又在哪里呢？哲学最早是一个希腊词汇，直接的意思是"爱智慧"。因此哲学这个词根据他的"发明"者的意思可以分为两个部分：首先是"爱"，有位英国诗人讲："诗人看世界就像男人看女人"，我们可以套用这句话说，"哲学家爱智慧，就像男人爱女人"。爱是哲学的"基本情绪"，不同的思想传统往往有着不同的基本情绪，比如儒学的一种基本情绪，朱子说是"敬畏"，畏天敬人，"如履薄冰、如临深渊"；佛教可能是"平和沉

"静"，基督教则是热烈的信、望、爱，一种强烈的对神的依恋。哲学的情绪首先是爱，有种热恋的感觉，就像年轻人看到自己特别喜欢的男朋友或者女朋友时的心情，如果诸位体会过这样的情感，就有资格称自己是半个哲学家了，而真正的哲学家或许只是把对恋人的感情转移到另外的对象上——怎样的对象呢？就是哲学这个词的第二个部分：智慧，哲学就是"爱智慧"之学。智慧是什么呢？根据亚里士多德的说法，哲学传统中的智慧就是有关原理的知识。佛教传统中也很重视智慧，我们古代高僧把印度语言中的"智慧"一词音译为"般若"，大家都听过"般若波罗密"这个词，就是智慧度到彼岸的意思，佛教中的智慧是从痛苦中解脱出来获得大自在大快乐的一种能力。儒学中也讲"智"，仁义礼智，更多的是指人情练达，是一种人格美。这两种智慧都和希腊哲学传统讲的智慧不大一样。

有一点需要特别注意，哲学家称自己是热爱智慧之人，但是他们从来不宣称自己拥有智慧，在希腊语里，宣称自己拥有智慧的人不叫哲学家，叫"智者"，他们通过教别人社交技能来挣钱。与之相反，哲学家就像苏格拉底，他走到街头上，跟年轻人讨论原理性的而非技术性的问题，比如他不打算告诉年轻人如何变得聪明、勇敢、健康、有魅力等（智者们可能会这样做，但是要收费），而是和年轻人一起探讨到底什么是"聪明""健康""有魅力"，也就是探讨这些词语背后的原理，关键还不收费。对这些问题的正确理解就是"智慧"，但苏格拉底从来不认为自己拥有智慧，他只是热爱智慧。这就是哲学传统的特质，哲学家从不认为自己有100%正确的答案。哲学只提供思考的热情和方法。孔子可能真的拥有智慧，基督教让我们知道"神"的真理，因为神给"启示"，佛是真理的觉悟者，这些伟大的思想传统为我们提供答案，但同样伟大的哲学传统，则宣称自己的"无知"。

苏格拉底生活的城市希腊雅典，信奉阿波罗大神，就是太阳神，有一天太阳神通过祭司降下神谕，"雅典最智慧的人是苏格拉底"，这个事情传到了苏格拉底耳朵里，他感到很困惑：神为什么说我最智慧呢？神谕不敢去违抗，需要去验证一下，然后他就找了很多他认为比自己有智慧的人去验证，包括当时最有名望的诗人、政治家、艺术家等，跟所有人讨论之后，苏格拉底说，不得不承认神说得有道理，为什么？因为跟所有的人比起来，神之所以说我最有智慧，唯一的原因在于只有苏格拉底深刻地知道自己无知，因为我最深切地知道自己是无知的，因而反而最有智慧。这在哲学里称作"无知之智"，哲学家从不宣称拥有智慧，而只是热爱智慧，就像我不宣称我拥有我的爱人，但我热爱我的爱人，爱情不是拥有，亲情也不是拥有，如果你对你的孩子有一种占有欲，你说这孩子是我的，我觉得亲子关系一定会出问题，你一定要尊重你的孩子，他是独立个体，然后你的亲子关系才会好。哲学的智慧在于他不宣称拥有智慧，而是承认自己无知和有局限。

我们在这里不妨运用一个几何学上的比喻。我们知道一个圆面积越大，圆周就越长，是不是？圆的面积比喻一个人的知识，圆周比喻已知和未知的边界，当一个人知识越多，就会相应地发现自己不知道的东西也越多，是不是这样？当一个人知识很少，圆周也很短，反倒觉得自己不知道的东西也少。当知识（圆的面积）越来越多（大），圆周扩大，接触到的未知领域也会越多，所以说越有知识的人越谦卑，因为他知道自己无知，知识越多的人，无知对于他来说就是越不争的事实。当然如果是觉悟者或者是神，已经从二维世界跳到三维世界乃至更高维度的世界，跟我们有局限的人不是一个等量级的，那另当别论，这是宗教而非哲学讨论的问题了。

"洞穴比喻"

哲学追求的智慧究竟是什么呢？亚里士多德说是有关原理的知识，有点抽象，他的老师柏拉图则使用了一个比喻来说明问题，即哲学史上著名的"洞穴比喻"。柏拉图说我们人类的生存状态好比是这样的：有一个洞穴，洞底是一堵墙，有些人被反绑着手囚禁在洞里面，面对墙面，无法活动，也无法扭头。他们能看到的整个世界只有这个洞壁之墙，在人和洞口之间有一堆火焰，火前面有另一群人，拿着各种形状的器物，沿着火边在走，那些囚徒就看到了被火光倒影在墙面上的各种影子，囚徒们被反绑着不能动，只能看到各种影子，于是认为影子就是真实，甚至花费毕生精力去研究其明暗形状、什么时候出现，什么时候消失，设计各种公式对之进行预测，坚信自己在探讨真相。有一天，这些可怜囚徒中的一个被解除束缚，他沿着洞坡爬到洞口，就会发现这些影子不过是火光制造的倒影，当他终于逃出洞穴以后，还会看到真实世界的样子，并最终发现太阳才是万物的光源。

这个比喻要告诉我们什么呢？柏拉图认为不追求智慧、不学习哲学的人，会被自己的感官束缚，就像这些可怜的囚徒，看到的全部世界不过是些倒影，即感官世界。柏拉图和我们现代人的想法不大一样，他认为真实世界不是可感的而是需要理性思考的，可感世界就像影子一样，模模糊糊，影影绰绰，暧暧昧昧，但我们却认为是真实的，每天在这个世界里打滚、挣扎，甚至努力研究。只有解除感官束缚，进入理性的思考中去的时候，也就是研究物理学、化学等自然科学的时候，他才开始从感官束缚中逃脱出来，这时他看到了火焰；当他研究数学——一种更加远离感性的学问——的时候，才算是爬出了洞穴；但是数学到顶了吗？没有，当他发现这个世界上所有的热量、活力和生命都来自太阳的时候，他才真正开始面对最终极的真理，观察"太阳"就是研究哲学。通过比喻柏拉图为我们建立了一个真理的等级，哲学追求的智慧就是对最终的"原理"或者说"真理之源"的知识。

当然这个故事还有后文，柏拉图讲，假设这个人又回到洞穴，跟洞穴里的人讲："天啊，我告诉你们，我的同胞们，我的市民们，我跟你们讲，真实的世界是外面的太阳，不是影子，你们看到的影子全部是虚假的幻影。"那么这个人会有什么样的遭遇？这些被束缚的人，从小只看到影子的可怜的囚徒们，会非常愤怒，会觉得真正接触过太阳的人，真正看到过真实世界的人，真正接触过真理的人，大概是个疯子、败坏青年，对城邦有害无利，应该被处死。这就是第一位哲学家，柏拉图的老师苏格拉底的命运。苏格拉底说，没有经过反思的人生是不值得过的人生，我们反思过我们自己吗？我们需要想一想我们会不会也是一个被自己的偏见和先入为主的思想束缚着的可怜的洞穴囚徒，从来没有见过太阳，如果我们想见到真实的世界，那就要"鼓起你们的勇气，运用你的理性"，开始对生命进行认真的提问和思考。

德国最著名的哲学家、古典哲学的开创者康德说这就是"启蒙"，从无知和幼稚状态中走出来，走向理智的成熟、道德的自律和生命的自觉，这就是哲学的要求。

汉语中的"哲学"之义

哲学是怎么来到中国的呢？在古典汉语里有"哲"这个字，也有"学"这个字，但没有"哲学"这个专有名词。明治时期的一位日本汉学家西周把源于希腊语的"爱智慧"翻译成中文的哲学。在古汉语里面，"哲"被解释为"知狱情"。哲这个字从外形看像不像古代衙门里摆设的刑具呢？中文中"哲"最早是指能判断人是否有罪的明辨是非的能力，张飞能审瓜，狄仁杰能断案，包公明察秋毫，这些人在中国古代才叫哲人，也就是高明的法官。至于"学"，甲骨文里就有这个字，像一双手捧着书，古典汉语里"学"是"觉"的意思。两个字是不是字形很像呢？"学者,觉也。"觉就是能够感知，进而能够明了,不再麻木不仁,相反是"灵明的状态"。所以哲是"明辨是非"，学是"体认觉察"。西周用哲学翻译"爱智慧"其实颇为巧妙。

那么哲学追求怎样的原理性知识呢？首先是存在的原理，哲学需要回答什么是"真实的存在"。就是"存在论"。但这个问题很难回答，因为我们无法跳出人的局限性去看待世界，一切存在只能是对于人来说的存在，但人对存在的定义又无法统一。比如爱情,存在吗？我看到有人点头有人摇头，若让大家各自说出一番道理来论证自己的观点，大概都能自圆其说，世间万物往往如此。又比如一个事物只有先进入我们的意识中，也就是我们意识到它，然后才能讨论它，那我们如何能够论证独立于我们意识而存在的世界呢？诸如此类问题，往往很难回答，若要思考清楚或许还得先考察一下我们人是如何认识世界的。于是有了哲学的第二个门类"认识论"对人类认识能力的"原理"的考查。除此之外还有对"什么是善""什么是美""什么是正义""什么是神圣"等问题的原理性考察，构成了"伦理学""美学""政治哲学""宗教哲学"等诸多哲学门类，由于时间关系，我们不能一一讨论，总之，哲学就是在追寻万事万物背后的"原理"，或者最终的依据。

我们为何需要哲学

听起来哲学似乎很抽象，离我们生活很远，那么我们为什么需要思考哲学呢？我们来看一些哲学家的观点。赵鑫珊说："没有哲学色彩的人，总是被积习的偏见、愚昧和狭隘的打算牵着鼻子走。"学习哲学，可以让我们从自己的偏见中跳脱出来，每个人都不是全知全善全能的神，我们是人，所以一定有自己的偏见。而哲学正是不断地要我们意识到这点。当一个人总觉得自己是正确的时候，他就会认为整个世界都是错误的，就会很生气，为什么这个世界这么混乱？为什么这个世界都是错误的？为什么我这么正确，而这个世界不按我的意思来？但其实错误的可能不是这个世界，而是我们自己。哲学让我们谦卑地承认我们的局限，然后认真地听取别人的意见。当尊重别人，当意识到可能别人也是对的，或者认识到因为自己有局限，所以可能是错的时候，反倒你的生活变得更快乐，我知道自己的局限，所以我跟世界达成了和解，我可以用更平和的心态去了解、去接受，然后去提升。学哲学，就是让我们不要被狭隘的偏见牵着鼻子走。

德谟克里特说："哲学解除灵魂的烦恼。"这是在一个更深的层次上讲哲学的效用。佛教讲人生的本质是痛苦，我们只有通过智慧才能从痛苦中解脱出来。在这个世界上，我们很难跟别人达成共识，但是有一件事却能达成共识：我问大家，你生活在世界上有没有经历过痛苦？大概所有人的回答都是有。但是大家谁出生之前接收过一个通知单？说："亲爱的孩子，妈妈现在要生你了，这个世界上有很多快乐的事情，但也有很多痛苦，你会遇到失恋，会遇到失望，会遇到病痛，这个世界喜忧参半，你愿意出生吗？愿意出生的请打钩。"大家谁收到过这个通知单，没有，迄今为止没有人说有，所以说没有经过同意，我们就被抛到这个世界上。出生不是我们的选择，但我们却能够选择如何生活。选择努力通过智慧和爱来消解这个世界的痛苦。哲学通过思考和反省让我们去接受智慧。所以说哲学解除灵魂的烦恼。

亚里士多德说："它（哲学）不是一门生产的科学，……因为人们是由于惊奇，才从现在开始并且也从最初开始了哲学思考。"之前讲哲学破除偏见，解除烦恼，还是都出于实用，带有目的性。但更深入地思考，就会发现，哲学出自智慧生物的本能，来源于我们对这个世界的惊奇。亚里士多德认为，一门学科，当有其他目的的时候，就一定不是最尊贵的学科，当它自己是自己目的的时候，才是最尊贵和高端的学科，正如一个人是为别人而工作，他就是仆人、仆从；只有自己为自己工作，他才是主人。所以说任何一个学科，如果它是为了从事生产，为了让我们生活更好，这个学科叫作仆人学科，它是好的，但不是最好的，最好的是什么？它本身就是目的，哲学不是为了其他什么目的存在的，哲学是我们为了满足我们的好奇心而产生的对智慧的追求，所以对亚里士多德来讲，哲学思考是所有科学中（在他那个时代里科学和哲学没有区分开）最好的、最高尚的，虽然它是最没有用的，也正因为哲学最没有用，因而它是最自由的，不为别的东西服务，研究哲学纯粹是出于人类的本性。因为作为智慧生物，我们对这个世界有一种不可遏制的惊奇。

　　关于这一点，有种更为诗意的表达，诗人诺瓦利斯说，"哲学是一种乡愁。"诗人的话总是很艺术，乡愁，是一种无论身在何处都想回家的冲动，哲学是每个人的家乡，因为每个人都是在这个世界中存在的，他想回去体认这个世界最本质真实的状态，这种体认的冲动就是哲学，所以说哲学是一种想回家的冲动。当然听诗人讲话可能得靠悟性，我们很难用理性来分析，是一种什么样的乡愁？记得我小时候面临的一个最大的问题，撞破脑袋都想不清楚的是，"为什么我是我，而不是别人呢？"大家小时候有没有什么让你困惑和感到惊异的问题呢？对这种哲学思考是每个人本真的思考，是一种乡愁，是每个人都想回去的家乡，哲学就是我们抛去所有功利之心，纯真地面对这个世界的时候，内心深处自然而然涌现出来的东西，我们成为大人太久了，已经忘记我们最纯粹真实的童年时代最初面对世界和宇宙时感觉到的诧异，以及单纯为了满足好奇心而努力进行思索的乐趣。我们忘了，或者没有忘但却为现实生活所迫无法回归到那种美好的状态，但是我们却在内心最深处怀念和向往这种状态，所以哲学成为一种乡愁。当每个人在物质上不再匮乏的时候，人们才发现自己真正匮乏的是精神，当你开始对精神这个东西思考的时候，这时哲学就出现了，所以哲学可能不满足你的物质层面需求，但是哲学是在一个人发现自己精神匮乏的时候，非常非常重要的东西。

刚才我们都是在讲哲学和个人的关系。其实哲学和我们的社会也有着密切的关联。林语堂说，"社会哲学的最高目标，也无非是希望每个人都可以过着幸福的生活"。林语堂不是哲学家，是一个文学家，文学家都热爱具体的事物，这往往是科学家和哲学家需要向文学家学习的地方。在社会发展层面，我们总是先讨论群体。当然集体主义者很好，但是从根本来讲，一个好的社会是让每个具体的人都能够幸福的社会，这里一定需要落实到具体的个人，因为体会这个世界善恶美丑而拥有真实的喜怒哀乐的一定是具体的个人，所以爱集体，爱群体，爱共同体，最根本的是请你对你身边的每一个人好，这是最关键的。当为所谓集体荣誉，要牺牲具体的个人权益的时候，就要思考和警惕了。真正的哲学是什么？是让每个人都能够过幸福的生活，哲学尊重每个人，因为只有个人是追求智慧的主体，"人类"作为一个抽象的集体名词，能追求智慧吗？追求智慧的可不是人类，而是每个具体的人，当他热爱智慧、追求智慧的时候，他一定认为具体的人才是最有价值的。追求智慧是具体的人而非抽象的人的事业，只有每个人都在思考反省生存的意义，哲学才能实现它美好的愿景。当每个人的尊严和独特性都被尊重的时候，社会才能是一个好的社会。

最后我们来看马克思是怎么说的："任何真正的哲学都是自己时代精神的精华……它（哲学）是文明的活的灵魂，哲学已成为世界的哲学，而世界也成为哲学的世界。"什么叫作哲学也成为世界的哲学？什么叫作哲学的世界？马克思认为，当一个人开始独立思考意义的时候，才成为真正的主体，而每个人都是主体的社会才是现代社会。在古代，一个人履行某一个封建义务是不需要任何理由的，身为一个封建主，你就有荣誉；身为一个奴隶，你就要为主人服务，没有任何理由。这是被社会规定的，不是个人思考和反思的结构，但是在现代，要想让一个人做一件事情，你必须给他一个合理的他自己也认可的理由。交税给国家，是要享受健康发展的社会福利和良好的生活环境，不是因为什么难以理解的神的启示和满足国王主子的个人欲望；我可以努力工作，是为了中华民族伟大复兴，我一定是有理由的，所谓现代社会就是每一个人自己要通过哲学思考来重新进入这个世界里面去，所以现代的世界是哲学的世界，一个现代人的尊严就在于他不盲从传统，而在于他进行了思考，然后作为主体主动融入社会的共同体中去，他知道自己作为一个公民的权利和义务，也就是说现代社会的公民知道自己作为公民要为这个世界做什么，也知道这个世界应该给予他什么。这种自觉的主体性就是哲学反思的特性，所以说马克思"哲学的世界"和"世界的哲学"。我们这个时代哲学的精华是什么？马克思的答案就很直接，我们追求的是让每一个人能够自由而全面地发展。我们看到哲学让人从偏见中解放出来，哲学解除我们每个人精神的烦恼，哲学来自我们最本质的人性，哲学还希望让这个社会的每个人幸福和快乐，同时哲学也是每个人对这个时代精神的领会和回应。

我只能用这些哲学家的话来跟大家讨论为什么需要思考哲学，我自己没有资格回答，我把这些哲学家的话放到这里，请大家共同思考哲学的价值和意义。

文明的四个层级及我们需要怎样的哲学

第三个问题，最后一个问题，是我们需要怎样的哲学？马斯洛的需求层次图，这个大家都知道，马斯洛说人类最基本的需求是生理上的需求，衣食住行，包括性；然后进一步要安全需求，我们需要安全感，包括建立一个秩序，权益受到法律的保护；在安全感的基础上，我们还有社会需求，我们需要友谊和爱情，爱情和性的区别是什么呢？性是一种很生理的东西，爱比性要高出两个层次，爱一个人和只想性满足是两回事，爱是一种感情的归属；再高一层就是被尊重的需求；再高一层次是事业需求，获得意义感，就是自我实现的需求；然后到最后叫自我超越的需求，包括灵性的成长。前两个是初级阶段，中间两个是中级阶段，最后两个高级阶段，自我实现和自我超越是人的高级阶段，这是马斯洛这样的心理学家为我们提供的理论。

如果我们将人的需求层次扩大到整个人类文明的层次，就会发现不同阶段的文明有着不同的向度，我们或许可以说存在四个层级的文明。最低层次的文明向度是"生存"。假设我们是原始人，每天早上出去打猎，晚上可能就回不来了，被野兽吃掉了，所以每个原始人出门上班，第一件事情要考虑我晚上能不能回家，我们现在出去上班基本上不会考虑这个问题了，是因为生产力发展到农业文明阶段，人类基本不再害怕自己被野兽吃掉了，所以说第一个阶层的文明是要解决的核心问题，是生存的问题。

当生存问题解决以后，更高一级的文明向度是"尊严"。跟原始人相比，像埃及王国、两河流域社会确实属于文明，但他们很残忍，让这么多奴隶去建金字塔。我们为什么说埃及文明、两河流域的文明、巴比伦文明是伟大的文明呢？是因为在他们这样的生产方式下，大部分的人生存问题解决了。但是从现代文明的视角看，存在奴隶的国家能叫"文明国家"吗？不能。如果古埃及还存在，我们就一定会说它是个不文明的野蛮国家，你看，我们对文明的理解发生了改变，也就是说我们的文明升级了，我们这个时代讨论的文明，至少要求生活在其影响下的每个人都有尊严，不仅要生存，而且要有尊严。在一个文明国家，即使一个人是拾荒者、流浪汉，可能财富不多，但是也能够有尊严地生活，一个文明国家就是使生活在这个国家的每一个人都有尊严。在大学里的教授和大一的学生，大一的学生和学校门口的保安，有什么差别呢？不就是分工不同而已，我见到保安，见到教授，见到同学，全部很尊重，因为我们文明人是对所有的人都尊重，保安的价值和教授的价值某种程度上是一样的，因为现代文明赋予每个人以平等的尊严，我们发自内心地尊重社会上的每一个人，所以如果说你的内心还有对人的三六九等的想法，那说明你只停留在第一个较低层级文明阶段。世界上有文明国家，有野蛮国家，野蛮国家就是对人的生命不尊重，对人的尊严不尊重，奴役别人的国家，所以我们说一个文明国家，意味着所有生活在这个社会上的人都得到尊重，这是第二阶层的文明，人类现在的文明大概在这个层次。

更高阶层的文明的向度是自由与创造，生活在这样的文明里，每个人不仅生存没有问题，不仅能够有尊严地活着，他还能够自由地去创造美好的事物。现在我们的文明大概正由二级文明向三级文明发展，当地球上每个人都被尊重——当然有些国家还在低层次徘徊——最先进的国家已经由第二级向三级发展，让每个人都能够自由地创造，人们总是对未知事物充满了恐惧，但是这些未知会引领我们发展，当文明里面所有的人都有自由创造的机会，并通过这种自由创造获得生命意义和满足感的时候，文明就到了一个更高级阶段，现在我们还没有到高级阶段，我们正在努力。

第四个文明也就是最高的文明的向度是什么呢？我认为是每个人都可以觉醒或者叫作觉悟，或者叫作灵性成长。佛教里面讲，最终每个人都需要觉悟，大乘佛教希望每个人都成佛，所谓成佛，就是觉悟世界的全部真理，获得最完美的生命状态。

讨论精神和生命的觉醒，听起来有点抽象，因为我们的文明还没有到这个阶段，我们现阶段的努力是让世界上大部分人都获得尊严，现在非洲人还不能够生存呢，让所有的人都能够生存，让几乎所有的人都有尊严，然后让大部分人能够自由快乐地去创造，获得生命的意义感，我们的文明大概是在这个阶段。但是最终，是当人类的文明到达最高等级的时候，每个人都能够应该追求真正的生命觉悟。

现在我来回答我们需要怎样的哲学这个问题，我们需要一种能引领文明前进的哲学。人类命运共同体现在依旧面临着暴力、恐怖主义、极权主义、饥饿、环境污染等威胁，时至今日，人类并不生活在一个完美的世界里。

哲学能不能用它独特的特性和积累的全部智慧和精神力量带领人类解决棘手的问题，走向一个更加美好的未来世界呢？还是相反，人性的幽暗层面会将我们一同带入一个黯淡的未来？我不知道，人类的文明未来如何？我们需要怎样的哲学？没有答案，或者答案在我们每一个人的心中，是什么？

我不能代替大家回答，也没有人能够替你回答，当你进入哲学思考中的时候，请你借助哲学的梯子给出自己的答案。